原口大輔［著］

貴族院議長・徳川家達と明治立憲制

THE CHAIRMEN OF
THE JAPANESE HOUSE OF PEERS

With Focus on Prince Tokugawa Iesato,
the Sixteenth Head of the Tokugawa Family

吉田書店

貴族院議長・徳川家達と明治立憲制　【目次】

凡例

・史料の引用に際しては、原則として旧漢字は常用漢字にした。また、読みやすさを考慮して適宜読点を施した。
・史料引用中の合字はそれぞれひらがな、カタカナに改めた。
・引用文中への注記は〔　〕によって示した。
・帝国議会議事速記録については、国立国会図書館帝国議会会議録検索システムを利用した。
・出典の明記がない掲載写真は、パブリック・ドメインのものである。

序章　議会政治史からみる徳川宗家の近代

1　徳川宗家の「その後」――第一六代当主・徳川家達とその略歴

本書の目的は、明治三六（一九〇三）年から昭和八（一九三三）年まで貴族院議長を務めた徳川宗家第一六代当主・徳川家達《いえさと》（一八六三〜一九四〇）の政治的活動、思想の分析を通して、明治立憲制における貴族院議長の政治的位相の一端を解明することである。まずは本書の主人公たる徳川家達の生涯を簡単に紹介する。

徳川家達は、御三卿の一つである田安家第五代当主・慶頼の三男として誕生し、亀之助と名付けられた。元治二（一八六五）年、田安家第六代当主である兄の寿千代が四歳で夭逝したため、亀之助が田安家第七代当主となった。慶應二（一八六六）年、一四代将軍徳川家茂が大坂城で死去した際、天璋院（篤姫）は家茂の遺志として次期将軍に亀之助を推すも、内外紛糾の時局を鑑みて一橋慶喜が徳川宗家を継ぎ、一五代将軍となった。戊辰戦争後、慶喜が朝敵となり謹慎すると、慶應四年閏四月、明治新政府はわずか六歳の亀之助に徳川宗家を相続させた。亀之助は元津山藩主・松平確堂（斉民）を後見人とし、家達と改名、同年五月、駿河府中藩（のち静岡藩と改称）七〇万石を

徳川家達（国立国会図書館ウェブサイト）

拝領することとなった。

　明治二年六月、版籍奉還に伴い、家達は静岡藩知事に任命され、同時に華族に編入された。明治四年八月の廃藩置県後、家達は静岡を離れ再び東京へ移り、明治一〇年六月、西南戦争のさなかイギリス留学のため横浜を出発し、約五年間滞在した。明治一五年、帰国した家達は麝香間祗《じゃこうのまし》候《こう》（勅任官待遇の宮中の名誉職）に列し、華族令制定により公爵を授けられ、帝国議会の開幕と共に貴族院議員となる。その後、明治三六年一二月、病床の近衛篤麿に代わり貴族院議長に勅任された家達は、昭和八年六月までの約三〇年間、その職を全うした。その間、大正三（一九一四）年三月には内閣組閣の大命が降下されるもそれを拝辞し、一方、大正一〇年にはワシントン会議全権委員となるなど、議長としての職務に留まらず時折政局にも登場した。家達は昭和一五年六月に死去し、長男の家正が一七代目を継いだ。

　家達が自らの人生を回想したり、他者が家達のことを語るうえで頻出するのが皇室との関係であった。例えば、家達は「徳川家に対して平素帝室から一方ならぬ御優遇を蒙りましたことは、誠に有難く朝恩の厚きに感じ何かその万分一にも報ひ奉りたいと心掛けてゐる」と述べている。[1] このような皇室への忠誠心は、近代日本において多くの人物が何かしらの形で語ってきたこととそう大差はないが、前当主・慶喜が朝敵となり、取り潰しの寸前に陥った徳川宗家を継いだ家達にとって、その重みは他者と大きく異なっていた。それを明瞭に述べたのが家達の甥・近衛文麿であった。[2]

　公爵〔家達〕を御偲び致すに就きまして第一に感じますることは、皇室に対し奉りまして敬虔の念極めて深く、且つ厚くあらせられたことであります、是は日本国民として尊皇精神の発露と云ふことは当然であると申せばそれ迄でございまするが、公爵は一度廃絶に帰したる徳川宗家を継承せしめられたる皇室の殊遇に対し奉り、非常なる感謝の念に燃えて居られましたことは、私共の常に直接公爵より承つて居つたことであります

明治維新の際、徳川宗家が断絶することなく継承が認められたのは、天皇（皇室）の「御優遇」、「殊遇」によるものであり、家達自身はそれに対して「非常なる感謝」を常々述べていたという。何より、徳川宗家相続の沙汰がなければ家達は一生「田安亀之助」で生涯を終えた可能性があり、自身の人生の原点として「御優遇」は深く刻印されることとなった。それは、家達自らが政治的、社会的活動を行う指針であり、かかる自意識のもと、家達は近代日本の上流階級の一員としてノブレス・オブリージュ（noblesse oblige）を自らに課し続けた。家達は、華族の責務として広範囲にわたる社会事業に携わり、日本赤十字社、済生会、協調会、静岡育英会など、多くの各種社会団体の長を歴任した。

さて、右のような生涯を送った家達の伝記編纂は生前より検討され[3]、歴史学者・井野辺茂雄の指揮のもと「徳川家達伝」が編まれたという[4]。しかし、これまでの研究では、何より家達が政局に関与して主体的な活動を行っていないと見做され、その存在は等閑視されてきた。仮に言及されるとしても、幕末・維新期の徳川処分や家達の家名相続に関する政治過程においてであり、徳川宗家、そして家達は発足して間もない明治新政府の政治構造を解明するためのいわば「客体」として登場するに過ぎなかった。例外として、基礎史料を綿密に検討し、家達が当主となった静岡藩をその成立から解体まで分析した原口清氏の研究が特筆すべき成果として挙げられるものの[5]、幼少の藩主・家達が藩政の実務を担うことはなかったため、静岡藩の研究を深めることが直接的に家達の研究を進展させることにはつながらなかった[6]。一方、政治の表舞台から退き隠居した慶喜に関する研究は、松浦玲氏による評伝[7]や、明治期における慶喜の処遇、さらに慶喜邸「家扶日記」をもとに明治期の慶喜の動向が分析されたものがある[8]。

近年、徳川家広氏[9]、樋口雄彦氏[10]により家達の一生を概観する著作が登場した。両者とも家達の生涯を簡明にまと

めてあるものの、特に家達の政治家としての側面は後述する貴族院研究の成果から断片的に言及されるに過ぎず、その実績に則した検討の余地は十二分にある。

家達を対象とした研究が深まらない最大の問題は、家達に関する一次史料の公開が制約されている点にある。家達の日記をはじめとする私文書や近代徳川宗家の家政に関する一次史料は、伝来の過程において戦災で焼失したものを除けば、公益財団法人徳川記念財団、徳川林政史研究所、個人蔵（「徳川宗家文書補遺」）とに分けられたが、現在においてもその大半は公開されていない[11]。一方、家達が発した書翰などは、全国各地に所蔵されている政治家などの私文書群に散見され、筆者は現段階において三〇〇点以上を確認した。本書では家達が発した書翰や周囲の政治家、官僚などの私文書、新聞報道や議会議事録などを駆使することで、史料状況の克服を図り、議長・家達の政治的言動を分析する。

2　貴族院研究の到達点

明治憲法制定の中心人物で初代貴族院議長となった伊藤博文は、『憲法義解』において貴族院を「上下調和の機関」で「慎重練熟耐久の気風を代表」と位置付けた[12]。衆議院と共に帝国議会に設けられたこの貴族院は、皇族議員、有爵者議員、勅任議員、多額納税者議員によって構成され（のち帝国学士院議員などが追加）、これら議員の大半を占める有爵者議員は華族から選出された。華族とは、明治二（一八六九）年六月、明治政府がそれまで公家・諸侯といった人々を「皇室の藩屏」として括った一つの身分集団のことである。華族令制定（明治一七年）に伴い明治維新に貢献した政治家などを新たに華族へと編入し、それぞれの華族に対して公・侯・伯・子・男の爵位が授けられた。華族には様々な政治的、経済的な特権が付与され、その一つが貴族院議員の資格であった[13]。

いわゆる戦後歴史学において、長らく貴族院研究は深められることはなく、「皇室の藩屏」たる華族は帝国議会開設に伴い「藩閥の藩屏」の貴族院に蟠踞し、天皇制国家を支える特権階級として、政党政治の確立や民主化を妨害した、という否定的な評価が付されていた[14]。貴族院を直接の対象とした研究は「山県閥」――元老・山県有朋を頂点とし、陸軍、官僚、枢密院、貴族院などを横断する一大政治勢力――を分析する中で、その否定的な像は再生産された[15]。

そのような中、尚友倶楽部や霞会館により貴族院・華族に関する基礎的な文献・史料集が刊行され続けたことは、日本近代史研究の発展に大きく寄与したことはもちろん、貴族院や華族を実証的に分析する基礎となった[16]。また、各地で史料発掘が進み、国立国会図書館憲政資料室をはじめ、様々な機関などで近代史料の公開が相次いだ。かかる史料状況の好転と戦後歴史学の衰退は貴族院に対する見直しを惹起した。例えば『国史大辞典』「貴族院」の項でも――華族制度研究の第一人者でもあり自らも侯爵議員であった大久保利謙氏[17]による執筆ということもあろうが――「藩閥の藩屏」、「特権階級」といった語句は用いられないなど、貴族院研究は大きな転機を迎え、以下述べるように特筆すべき成果が登場する。

小林和幸氏[18]は、初期議会期の貴族院、とりわけ硬派と呼ばれる院内会派・三曜会、懇話会の政治動向を中心に分析した。そこで描き出されたのは、貴族院が藩閥政府に従属する「藩閥の藩屏」といった像を相対化し、内閣や衆議院からの「自立」を企図し、しかし、第四次伊藤内閣が極限まで対立した貴族院に対して詔勅を用いたことで、「自制」を強いられたとまとめ、従来の貴族院像を大きく覆した。

西尾林太郎氏[19]は、子爵議員中心の院内会派・研究会の幹部であった水野直の史料を縦横に駆使し、明治末から大正期にかけての貴族院を分析した。西尾氏は、研究会が勢力を拡張する過程を実証的に跡付け、さらに大正中期、原敬内閣による両院縦断政策に研究会が協力する様相を解明した。貴族院は政党政治の実現を一方的に阻害するものではなく、むしろそれを側面から支えるものであったと西尾氏は結論付けた。それと同時に、水野が有爵者互選を自派に有利な状況に持ち込むために、華族社会の機微を巧みに駆使した面も明らかにした。

その研究会と提携した幸倶楽部の動向を詳細に分析したのが内藤一成氏[20]である。明治後期、研究会と提携することで一大勢力を誇った幸倶楽部は、桂太郎、寺内正毅を首相候補として擁し、院内のイニシアティブを握った。しかし、大正政変以後、幹部をはじめとする議員の分裂が続き、その結果、寺内内閣崩壊後、研究会のさらなる台頭へとつながったことを明らかにした。

これらの成果は貴族院研究の水準を大きく引き上げた[21]。それにより、山県有朋が配下の官僚系議員を使って貴族院を支配し、政党勢力の伸長を防遏した非民主的な府、といった一面的な理解は大幅に修正された。また、内藤氏は一連の貴族院研究を一般書にまとめ、参議院との連続性に改めて注意を促した[22]。これ以後、貴族院研究は三氏の諸研究を継承、批判する形で進み、貴衆両院関係に焦点を当てた研究や個々の貴族院議員の思想に着目した研究が蓄積され、精緻化されている[23]。

大正後期から昭和戦前期を対象とした貴族院研究は、二度の貴族院改革が中心であり、まず佐藤立夫氏の先駆的な研究が挙げられる[24]。貴族院改革にまつわる一連の研究は、その改革の政治過程と、議院内外から意見が交わされた改革の構想を検討したものに大別できる[25]。加藤高明内閣による大正一四（一九二五）年の貴族院改革は、選出議員の再編や帝国学士院議員の新設に留まる「微温的」なものと評価された[26]一方、その政治過程の解明が進み[27]、併せて議員個人の構想の検討も進んだ[28]。また、家達の議長退任後に企図された昭和一一（一九三六）年の貴族院改革についても分析が進んでいる[29]。

戦前日本における政党内閣の最盛期と、その後議会政治不信が喧伝された時期と、二度の貴族院改革が持つ政治的前提は大きな隔たりがあった。しかし、どのような前提にせよ、貴族院（議員）は立憲政治下における自らの存在意義を模索し続けた。確かに、貴族院改革は自発性も改革自体も不十分と評価されたが、議院内外から生じた意見が多彩であったこともまた事実であった。

3　貴族院議長の政治的性格――予備的考察

先学による貴族院研究は、明治～大正期を中心とした各議員・院内会派の政治動向、あるいは政党との関係から政治過程や政治構造を分析するものと、大正後期から昭和戦前期における議員個々人の政治思想に着眼したものとが中心であった。

一方、議会運営を掌る貴族院議長については、若干の言及こそあれ、それ自体に着目した研究はなかった。だが、当然ながら議長が不在では議会は成立せず、議事は進まない。もちろん、議長と内閣、議長と議員の間が没交渉だったわけではない。「貴族院は規則に基づくより、事例、慣習、前例を重んじられる傾向が強」[30]く、それをリードするのは議長とされたことを踏まえれば、議会政治や議会制度をより多角的な側面から捉えるために、議事進行や議院内の合意形成、内閣との交渉などの多岐にわたる職務を担う議長の存在は無視できまい。

とりわけ、法案審議における特別委員指名の議長一任は極めて重要な問題であった。議会開設当初、特別委員の選出は、明治二三（一八九〇）年制定の貴族院規則により、議員による連記選挙か「議院ハ特別委員ノ選挙ヲ議長ニ委任スル」かのどちらかよると定められていた。しかし、前者の全議員による連記投票は時間がかかるため、実際には定着せず、議会開会後、六回実施されたのみであった[31]。この問題を解決するために、第三次改正貴族院規則では、「議院ハ特別委員ノ選挙ヲ議長又ハ各部ニ委任スルコトヲ得」と定められ、各部属による選出方法が追加された（明治二四年一二月四日）。しかし、院内会派の誕生と共に部属制が実質的な役割を持たなくなり、この選出方法も第二議会から第六議会にかけての一八回しか実施されず[32]、特別委員の指名は議長一任の方式へと集約されるようになった。それゆえ、特別委員の人選を握る議長の位置付けは、政府・議院（議員）両者にとって焦点となってくる。

若干遠回りとなるが、ここで衆議院議長の位置付けを簡単に確認しておく。[33] 議院法により衆議院議長は議員の互選上位三名を上奏し、その中から勅任された（選出方法の議論は第一章参照）。そのため、その互選は衆議院における各政党の議席数や、党内外の政治力学に大きく左右され得る。つまり、衆議院議長の選出自体に多数派の影響が強く、議長を輩出した党派に有利な議会運営が行われる可能性が想定された。

戦後、尾崎行雄は衆議院議長選出に関して、議長は「人格第一」であり、戦前の議長は「今マデ沢山議長ガ選バレマシタケレドモ、本当ニ立派ニ議長ノ職責ヲ尽シタ者ハ片岡健吉君外一両名アリマシタガ、アトハ皆駄目」で、なぜなら「味方ノ贔屓」、「敵デアレバ意地悪ク当ル」からと振り返った。[34] 事実、二大政党が政権を担った憲政常道期には、衆議院議長の党派性が大きな問題となり、党籍離脱の議論が登場する。議事を掌る議長は、所属（出身）政党のパワーバランスと、あるべき姿を求める外野からの厳しい視線にさらされた。それゆえ、第五〇議会以降、衆議院議長は在職中、党籍を離脱することとなった（第六一、六七議会を除く）。

例えば、第一次山本権兵衛内閣期の政友会でも衆議院議長のポストをめぐって党内の権衡が見られた。大正三（一九一四）年三月、松田正久法相が死去した際、当時文相であった奥田義人が後任の法相に就任したため、文相のポストが空白となった。そこで候補となったのが、当時衆議院議長であった大岡育造と、村野常右衛門、長谷場純孝の三人であった。政友会を取り仕切っていた原敬内相は三者を見定め、大岡を文相に、そして長谷場を後任の衆議院議長に選んだ。[35] ちなみに、議長就任から一週間後、長谷場は現職の議長のまま急死し、奥繁三郎が議長に選出された。衆議院議長のポストには大臣クラス、あるいはそれに準じる政治家が推挙されたことが窺える。[36]

時期は遡るが、伊藤之雄氏は、第三議会において陸奥宗光が、岡崎邦輔を介して衆議院の多数派工作を行い、星亨を議長に擁立したことを取り上げ、「日清戦争前の議会においては、衆議院本会議での審議が法案の成立の可否に及ぼす影響力は後の時期よりも強く、衆議院議長の政治上の地位は、大政党の党首に準ずるほど高かった」と評している。[37] その是非や、その後の衆議院議長の政治上の地位の変化など、かかる評価の踏襲には慎重にならざるを得ないところもあるが、議長の政治的位置をどう評価するかという点では示唆的である。

さて、歴代貴族院議長（【表1】）は、伊藤博文、蜂須賀茂韶、近衛篤麿、徳川家達、近衛文磨、松平頼寿、徳川圀順、徳川家正の八名であった。衆議院議長と同様、貴族院議長もその職務を執り行うにあたり、議長個人の政治的性格が反映されることが十分予想される。

先述のごとく、明治一〇年からイギリスに留学した家達は、ロンドン近郊で行われていた「擬国会」を頻繁に見学した。そこでは、実際の国会の議事規則に従い討論が行われていたという。下宿先の主人に連れられて毎週のように「擬国会」を見学し、「政治趣味」ができた家達は、「議長を務めた時に間接のたすけになつた」と回想している。[38] イギリスで議会制度や貴族のあり方を見聞したことは、議長・家達の原風景となったと思われる。

また、家達は先述の特別委員の選出について、「今度は一つ禿げばっかり集めようとか、今度は白髪ばっかり集めようか」と言っていたという。このような議長・家達に対して、「面と向かってどうこうと云う人はないし、家達公もその気位」であり、[39] 家達は「予メ委員ノ選定ニ付腹案ヲ有スルヲ以テ一議案毎ニ直ニ其ノ委員ヲ選定」したとされている。[40] これは家達のユーモアもさることながら、議長・家達が有する権力の源泉と言えるが、実際は如何なる様相を呈したのであろうか。

さらに、昭和期になると、家達の後任議長として最有力であった近衛文磨に対して、「勿論公爵〔西園寺公望〕始め心ある者は、やはり近衛公爵が議長の職に就くことが最も適当であるとしてゐるが、他方近衛公爵を担がうとか、或は為にする連中は、寧ろこの際、近衛公爵は議長にならない方がいゝといふ運動を始めようとしてゐる形跡がある」[41] など、貴族院議長になれば政治的な運動から距離を置くことが可能、といった理解が示された点は注目さ

【表 1】歴代貴族院議長・副議長

議長名	就任年月日	退任年月日	備考
伊藤博文	明治 23.10.24	明治 24.7.21	伯爵
蜂須賀茂韶	明治 24.7.21	明治 29.10.3	侯爵
近衛篤麿	明治 29.10.3	明治 36.10.2	公爵、三曜会
徳川家達	明治 36.12.4	明治 43.12.3	公爵
徳川家達	明治 43.12.5	大正 6.12.4	公爵
徳川家達	大正 6.12.5	大正 13.12.4	公爵
徳川家達	大正 13.12.5	昭和 6.12.4	公爵
徳川家達	昭和 6.12.5	昭和 8.6.9	公爵、火曜会
近衛文麿	昭和 8.6.9	昭和 12.6.7	公爵、火曜会
松平頼寿	昭和 12.6.19	昭和 14.7.9	伯爵、研究会
松平頼寿	昭和 14.7.13	昭和 19.9.13	伯爵、研究会
徳川圀順	昭和 19.10.11	昭和 21.6.19	公爵、火曜会
徳川家正	昭和 21.6.19	昭和 22.5.2	公爵、火曜会

副議長名	就任年月日	退任年月日	備考
東久世通禧	明治 23.10.24	明治 24.8.1	伯爵
細川潤次郎	明治 24.9.30	明治 26.11.13	勅選
西園寺公望	明治 26.11.13	明治 27.5.14	侯爵
黒田長成	明治 27.10.6	明治 34.10.5	侯爵、研究会
黒田長成	明治 34.10.7	明治 41.10.6	侯爵、研究会
黒田長成	明治 41.10.7	大正 4.10.6	侯爵、研究会
黒田長成	大正 4.10.7	大正 11.10.6	侯爵、研究会
黒田長成	大正 11.10.7	大正 13.1.16	侯爵、研究会
蜂須賀正韶	大正 13.1.16	昭和 6.1.15	侯爵、研究会
近衛文麿	昭和 6.1.16	昭和 8.6.9	公爵、火曜会
松平頼寿	昭和 8.6.9	昭和 12.6.19	伯爵、研究会
佐佐木行忠	昭和 12.6.19	昭和 19.6.18	侯爵、火曜会
佐佐木行忠	昭和 19.6.19	昭和 19.10.21	侯爵、火曜会
酒井忠正	昭和 19.10.21	昭和 20.12.17	伯爵、研究会
徳川宗敬	昭和 21.6.19	昭和 22.5.2	伯爵、研究会

典拠：衆議院・参議院編『議会制度百年史　帝国議会史』上、下巻（大蔵省印刷局、1990 年）より作成。

れる。

詳細は本論の検討に譲るが、伊藤博文、近衛文麿は複数回にわたり内閣総理大臣の座につき、近衛篤麿や徳川家達は首相候補として名前が挙げられた。仮に衆議院議長のポストが「大政党の党首に準ずる」ならば、貴族院議長のそれは首相候補、あるいはそれに準じる政治家にあてがわれたと外形的には評価できる。さらに、その政治的位相は議会政治の進展と共に変化する可能性を十分に有していることもまた考慮しなければなるまい。

明治四四年、『中央公論』は「徳川家達論」なる特集を組み、複数の人物による家達評を掲載した。[42] 冒頭に掲載されたのが、三宅雄二郎（雪嶺）による「徳川家達公」である。三宅は、「家達公の貴族院議長振は人の感歎する所で、流石に二百八十藩を統率した趣がある」と評す。三宅は将来的な「徳川内閣」誕生自体は疑問視しながらも、「貴族院議長は衆議院議長とは違つて居るから、永く此職に居り後世に残る程の慣例を作ればそれも一廉の仕事」とまとめた。三宅は、家達が政局の先頭に立つよりも議長職を全うすることにその意義を見いだした。

次に、阪谷芳郎「家達公の性向」を見てみたい。阪谷は、家達が議長として「一毫の私を許さず、厳正に公平を御守りにな」り、「政府の内情議院内の墨派の内情等を一々御存知ない事はないのだが、正義の前には他の何者の存在をも許さんといふ堅い信念から御処理になるから、何人と雖も公を動かす事は出来ない」が、議事の順序などについて「然るべき場合に於て都合能くリード」し、また華族として「実に日本貴族の標本皇室の藩屏」であると評価した。

さらに、貴衆両院議員からも論評が寄せられる。衆議院議員・尾崎行雄「完き人」は、貴族院議長として家達の判断は「迅速」、「公平」であり、「私心といふものが少しも見え」ず、「公平にして而して剛直」と述べ、衆議院の議事を傍聴し「素朴なる代表者の民論に耳を傾け」る人物である、と家達が貴族院の議事だけでなく、衆議院の議事も意識していることを評価した。また、貴族院議員・大木遠吉「貴族院議長」では、家達の議長ぶりは「眼中に個人を存せす、その意嚮を正しく徴」し、「何人の議をも徹底せしむるか本分」ゆえ「実に理想的議長の態度」であり、「他人に対して、露骨な干渉をした事」はなく、「儀容を正して進んで人を威圧せんとするような処は毫厘もな」く、「無論常軌を逸した忠告」などはしないと観察していた。

現職の貴族院議長に対する評論ということで、相当のお手盛り感は否めないが、ここでは議長・家達の言動が「公平」と称されていた点に注目したい。この「公平」は、議長・家達の政治活動を理解する上で重要なキーワードとなる。

詳細は第三章に譲るが、大正三年三月、家達は、シーメンス事件以後紛糾した第一次山本権兵衛内閣の予算案審議の際、各派交渉委員に対して「議長は決して政治に不干渉也」と述べた一幕があった(43)。先述の「公平」とあわせて、貴族院議長は「政治に不干渉」とした家達の発言をどう理解するかは、貴族院議長の職務や政治的位置付けを考えるうえで重要な問題となってくる。一方、昭和期になると家達は公侯爵議員により構成された院内会派・火曜会に入会する。それまで会派に所属せず議長職を務めてきた家達がなぜ火曜会に所属することになったのだろうか。この変化は、議長・家達を分析するうえで避けては通れない問題である。そして、近衛篤麿のような他の議長との差異からも説明が必要となってくる。

4　徳川家達と河井弥八

家達が議長の職務を遂行するにあたり、頼りにしていたのが貴族院書記官であった。家達は、長年にわたり議長職を全うできたことは、「常に議場で私の右の座を占めてゐる歴代の書記官長の大なる援助の故」と感謝し、「英語でRight hand manといふのは「人を援くる人」といふ意味を持つてゐると思ふ。貴族院議場で私の右に坐つてゐる書記官長は右にある故にこれが、即ち議長の右側の人所謂Right hand man」である、と述べていた(44)。その歴代

【表2】歴代貴族院書記官長

氏名	就任年月日	退任年月日	前職	後職
金子堅太郎	明治 23.5.26	明治 27.1.31	枢密院書記官	農商務次官
中根重一	明治 27.2.16	明治 31.11.18	法制局参事官	(依願免本官)
太田峰三郎	明治 31.11.18	大正 3.4.7	農商務省農務局長	(死去)
柳田国男	大正 3.4.13	大正 8.12.23	法制局参事官	(依願免本官)
河井弥八	大正 8.12.23	大正 15.7.23	貴族院書記官	内大臣秘書官長
成瀬達	大正 15.7.23	昭和 6.12.5	貴族院書記官	(依願免本官)
長世吉	昭和 6.12.5	昭和 13.4.2	貴族院書記官	貴族院議員
瀬古保次	昭和 13.4.2	昭和 15.12.4	貴族院書記官	賞勲局総裁
小林次郎	昭和 15.12.4	昭和 22.5.2	貴族院書記官	参議院事務総長

典拠：『官報』各号より作成。

書記官長（【表2】）の中で、議長・家達がとりわけ深く信頼を寄せた人物の一人が河井弥八（一八七七〜一九六〇）であった。

明治一〇（一八七七）年、静岡県で誕生した河井は、明治三七年東京帝国大学法科大学政治学科を卒業した。文官高等試験に合格すると文部省に入省し、佐賀県事務官を経て、明治四〇年、貴族院書記官に転任した。その後、大正八（一八一九）年一二月、書記官長に就任した。

これまで河井といえば大正末から昭和初期における宮中官僚であったこと、および戦後、緑風会の一員として参議院議長を務めた人物として注目されてきた。河井の出身地である静岡県掛川市には「河井家文書」が所蔵されており、すでに刊行された分[45]を含めた河井の日記（明治期から戦後）や書簡などが膨大に残されている[46]。その河井と議長・家達の関係は、両者の共通点が静岡だったこともあるが、さらに、二人を強く結びつける次のような契機があった。

明治四四年、貴族院書記官を務めていた河井に対して、文部省より維新史料編纂局書記官兼文部大臣秘書官へ転任の勧誘があった[47]。河井は即答できず、太田峰三郎貴族院書記官長と一木喜徳郎文部次官の指示を仰ぐことにした[48]。同郷の先輩でもある一木は河井に文部官僚としての道を準備しようとするも[49]、家達は太田を介して貴族院書記官の留任、加えて新たに議長付書記官となることを河井に打診した[50]。河井は一木と家達と

河井弥八（参議院事務局提供）

の間で板挟みとなり悩んだが[51]、太田から「議長付書記官トシテ必要ナルカ故ニ手離シ難シ[52]」と家達自ら小松原英太郎文相に断りをいれたことを報告された。結局、河井はそれを承諾し議長付書記官となった。この議長付書記官とは、秘書課が設置されなかった貴族院事務局において、議長の公設秘書としての役割を担った書記官のことである（詳細は補論参照）。これ以後、河井は議長付書記官として議長・家達と伴走し、のちに書記官長を務めた。さらに、昭和期になると河井は家政相談人として徳川宗家を支えることとなった。

家達自身、自らを支える河井に対して常々感謝の意を表しており、大正一五年、内大臣秘書官長として宮中に移る際にも、「貴下此度内大臣秘書官長ニ御転任慶賀之至ニ存候、乍去貴族院御在職中永年不一方御援助ヲ受候事故、将来心細存候得共、誠ニ不得止事と諦メ候、猶将来モ是迄ノ如く多大ノ御助言御援ヲ得度祈居候[53]」と書き送り、河井の転任を惜しんだ。

公私にわたって家達を支え続けた河井が遺した日記を詳細に検討することで、先述の史料的制約を大きく克服することができる。この河井の未刊行史料を縦横に検討する点も本書の特徴である。

5　本書の構成

家達の跡を継いで貴族院議長となった近衛文麿は、「世人が徳川公と申せば貴族院を連想し、貴族院と云へば徳川公を想起したる所以も決して偶然ではございませぬ」と回顧した[54]。議長・家達が貴族院の象徴となっていたことを示唆するものである。そのような家達が貴族院議長を務めた約三〇年間は、桂園内閣期から政党内閣期の終焉までの時期とほぼ一致する。この間、議会内外では政党内閣を希求する声が絶えず叫ばれ、特に二度目の護憲運動によって貴族院は窮地に立たされた。その後、憲政常道と呼ばれる政党内閣期が誕生した。明治立憲制の発展期と言えるこの時期、貴族院議長・徳川家達は如何なる政治的言動を採り、内閣や貴衆両院と向き合ったのだろうか。かかる分析は、単に家達個人の評伝研究に留まらず、明治憲法体制下における貴族院議長の位置付けや政治的特徴を明瞭とし、ひいては議会政治史を再考する一助となろう。このような見通しのもと、本書では以下の検討を行っていく。

家達が約三〇年間にわたって職務を執った貴族院議長は、どのような職位だったのか。第一章「貴族院議長の「誕生」」では、憲法および付属法が枢密院で審議された際の貴族院議長に関する条項、特にその選出方法の規定についての議論を検討する。また、第一次山県有朋内閣が伊藤博文を初代貴族院議長に据えた事例を通して、議長の人選は議会運営を左右しうるものとして、藩閥政府にとって重要な問題と捉えられたことを確認する。

第二章「貴族院議長・近衛篤麿の議会指導とその限界」では、第三代貴族院議長・近衛篤麿を取り上げる。自ら会派を率いた政治的主張の強い華族政治家であった近衛は、議長として自ら信じる政治的活動を行うことを志向し、それに伴い議長の役割やその政治的位相に変化が生じた。第二章ではそのような議長・近衛のリーダーシップを分析し、家達を分析する前提を準備する。

近衛の次に議長となった家達は、近衛とは異なる手法で内閣と貴衆両院の関係構築を図った。第三章「徳川家達と大正三年政変」では、議長時代初期にあたる明治後期から大正初期の議長・家達の行動に焦点を当て、各派交渉会や各内閣、衆議院との関係を形成する過程と、その協議の「場」の主宰者として臨む議長・家達の役割を検討する。また、シーメンス事件に端を発する第一次山本権兵衛内閣と貴族院の対立の中、議長・家達が如何なる議会運営を図ったのかを分析し、その特徴を論じていく。さらに、第一次山本権兵衛内閣総辞職後に開催された元老会議の結果、組閣の大命を降下された家達がそれを拝辞した経緯を分析し、当該期における家達の政治的位置付けを図りたい。

補論「柳田国男書記官長との確執」では、議長を支える貴族院事務局の機構に関して、明治・大正期を中心に検討し、そのうえで議長・家達と書記官長・柳田国男との衝突を事務局の構造を踏まえて分析する。

首相とならず自ら政局に立つことはなかった家達であったが、大正一〇（一九二一）年末より開催されたワシントン会議には全権委員として渡米した。第四章「ワシントン会議全権委員への選出とその影響」では、家達が全権委員となった理由、具体的な動向、その評価の変化を検討する。また、家達が担った大役を裏方で補佐する貴族院書記官長・河井弥八の奔走が家達の政治活動に影響を及ぼしていた点も指摘したい。

第五章「憲政常道期の貴族院議長・徳川家達」では、政党内閣期に多くの批判が寄せられた貴族院の現状に対して、議長・家達がそれをどのように克服しようとしていたかを分析する。昭和二（一九二七）年、家達は公侯爵議員を中心とした院内会派・火曜会に入会した。これまで会派に所属せずに活動してきた議長・家達が会派に所属して何を目指したのだろうか。さらに、これまでの政治的姿勢と如何にして整合性を図ったのかを検討し、貴族院内における議長の位置付けの変化を明らかにする。

昭和八年六月、家達は長年にわたって務めた貴族院議長を辞職した。辞職の際、家達に下賜された勅語案には、家達を御下問範囲の一人と見做す「重臣」とする文句が存在した。最終的にその部分は削除され、家達は「重臣」となることはなかったが、元老が死去し少数となっていく大正後期から昭和初期にかけて、貴族院議長は「重臣」候補の一人とされた。第六章「徳川家達の「重臣」化構想」では、右に述べたような議長・家達を「重臣」の一員とするか否かの議論を分析し、明治憲法体制における貴族院議長の相対的な位置付け、および家達の評価を明らかにする。

以上の内容を終章「貴族院議長・徳川家達と明治立憲制」にまとめ、本書の結論を述べる。

◆註

(1) 徳川家達「議長二十五年」(森田英亮編『苦闘の道を語る』〔金星堂、一九三九年〕、一頁)。出版は昭和一四年だが、家達による文章は昭和四年のものである。

(2) 「故公爵徳川家達閣下追悼録速記」(国立国会図書館憲政資料室蔵「牧野伸顕関係文書」二七九)。

(3) 「日記」(掛川市教育委員会蔵「河井家文書」一六―一―二)、昭和一三年二月一七日条。本書では未刊行の河井弥八の日記を「河井弥八日記」と表記する。

(4) 徳川家正と河井弥八の相談の結果、完成原稿三冊は小林次郎貴族院書記官長に渡されたという(尚友倶楽部・中園裕・内藤一成・村井良太・奈良岡聰智・小宮京編『河井弥八日記　戦後篇1』〔信山社、二〇一五年〕、昭和二〇年八月一日条、一三七頁)。

(5) 原口清『明治前期地方政治史研究』上(塙書房、一九七二年)。同様の先行研究として、辻達也「明治維新後の徳川宗家―徳川家達の境遇」(『専修人文論集』第六〇号、一九九七年)。あわせて、静岡藩は自治体史で叙述されるようになる(例えば、静岡県編『静岡県史　通史編5　近現代一』〔静岡県、一九九六年〕)。

(6) 例外的なものとして、辻達也「徳川家達の静岡旅行の費用」(『日本歴史』第七一六号、二〇〇八年)。

(7) 松浦玲『徳川慶喜　将軍家の明治維新　増補版』(中央公論社、一九九七年)。

(8) 上野秀治「徳川慶喜の授爵について」(皇學館大學史料編纂所所報『史料』第一四六号、一九九六年)、同「明治三〇年代の徳川慶喜(一)(二)(三)」(皇學館大學史料編纂所所報『史料』第一六三～一六五号、一九九九～二〇〇〇年)、山嵜千歳「明治期における徳川慶喜の待遇」(青山学院大学史学会『史友』第三〇号、一九九八年)、家近良樹『その後の慶喜―大正まで生きた将軍』(講談社、二〇〇五年)、松尾正人『徳川慶喜―最後の将軍と明治維新』(山川出版社、二〇一一年)、野村玄「徳川慶喜への叙勲一等授旭日大綬章と無親署勲記」(『二十世紀研究』第一五巻、二〇一四年)など。

(9) 徳川家広「大日本帝国の中の徳川将軍家―十六代当主家達の履歴」(財団法人徳川記念財団編『家康・吉宗・家達―転換期

の徳川家』〈同、二〇〇八年〉)、「名門と国家」(『新潮45』第三〇巻第二号〜第三一巻第　号、二〇一一〜二〇一二年)。

(10)樋口雄彦『第十六代徳川家達――その後の徳川家と近代日本』(祥伝社、二〇一二年)。

(11)現在、筆者は徳川記念財団に保管されている徳川公爵家伝来の史料(「徳川宗家文書補遺」)の整理に携わっているが、史料は原則非公開であり、現段階では公開・研究への利用の便に付されていないため、本書では「徳川宗家文書」を用いた分析を行えないことを断っておく。なお、史料整理の現状については、原口大輔「「徳川宗家文書補遺」の調査状況」(『公益財団法人徳川記念財団会報』第三〇号、二〇一七年)を参照されたい。

(12)伊藤博文著、宮沢俊義校註『憲法義解』(岩波書店、一九四〇年)、六八頁。

(13)華族令制定過程やその概説については、坂本一登『伊藤博文と明治国家形成――「宮中」の制度化と立憲制の導入』(講談社、二〇一二年〈原本は吉川弘文館、一九九一年〉)、大久保利謙『大久保利謙歴史著作集　三　華族制の創出』(吉川弘文館、一九九三年)、浅見雅男『華族誕生――名誉と体面の明治』(リブロポート、一九九四年)、小田部雄次『華族――近代日本貴族の虚像と実像』(中央公論新社、二〇〇六年)、久保正明『明治国家形成と華族』(吉川弘文館、二〇一五年)など。

(14)かかる枠組みに基づいた貴族院研究を整理したものとして、有谷三樹彦「貴族院研究の動向と課題」(『久留米大学法学』第三二・三三合併号、一九九八年)。

(15)代表的なものとして、岡義武『山県有朋――明治日本の象徴』(岩波書店、一九五八年)。後に『岡義武著作集』第五巻(岩波書店、一九九三年)、坂野潤治『明治憲法体制の確立――富国強兵と民力休養』(東京大学出版会、一九七一年)、同『大正政変――一九〇〇年体制の崩壊』(ミネルヴァ書房、一九八二年)、高橋秀直「山県閥貴族院支配の展開と崩壊――一九一一〜一九一九」(『日本史研究』第二六九号、一九八五年)、同「山県閥貴族院支配の構造」(『史学雑誌』第九四編第二号、一九八五年)など。

(16)『貴族院の会派研究会史　明治大正篇』(尚友倶楽部、一九八〇年)、『貴族院の会派研究会史　昭和篇』(尚友倶楽部、一九八二年)、『貴族院と華族』(霞会館、一九八八年)。

(17)大久保氏は尾佐竹猛氏、林茂氏らと貴族院五十年史編纂に携わっており、そこで収集した文書は「貴族院五十年史編纂会収集文書」として国立国会図書館憲政資料室に所蔵されてある。史料の伝来については、大久保利謙『日本近代史学事始め――一歴史家の回想』(岩波書店、一九九六年)を参照。

(18)小林和幸『明治立憲政治と貴族院』(吉川弘文館、二〇〇二年)、同「初期貴族院における「対外硬派」について」(『駒澤大学文学部研究紀要』第六二号、二〇〇四年）など。小林氏が重視する「自立」派議員の一人である谷干城について、その一生を追いながら政治思想を明らかにした関連する著作として、同『谷干城――憂国の明治人』（中央公論新社、二〇一一年）がある。

(19) 西尾林太郎『大正デモクラシーの時代と貴族院』（成文堂、二〇〇五年）。

(20) 内藤一成『貴族院と立憲政治』（思文閣出版、二〇〇五年）。

(21) 他にも、初期議会期における貴族院の検討が不十分であるという意識は、原田敬一「初期議会期貴族院の動向――第一議会の場合」（『文学部論集』〈佛教大学〉第八五号、二〇〇一年）でも指摘されている。かかる問題を先駆的に指摘した論文として、ジョージ・アキタ「議会制度成立期における貴族院の相対的独立性をめぐって」（有馬学・三谷博編『近代日本の政治構造』〈吉川弘文館、一九九三年〉）を挙げておきたい。また、櫻井良樹氏は日露戦後における官僚系勅選議員と有爵議員の対立の中、その政治的対立を抑止するために宗秩寮が創設されたことを指摘した（櫻井良樹「宗秩寮の創設と日露戦後の貴族院」〈『日本史研究』第三四七号、一九九一年〉）。

(22) 内藤一成『貴族院』（同成社、二〇〇八年）。

(23) 例えば、吉田武弘「「第二院」の誕生――明治憲法下における両院関係の展開」（『立命館史学』第三一号、二〇一〇年）、同「「議会の時代」の胎動――一九〇〇年体制成立期における議会観の転回」（『立命館大学人文科学研究所紀要』第一〇七号、二〇一六年）、近澤史恵「明治期の貴族院議員の政党観と「非政党主義」」（『法政史学』第七七号、二〇一二年）、前田亮介『全国政治の始動――帝国議会開設後の明治国家』（東京大学出版会、二〇一六年）など。また、政治過程とは別に、議会（議事堂）の生成過程とその構造をめぐる分析も注目を集めている点を補足しておきたい（佐藤信「議事堂をめぐる政治――国会議事堂研究序説」、奈良岡聰智「議場構造論――「ひな壇」廃止論をめぐる攻防を中心として」〈御厨貴・井上章一編『建築と権力のダイナミズム』〈岩波書店、二〇一五年〉〉など）。

(24) 佐藤立夫『貴族院体制整備の研究』（人文閣、一九四三年）。

(25) この両者をあわせて検討したものとして、前田英昭『戦間期における議会改革』（成文堂、二〇〇八年）がある。

(26) 例えば、前掲『貴族院の会派研究会史　明治大正篇』。

(27) 代表的なものとして、伊藤之雄『大正デモクラシーと政党政治』（山川出版社、一九八七年）、今津敏晃「一九二五年の貴族院改革に関する一考察――貴族院の政党化の視点から」（『日本歴史』第六七九号、二〇〇四年）、西尾林太郎『大正デモクラシーと貴族院改革』（成文堂、二〇一六年）。また、今津氏は政党内閣下における研究会が「多数」「民衆」を背景に政治的動向を決定し、政党政治の正当性を受容していたことを指摘している（今津敏晃「第一次若槻内閣下の研究会――政党内閣と貴族院」〈『史学雑誌』第一一二編第一〇号、二〇〇三年〉）。

(28) 大石勇「大正十三年、徳川義親の貴族院改造運動――徳川義親「貴族院改造私見」を中心に」（『徳川林政史研究所研究紀要』第二八号、一九九四年）など。

(29) 園部良夫「昭和一〇年代の貴族院改革問題をめぐって」（『日本歴史』第四四七号、一九八五年）、野島義敬「一九三六年における貴族院改革運動」（『日本史研究』第六〇八号、二〇一三年）。

(30) 前掲『貴族院の会派研究会史　明治大正篇』、二四〇頁。

(31) その内訳は第一議会に三回、第二議会に二回、第四議会に一回であった（貴族院事務局編『貴族院先例録　自第一回議会至第三七回議会』〈貴族院事務局、一九一六年〉、三三一頁）。

(32) 前掲貴族院事務局編『貴族院先例録』、三三三、三四頁。

(33) 衆議院議長の動向自体を検討したものではないが、村瀬信一氏は片岡健吉が衆議院議長の立場から見た衆議院観を検討し、初期議会期の衆議院は円滑な運営をもってよしとし、代議士の質の向上を重視していたことを明らかにしている（村瀬信一「議長席から見た帝国議会――片岡健吉の「議会談」」〈鳥海靖・三谷博・西川誠・矢野信幸編『日本立憲政治の形成と変質』〈吉川弘文館、二〇〇五年〉〉）。

(34)『第九十回帝国議会衆議院議事速記録』、昭和二一年五月一六日、二頁。

(35) 原奎一郎編『原敬日記』第三巻（福村出版、一九六五年）、大正三年三月六、七日条、三九八、三九九頁。

(36) 衆議院議長となった議員のキャリアを通時的に検討したものとして、川人貞史『日本の政党政治　一八九〇～一九三七年――議会分析と選挙の数量分析』（東京大学出版会、一九九二年）を挙げておく。

(37) 伊藤之雄『立憲国家の確立と伊藤博文――内政と外交　一八八九～一八九八』（吉川弘文館、一九九九年）、九六頁。

(38) 徳川家達「静岳公閑話録」（『星岡』第八二号、一九三七年）、一一、一二頁。

(39)『貴族院職員懐旧談集』（霞会館貴族院関係調査委員会、一九八七年）、九～一一頁。

(40) 前掲貴族院事務局編『貴族院先例録』、三九頁。ただし、「腹案ヲ有スル」という語句は、改版時に「予メ準備アル」と表現が

改められた（貴族院事務局編『貴族院先例録　自第一回議会至第五〇回議会』〔貴族院事務局、一九二五年〕、四一頁）。

(41) 原田熊雄『西園寺公と政局』第三巻（岩波書店、一九五一年）、九二頁。

(42) 『中央公論』第二六巻第四号（中央公論社、一九一一年）。

(43) 尚友倶楽部・櫻井良樹編『田健治郎日記』二（芙蓉書房出版、二〇〇九年）、大正三年三月七日条、四〇四頁。

(44) 前掲徳川「議長二十五年」、三頁。

(45) 高橋紘他編『昭和初期の天皇と宮中――侍従次長河井弥八日記』全六巻（岩波書店、一九九三～九五年）。

(46) 史料の来歴などは、内藤一成「河井弥八の生涯と日記の来歴」（前掲『河井弥八日記　戦後篇1』）を参照のこと。

(47) 「河井弥八日記」（掛川市教育委員会蔵「河井家文書」二三―四八）、明治四四年四月一二、一三日条。

(48) 「河井弥八日記」、明治四四年四月一三日条。

(49) 「河井弥八日記」、明治四四年四月一四日条。

(50) 「河井弥八日記」、明治四四年四月一五日条。

(51) 「河井弥八日記」、明治四四年四月二九日条。

(52) 「河井弥八日記」、明治四四年五月一日条。

(53) 大正一五年七月二七日付河井弥八宛徳川家達書翰（「河井家文書」E―一二九―七三）。

(54) 「故公爵徳川家達閣下追悼録速記」（国立国会図書館憲政資料室蔵「牧野伸顕関係文書」書類の部C二七九）。

第一章　貴族院議長の「誕生」——帝国議会の開幕

議院内閣制が規定されていない明治憲法下において、とりわけ初期議会期は議会勢力の動向とは異なる論理で内閣が組織された。そのため、議会開設直後より各内閣が提出する予算・法律案などは議会の掣肘を大きく受け、解散につぐ解散や時に憲法停止といった論も登場した。しかし、坂野潤治氏が示したごとく、明治立憲制の枠組みの中で藩閥政府が自らの施策を実行する際、政党と提携することが議会運営上、有効と考えられ、政党側も藩閥へと近づいていった。[1]当然ながら、かかる政治過程は複数回の議会を経て確立していった事象であり、議会開幕前から予期されていたわけではなかった。

明治二三（一八九〇）年、帝国議会の開会に際し、伊藤博文が初代貴族院議長に就任したことはよく知られている。受諾まで約半年かかったこの伊藤の議長就任問題は、これまで藩閥政府内の政治構造から分析された。[2]それゆえ、そもそも貴族院議長が有する政治的権限がどう議論され、憲法および関連法規で規定されていたかといった観点からは十分に検討が加えられなかった。しかし、貴族院議長の政治的位相を分析する本書の視点に立てば、議会運営をコントロールする議長をどのように選ぶのか、その選出方法をめぐる議論を検討することは最初に確認すべき重要な論点となる。

そこで、本章では以下の点を分析する。まず第一節で、貴衆両院議長の選出方法を審議した枢密院の議事を検討し、議長選出方法に関して如何なる議論が交わされたのかを明らかにする。伊藤博文枢密院議長をはじめ、審議に参加した面々から表出した「議長観」とその論点を確認し、実際の議長の役割や位置付けを分析する前提としたい。次に、第二節では初代貴族院議長選出問題を再検討する。ここでは伊藤の拒絶や周囲の説得の論理を重視し、枢密院での審議とあわせて、藩閥政府の中枢にいた政治家たちが想定していた貴族院議長像を明らかにする。本章で分析する帝国議会黎明期に生じた貴族院議長をめぐる議論やその位相は、のちの議長のあり方にも影響を及ぼす重要なものと考えられる。

第一節　枢密院における審議

1　貴族院議長の選出方法

まず、明治憲法およびその付属法に定められた貴族院議長の選出規定とその審議の内容を確認する。【表3】は明治憲法各草案における「議長」関連の条文である。貴族院議長の選出は「十月草案」（明治二〇年一〇月）より憲法ではなく勅令によって定められることとなり、「二月草案」（明治二一年二月）までは憲法上に規定されていた衆議院議長の選出も、その後の審議で付属法（議院法）によって規定されることとなった(3)。

そこで、貴族院議長の選出方法が設けられた貴族院令の審議過程を見ていく。明治二一（一八八八）年一二月一

【表 3】憲法草案内の「議長」

・井上毅「試草乙案」（明治 20 年 4 月下旬）	
第二十六条	元老院ノ組織ハ別ニ勅令ヲ以テ之ヲ定ム 此勅令ハ法律ニ由ルニ非ザレハ将来ニ変更スルコトヲ得ズ
第三十八条	代議院ノ議長副議長ハ一会期コトニ議院之ヲ公撰ス
第四十二条	議事ハ出席議員ノ過半数ニ依テ決ス可否同数ナルトキハ議長ノ決スル所ニ依ル
・井上毅「試草甲案」（明治 20 年 5 月）	
第二十三条	元老院ノ組織ハ別ニ勅令ヲ以テ之ヲ定ム 此勅令ハ法律ニ由ルニ非サレハ将来ニ変更スルコトヲ得ス
第三十五条	代議院ノ議長副議長ハ一会期コトニ議員之ヲ公撰ス
第三十九条	議事ハ出席議員ノ過半数ニ依テ決ス可否同数ナルトキハ議長ノ決スル所ニ依ル
・ロエスレル「日本帝国憲法草案」（明治 20 年 5 月頃）	
第二十条	元老院ノ議長ハ議員中ヨリ天皇之ヲ命ス
第二十七条	代議士院ハ会期毎ニ其議長及副議長ヲ撰挙ス
・「夏島草案」（明治 20 年 8 月）	
第二十七条	議長副議長ハ議員中ヨリ勅任ス
第三十条	衆議院議長副議長ハ普通選挙期限間ノ任期ヲ以テ議員中ヨリ之ヲ公選ス
第四十四条	帝国両議院ノ議事ノ過半数ヲ以テ決ス可否同数ナルトキハ議長之ヲ決スヘシ
・「十月草案」（明治 20 年 10 月）	
第三十八条	貴族院ハ皇族華族及特旨ニ由リ勅任セラレタル者ヲ以テ組織ス其資格選任特権及其他ノ制規ハ特ニ勅令ヲ以テ之ヲ定ム
第四十条	衆議院ハ議長副議長ヲ議員中ヨリ選挙ス
第五十二条	帝国両議院ノ議事ハ過半数ヲ以テ決ス可否同数ナルトキハ議長ノ決スル所ニ依ル
・「二月草案」（明治 21 年 2 月）	
第三十四条	貴族院ハ皇族華族及勅任セラレタル者ヲ以テ組織ス其資格選任特権及其他ノ制規ハ勅令ヲ以テ之ヲ定ム
第三十六条	衆議院ハ議長副議長ヲ議員中ヨリ選挙ス
第四十八条	両議院ノ議事ハ過半数ヲ以テ決ス可否同数ナルトキハ議長ノ決スル所ニ依ル
・「大日本帝国憲法（諮詢案）」（明治 21 年 5 月）	
第三十四条	貴族院ハ皇族華族及勅任セラレタル議員ヲ以テ組織ス其資格選任特権及其他ノ制規ハ勅令ヲ以テ之ヲ定ム
第四十七条	両議院ノ議事ハ過半数ヲ以テ決ス可否同数ナルトキハ議長ノ決スル所ニ依ル
・「第一審会議修正議決案」（明治 21 年 7 月）	
第三十四条	貴族院ハ皇族華族及勅任セラレタル議員ヲ以テ組織ス其資格選任特権ハ勅令ヲ以テ之ヲ定ム
第四十七条	両議院ノ議事ハ過半数ヲ以テ決ス可否同数ナルトキハ議長ノ決スル所ニ依ル
・「大日本帝国憲法」（明治 22 年 2 月 11 日）	
第三十四条	貴族院ハ貴族院令ノ定ムル所ニ依リ皇族華族及勅任セラレタル議員ヲ以テ組織ス
第四十七条	両議院ノ議事ハ過半数ヲ以テ決ス可否同数ナルトキハ議長ノ決スル所ニ依ル

典拠：稲田正次『明治憲法成立史』下巻（有斐閣、1962 年）より作成。

三日、枢密院で審議された貴族院組織令の条文案（第一一条）は次の通りである。

第十一条　議長副議長ハ議員中ヨリ勅任セラルヘシ

被選議員ニシテ議長又ハ副議長ノ任命ヲ受ケタルトキハ議員ノ任期間其ノ職ニ就クヘシ

第一読会(4)では佐佐木高行から「任期アル者ハ言ヲ待タスト雖モ終身議員ニシテ議長副議長タルトキハ如何」と、条文中で取り扱われない議長の任期に関する質問があった。これに対して報告員の金子堅太郎は、「任期ナキ議員ニシテ議長副議長タル者ハ終身ナリ、任期アル議員ニシテ議長副議長タリシ者ノミ任期間其職ニ在ル」との見解を示した。金子は互選のため任期のある議員（伯子男爵議員、多額納税者議員など）が議長や副議長となった場合、その任期中は議長職にあるとしたが、任期のない公侯爵議員や皇族議員が議長となった場合、議員辞職の規定がないため自ら辞職するか、あるいは死去するまで議長であることを想定していたと考えられる。

しかし、第二読会(5)においてこの曖昧な議長任期が問題となった。寺島宗則は「元来議長副議長ハ終身ナル方然ルヘク又勅命ヲ以テ交迭セラル、コトモアルヘク天皇ノ随意ニテ然ルヘ」きことを提議し、東久世通禧、副島種臣、土方久元が賛成した。それに対し、森有礼は、如何なる議員であれ正副議長の任期は必要であると述べ、有爵議員の任期に準《なぞら》えて七年の任期を提案し、榎本武揚が賛意を示した。ここで伊藤は寺島説に対して賛成者の起立を請うたものの、八名と少数だったので寺島説は否決された。その後、福岡孝弟が任期のあり方を検討する必要性を提起し、一方、河野敏鎌と佐佐木が森の七年案に賛成した。かかる議論を受けて、伊藤は第二項を削り、第一項を「議長副議長ハ議員中ヨリ七箇年ノ任期ヲ以テ勅任セラルヘシ」と修正することを問い、起立者一四名で可決された。第三読会(6)では、第二読会で削除した第二項が「議場外ニ於テ協議決定」したのをうけて復活し、貴族院令（貴族院組織令から改称）第一一条は成立した。

第十一条　議長副議長ハ七箇年ノ任期ヲ以テ議員中ヨリ勅任セラルヘシ

被選議員ニシテ議長又ハ副議長ノ任命ヲ受ケタルトキハ議員ノ任期間其ノ職ニ就クヘシ

枢密院での審議開始時、貴族院議長の任期は厳密に規定されていたわけではなかった。金子も議論している顧問官たちも、貴族院議長が短期間で交代することを想定していなかったものと思われる。それゆえ、寺島は原案よりさらに任期の規定を曖昧にして、任免は天皇の大権、あるいは実際の運用により柔軟に対応すべきと考えたのだろう。結果的に伯子男爵議員の任期に合わせて議長、副議長にも七ヶ年の任期が定められたが、枢密院ではどのような人物が議長となるのかという点まで考慮に入れられることはなかった。顧問官たちには貴族院に対する全面的な「信用」があったのだろうか。

2　衆議院議長の選出方法

貴族院議長とは異なり、衆議院議長の選出方法は議院法によって規定された。貴族院に先立った枢密院での議論は各人各様の意見を呈し、審議は混乱した。以下、その過程を検討することで貴族院議長との相違点を確認する。

原案（明治二一年九月一七日）第三条では、(7)「憲法ニ定メタル議員ノ員数集会シタルトキ衆議院ノ議長副議長ハ其ノ第一任期ニ於テハ議員ヨリ之ヲ勅任シ第二任期以下ニ於テハ議員之ヲ互選シ勅許ヲ請フヘシ」と定められていた。第一読会中、報告員の伊東巳代治は、この条文について「議会開設ノ当初ニ於テハ各議員タルモノ其事務ニ経験ナキコトナレハ議長ヲ選挙スルニモ適当ナル人物ヲ得シコト頗ル困難」であり、また「議長ニ適当ナル人物ヲ得ルト否トハ政府ト議会トノ関係ニ於テ重大」であると説明した。すなわち、第一議会は混乱を避けるためにも議員によって議長、副議長の互選を見合わせ、その選出は勅任であることが望ましいとされた。一方、森有礼は「第二任期」以後も正副議長は勅選でよいと主張し、第一読会は終了した。

九月二六日の審議(8)では、伊藤が不在で、寺島副議長も病気欠席のため、首席顧問官の土方久元が議長代理を務めた。問題となる第三条の審議は午後から始まり、選出に関して多数の修正案が出された。まず副島が「第一任期ニ於テハ議員ヨリ之ヲ勅任シ第二任期以下ニ於テハ」を削除し、「衆議院ノ議長副議長ハ議員之ヲ互選シ勅許ヲ請フヘシ」と修正説を述べ、佐佐木も賛同した。これに対して報告員の伊東は、議長勅任の削除説に対して次のように反論した。各国の例を参照したところ、議長選定の方法は、(一) 議員による互選、(二) 勅任、(三) 議員が互選した者を勅任、の三種類があると整理した。(一) は議院の自治権に基づくものだが、議院の自治は絶対的ではなく憲法や議院法等の制限内にあり、(二) は議長が議員中特別の職務を帯びるので君主が任じるものとする。この二つに対して、(三) は「学理」においても「実際」においても当を得ないとした。その理由は、互選された数名から一名を勅任する場合、得票数が最少の人物が勅任される可能性もあり、それは互選の意味をなさず、また互選によって選出された数名が悉く政府の意に適さない人物の場合もあるため、第三の説を「最劣」と伊東は評した。さらに、議長の人選は議院と政府との「調熟」のために最も重要であると付け加えた。

これをうけて、森は、「衆議院ノ議長ハ議員中ヨリ之ヲ勅選シ副議長ハ議員之ヲ互選シ勅許ヲ乞フヘシ」という折衷案を出した。森の言い分は、議長は議院の秩序を保つべき職務を帯び、それは天皇に対して責任を負う。議長は議院自治の原則から議員による互選によって選出されるべきだが、職権は天皇の委任によるものなので、議長は勅任を基本とし、イギリスの事例に倣い副議長を互選とすべきと述べた。続いて河野が、「衆議院ノ議長副議長ハ議院ニ於テ議員中ヨリ之ヲ互選シ勅許ヲ乞フヘシ」と提案した。河野は自治権を有し国家の大事を議定すべき議会にはその議長を選任するだけの権能が当然あるべきで、議長の責任は天皇に対してだけでなく国家に対するものでもあると述べた。諸説紛糾を目の当たりにした土方は議論をまとめることができず、この問題を伊藤が帰京するまで凍結することとした。

一〇月一二日、伊藤復帰後の審議[9]は副島の修正案から開始された。副島は、「憲法ニ定メタル議員ノ員数集会シタルトキ」を削除し、「衆議院ノ議長副議長ハ議院ニ於テ議員中ヨリ互選シ勅許ヲ請フヘシ」とし、第一任期も互選して決めることを望み、これに河野と福岡の賛成が添えられた。松方正義は、伊東が述べたような三種類の選任方法にはそれぞれ得失があるが、「天皇陛下ハ寧ロ之ニ御干渉遊ハシテ叡慮ヲ労サセ玉フヲ適当」ゆえ「徹頭徹尾」勅選にすべしと主張した。続いて山田顕義が、折を見て互選にするのはよいが、議会開設直後は議員が議事に不慣れであり、議長を議員の互選とし政府が顧みないのは「不信切」なので、「衆議院ノ議長副議長ハ議員中ヨリ勅選ス」と修正案を提出した。

河野は議長を勅選するといってもその内実は内閣の選考が入るわけで、そこには当然内閣側の好悪が入る、もし内閣の選出が議院の「衆望」と合致しなかったら議院内に混乱が生じ、翻ってそれは内閣にも責任が及ぶと指摘し、議院の責任は議院に帰するためにも議長は議院内で決定すべき事柄であり、内閣が干渉すべきものではない、と主張した。これは勅任の名を借りた内閣主導による人事が衆議院に与えるデメリットを指摘する議論であった。この河野の意見に対して、山田は他の諸行政長官などは内閣が選ぶのに対して、衆議院議長だけ違うのはおかしな話であり、内閣の人選も種々の状況を考慮して決めることなので問題はないと反論した。

その後、佐野常民による「衆議院ノ議長副議長ハ議院ニ於テ五名ヲ互選シ其中ヨリ勅任ス」といった代案や、第一任期から互選とする説（副島）、暫くの間は勅任で進めるべきとする説（土方）などの意見が飛び交ったが、午前の審議の最後に、伊藤は顧問官にこの問題がそれほどまで重大事なのかと疑問を呈し、「議院モ亦別ニ不満足ナカルヘシ」と原案への理解を促し午前の審議は閉会した。伊藤からしてみれば、衆議院議長の選出方法を審議するのにここまで議論が紛糾するとは思ってもいなかったのだろう。貴族院議長選出方法の審議過程を見ればさもありなん、といったところである。だが、伊東が提示した三種の方法と枢密院で交わされた議論は、議長を介した内閣と議院（議員）の関係を占ううえでも無視できない論点であった。

再開された午後の審議[10]では、山県有朋が山田、松方同様悉く勅選とすることを提案したことから始まった。これに対して、鳥尾小弥太は「衆議院ノ議長副議長ハ議員中ヨリ議員之ヲ選出シ勅裁ヲ以テ之ニ任スヘシ」と修正案を出した。鳥尾は言葉を継いで、憲法に議長選任のことを定めず議院法にそれを譲ったのは、議長は議員の選任に委任する精神によるものと指摘した。また、佐野は再び五名を互選し、そこから勅任する案を唱えたが特に賛否は表されなかった。

伊藤は午前中に出された副島の修正説「衆議院ノ議長副議長ハ議院ニ於テ議員中ヨリ互選シ勅許ヲ請フヘシ」の賛否を問うも、起立八名の少数で否決された。ここで山県は先程の意見を修正し、「第二任期以下ハ議員中ヨリ五人ヲ互選シ之ヲ勅任スヘシ」と修正案を出した。しかし、議論はいつまでもまとまらず、ひとまず河野が原案の採決を提議し、伊藤は原案賛成者に起立を求めるも賛成者は四名にとどまった。この結果に伊藤は立腹し、数日間審議して何の成案にも帰着しない顧問官を批判し、第三条は消滅と見做して上奏することを告げた。この伊藤の宣告に対して、佐野は委員会を設け協議することを提案したが、伊藤はまとまらない議論を委員に付託してもその効は薄いとし、全院委員会を開き議論することにした。全院委員会で議論すること二〇分、原案賛成八名、佐野の修正説（互選五名）賛成一一名の結果になり、「衆議院ノ議長副議長ハ議員中ヨリ五名ヲ互選セシメ其ノ中ヨリ之ヲ勅任ス」と修正案がまとまったところでこの日の審議は終了し、一八日、審議でこの修正案は可決された[11]。この修正案と第三読会の審議[12]を経て、第三条は次のように決定した。

第三条　衆議院ノ議長副議長ハ其ノ院ニ於テ各三名ノ候補者ヲ選挙セシメ其ノ中ヨリ之ヲ勅任スヘシ
議長副議長ノ勅任セラル、マテハ書記官長ヲシテ議長ノ職務ヲ行ハシムヘシ

細かな字句の修正や五名から三名になった点、および第二項が付された点は議場外の協議で決まったのであろう。議会劈頭に予想される議場の混乱は、勅任官たる衆議院書記官長の手で鎮められることが期待された。翌年一月一

七日の再審議(13)でも、第三条は字句の修正が施されただけでその内容に変更が加えられることなく最終決定となった。

第三条　衆議院ノ議長副議長ハ其ノ院ニ於テ各三名ノ候補者ヲ選挙セシメ其ノ中ヨリ之ヲ勅任スヘシ

議長副議長ノ勅任セラル、マテハ書記官長議長ノ職務ヲ行フヘシ

このように、衆議院議長の選定方法に関しては種々の議論が起こったが、第一任期のみの勅選、つまり内閣主導による議長選任は認められず、議院の自治権を尊重し、議員間の互選によって決定した三名の中から勅任されることとなった。伊東が「最劣」と評した方法であったが、いざ帝国議会が開会すると、常に最多得票の候補者が議長に勅任され、結果的にその選出に大きな問題が生じることはなかった。

以上、第一節では貴衆両院議長の選出方法に関する枢密院の議論を検討してきた。民党勢力が多数を占めることが予想された衆議院については、議長選出方法の議論が紛糾した。その理由は、民党から選ばれた議長による議会運営如何で法案審議の行方が左右され、それが政権に大きな影響を来すと考えられたからであった。そこで、議員間の互選ではなく勅選、すなわち衆議院議長を事実上内閣主導で選出することによって、民党主導の議会運営を予防する意見が登場した。結果として、議員間の互選を経て勅任するという折衷的な案となったものの、議長の政治的性格が議事に影響を与えることが前提とされた議論であった。

しかし、同じ立法府の議長とはいえ、貴族院議長のそれに関する議論は特に紛糾することなく、任期を確定したのみで審議は結了した。衆議院議長選出方法の審議の際、伊東は「議長ニ適当ナル人物ヲ得ルト否トハ政府ト議会トノ関係ニ於テ重大」と述べたが、貴族院議長ではこのような議論は登場しなかった。枢密院に参列した政治家たちは貴族院ならば問題は生じないと考えていたのだろうか。だが、貴族院議長も議会運営の成否を握る重要な存在として認識されることは、次節で検討する伊藤貴族院議長就任問題で露呈することとなる。

第二節　帝国議会の開幕と貴族院議長・伊藤博文

1　伊藤博文の議長就任問題

伊藤博文の議長就任の経緯は先行研究で明らかになっているため、本節ではその成果を踏まえ、内閣・議会関係から議長・伊藤に求められた点に焦点を当てる。

まず、伊藤の他に挙がっていた議長候補者を簡単に確認しておく。初代貴族院議長は自らが上院議員として参画する華族にとって重要な人事であり、「議長ハ華族ニ非サレハ不可」という意向から柳原前光を推す向きがあった[14]。一方、新聞紙上では板垣退助が候補に挙がっていた。その理由としては、民権運動を主導した板垣は爵位（伯爵）を有するため衆議院議員にはなれず、互選あるいは勅選を経て貴族院議員になるしかなく、「自由主義を貴族社会に行」うために貴族院議長に勅任されるべきである[15]、というものであり、まずは元老院議長に就任し、元老院の廃止後に貴族院議長の座を占めるのが良い、といった記事が登場した[16]。

明治二三（一八九〇）年七月一一日、渡辺昇が有爵者議員に対して意見書を配布し、多くの華族から反発を受けるという事件が起きた[17]。渡辺は、貴族院議長は「闔院《がいいん》の主宰議政の総領」であり、議長の人選は「国家の光栄国家の重き」に関わる重要な問題であるため、議長は勅任といえども「闔院意のある所を一」つにして議長を決めなければならない、と説いた。この渡辺意見書に対して、谷干城をはじめとする子爵議員たちは渡辺の主張を「僭越違法」と非難した。すなわち、貴族院議長が議員の推薦により勅任されるならば、それは議員互選の結果をもとに勅任される衆議院議長と大差はなく、それは貴族院令の趣旨に反するものとして谷らは伊藤に意見書を出し[18]、議論は華族会館内にも波及した。[19]この騒動を知った伊東巳代治は、伊藤に「渡辺先生武骨の所致」が「華族一般之笑物」になったと報じているが、[20]この時期議長就任を悩んでいた伊藤は、どうやらこの意見書に特段の反応を示していない。とはいえ、議会開会を待つ華族にとっても議長人事が関心の的となっていたことは間違いない。

さて、時の山県有朋内閣にとって、第一議会を無事に乗り切れるかどうかは最重要課題であり、衆議院の民党対策だけを練っていれば良いというわけではなかった。[21]そこで、山県は小田原の伊藤を訪い、「議事の指導」を願うため伊藤に貴族院議長就任を懇請するも、伊藤はすぐさま固辞した。[22]七月一日、伊藤に謁見した明治天皇は、「貴族院議長の就任にして不可と為さば、枢密院議長に復任するは如何」と尋ねたが、伊藤はこれも拝辞した。[23]その後も明治天皇、元田永孚、黒田清隆らが立て続けに伊藤に枢密院議長復任か貴族院議長就任を勧めたが、伊藤は一向にその依頼を受け入れなかった。[24]当の伊藤も相応に悩んでいたようで、末松謙澄に宛てた書翰の中で、自身の進退を「頗困却思案」しており、しかしこの問題を「遷延」させるわけにはいかないので七月中には決めなければならない、と告げていた。[25]

伊藤博文（国立国会図書館ウェブサイト）

だが、伊藤は七月中に決断を下すことはなく、問題は先送りのままとなっていた。そこで、小田原の伊藤邸に泊まりこんで説得に当たったのが井上馨だった。井上は、貴族院は衆議院に対して「中正之義」を保持し「真正王室之楯」となり、なるべく「下院之議を調和」し、「内閣ト下院之衝突を排却」することが必要であると論じた。かかる重要な役目を担う貴族院の議長は「方今邦家之為真に何人を推挙スル歟」と述べると、伊藤も同感の意を示した。さらに、誰が首相として内閣を組織しようとも日本の貴族院は「王室并ステートノ楯」としなければならないため、「識学」、「功労」のある伊藤に議長の衝を望む、と訴えた。伊藤はこれに対して、事情が切迫したら就任しないことはない、と否定はしなかった[26]。井上は、貴族院を内閣と衆議院の中間点に位置付け、両者の「衝突」を「調和」する役割を担う貴族院の議長は国家のために重要な職責ゆえ、何としても議長就任を承諾してほしいと伊藤に訴えたのである。以上の経過を知った山田顕義は山県と相談し[27]、再度井上に伊藤を説得するように依頼したものの[28]、井上は内閣に任せることにした[29]。

八月二〇日、山県は芳川顕正を伴って伊藤の説得に赴いたが、「遊客紛集」のため伊藤と面会することはできなかった[30]。伊藤は井上に書翰を送り、「議会之横流は議長之抑止スル所」ではないので改めて議長職を辞退する旨を告げた[31]。その後、伊藤は逃げるように西遊し、九月下旬に帰京した。九月二八日、松方が伊藤を訪れ説得に当たった後、伊藤は松方に書翰を送った。伊藤は松方が帰った後熟考した結果、自身が議長になることは「万々不相好」のですぐに山県に一書を遣わしたという。山県へは伊藤が議長として「頭ヲ出スコトハ困却至極」である、なぜなら貴族院議員の中には伊藤を「敵視スル輩」も多くおり、円滑に議会運営を行う自信がなく、一方「議員一人前ノコトナレハ、吃度尽力」できるので、議長には柳原がよいだろうとの内容であった[32]。周囲は伊藤が貴族院議長となることで、貴族院の「議事の指導」や内閣と衆議院との「調和」を期待していた。しかし、伊藤自身は、議会運営は議長が左右するものではなく、議員個人の動向が重要と考えていたことが窺える。伊藤は一貫して議長職を担うことに消極的であった。

議会開会が間近に迫ると、これまで以上に多様な人物が伊藤を口説こうとした。一〇月九日、伊東が伊藤に宛てた書翰によると、中井弘が伊東のもとを訪ね、「憲法之関係より責而此一期間之御就任は到底避られ間敷」との意見を示した[33]。他方、明治天皇は伊藤がなかなか承諾しないことに苛立ち、佐佐木高行に対して「伊藤は才気人に勝れ、弁論縦横にして、今日何人も彼を抑制し得る者」がなく、岩倉具視、大久保利通、木戸孝允のように伊藤を

「制御」する人がいないのを惜しむ、と愚痴をこぼしたほどであった。[34]その後、芳川が伊藤に書翰を送った。芳川によれば、山県は伊藤の議長就任を希望して止まず、さもなくば「異分子より成立候議会の統一無覚束」と嘆いていた。これまで伊藤は「議長とならさるも議員にて充分御尽力は出来」ると述べてきたが、それに対して芳川は「従来府県会其他等に於ては他邦の例とは違ひ議長に尤も重きを置き、又議長の指導如何によりては随分其方向を左右転換せしむる事も有之哉」を指摘し、「勿論国会と他の小会とは自然其運動に相違」はあるが「矢張り議長に尤も重きを置くは即今極めて必用」と主張した。[35]議長の議会運営こそが議事の大勢に影響を及ぼし、それは内閣の命運を左右する重大事であり、それゆえ藩閥政府内の事情に通暁している伊藤こそ議長にふさわしい、と芳川は改めて説いたのである。

前後して、土方久元、元田といった天皇周辺の人物も改めて伊藤の説得に努めた。[36]一六日、山県は再び小田原の伊藤のもとを訪い「談論」に及び、ようやく伊藤は議長就任を承諾した。伊藤は「不本意」ではあるが叡慮を奉ずる他はなく、第一議会のみ議長を務め、その後清国視察に出発するという条件を提示し、山県もその条件を飲んだ。[37]副議長は田中不二麿が擬せられたが、田中が拒否したため東久世通禧に決まった。東久世は伊藤が議長である間のみ副議長の職に就くという条件で就任した。かくして、山県内閣は議会開幕を迎える体制が整った。

右に見てきたように、山県内閣は何もかも初めてとなる議会運営への不安を抱えていた。成立後の互選を待たねばならない衆議院議長と異なり、「王室并ステートノ楯」たる貴族院の議長は勅任ゆえ、事前に内閣主導で決定することができた。内閣にとって、藩閥政府の内情を知る閣外の有力政治家は伊藤以外に考えられなかった。内閣制度を創設し、憲法を制定に尽力した伊藤ならばきっと議員も議長の議会運営に従い、議事も安定したものになるだろう、と山県は伊藤の双肩に託したのであった。ただ、枢密院で行われた貴族院令の審議を振り返ると、貴族院議長は勅任であるため、その選出基準は不明確であった。ただ、初代議長の「誕生」がここまで苦難に満ちたものになるとは誰も予想し得なかったものと思われる。

なお、枢密院の審議では選定方法に関して大いに揉めた衆議院議長であったが、結局互選の最多得票者が勅任され、第一議会は中島信行が議長、津田真道が副議長に任じられた。

2　第一議会の議会運営と議長後任人事

明治二三年一一月二九日、帝国議会開幕にあたり伊藤は貴族院議長の席に座った。議長・伊藤に対しては、陸奥宗光のように「伊藤の議長ハ評判甚タ宜」しいといった報告や、[38]「声小にして満堂に徹底せず、議長として其伎甚だ拙なりし」と回顧した尾崎三良もおり、[39]その評価は区々であったようである。以下、第一議会の議長・伊藤について簡単に触れておきたい。
議長・伊藤は年末年始の休会中である明治二四年一月上旬から体調不良を訴え、また東久世副議長も開会後早々に病気を患い療養中であった。正副議長不在の貴族院は仮議長を選定せざるを得ず、近衛篤麿が仮議長として職務を執ることとなった（明治二四年一月一三〜一七日、一月二九日〜二月一三日）。若くして仮議長を任された近衛は、たびたび議事の様子を伊藤に報告した。[40]男爵議員であった杉渓言長の回想によると、当初より伊藤は仮議長を置きたいという希望を有しており、しかし、議場で反対論が噴出するならば「自分は風邪を引いて一日、二日引っ込んでみようか」と発言していたという。[41]また、徳川家達も伊藤が近衛を仮議長とすることを腹案にしていただろうと回想している。[42]
会期終盤、貴族院では予算案審議の日数が問題となった。[43]よく知られているように、衆議院では民党と山県内閣との間に激しい応酬が繰り広げられた。その結果、二月末になってようやく貴族院に予算案が送付されたが、会期末ということで実質的な審議期間が五日しか残されていなかった。また、三月になっても伊藤は病気のため小田原に籠っており、登院せずじまいであった。

一方、予算案審議に十分な時間を確保できないことに憤った予算委員長・谷干城は、三月三日付で伊藤に委員長の辞表を提出し、一部の予算委員（小幡篤次郎、原忠順、渡正元、青山貞、加藤弘之、槙村正直、松平乗承、立花種恭、由利公正、勘解由小路資生）も同様に辞表を提出した。(44)新聞報道によると、伊藤は議長として「予算審査の儀ハ目下緊急の事件に有之、且つ其審査期日も今明日に切迫致し候間、只今御辞任相成り候ても到底後任者選挙及び其就任審査の時間も無之候に付、従前の通御担当相成度」と説得を試みたが、谷をはじめとする予算委員はその説得に応じなかった。(45)予算案審議中、病気療養中であった伊藤が登院したのは三月六日のみで、残りは東久世副議長が議会運営の責務を担った。予算委員については辞職願を出した委員は欠席扱いとし、副委員長であった細川潤次郎が谷に代わって委員長の職務を行うことで急場をしのいだ。

初めての議会を迎えた山県内閣にとって最優先事項であった予算審議に対して、議長・伊藤はほとんど関与せずという結果となった。伊藤を介した貴族院の「議事の指導」に則して評するならば、伊藤は山県内閣の期待を裏切ったということになろう。とはいえ、明らかに藩閥政府に融和的な議会運営が想定された中、伊藤が議長の職務を実質的に放棄したことは、内閣、議員にとってある意味「公平」であり、議院の自治を尊重したものと解釈することもできる。伊藤の意図はさておき、伊藤が極端に山県内閣の肩を持つような議会運営を行うことは、それ自体、藩閥政府に対立する政治勢力から攻撃を受ける可能性があったことも想定されねばならない。

さて、就任時の約束通り、伊藤は第一議会閉会後に貴族院議長を退いた。伊藤と進退を共にすることを明言していた東久世もあわせて辞任した。そのため、次期正副議長の人事が焦点となり、田中不二麿や河野敏鎌(46)などの名前が新聞紙上で散見されたが、七月二一日、第一次松方正義内閣は伊藤の後任に蜂須賀茂韶を据えた。(47)旧徳島藩主で侯爵家当主たる蜂須賀は、明治維新後よりイギリスに留学し、帰朝後は外務省・大蔵省と勤務したのち、明治一五年から二〇年まで特命全権公使としてフランスに在住していた。議会開会と共に貴族院議員を務めるかたわら、明治二三年五月より東京府知事の任にあたっていた蜂須賀は、基本的に藩閥政府よりの立場を採る華族政治家であったと言われる。明治二五年二月に行われた第二回衆議院議員総選挙の選挙干渉に対して、第三議会の貴族院では松方内閣を批難する「選挙干渉ニ関スル建議案」が提出され、八八票対六六票をもって可決された。内藤氏によれば、この建議案の質疑討論における蜂須賀の議会運営は明らかに内閣寄りであったという。(48)

一方、東久世の後任人事は難航した。新聞紙上では第一議会で仮議長を務めた近衛が有力候補と目されていたが、(49)内閣側の希望は西園寺公望であった。しかし、西園寺は副議長から「退避之心底」であり、賞勲局総裁か枢密顧問官を希望していた。伊藤は、副議長選定は新任の蜂須賀と相談したうえで決めることが得策であると松方に助言していた。(50)

蜂須賀は西園寺が賞勲局総裁と兼任しても別段差し支えないと考え、西園寺の副議長就任を希望した。(51)それでも西園寺は拒絶したので、内閣では細川潤次郎を候補に挙げた。蜂須賀は、内閣の希望する細川は「随分是迄器用に立廻り居り、自然反対者とも通絡」があるため、「胸襟を開き充分事に当ること難からずや」と憂慮しており、蜂須賀自身は西園寺の次に中山孝麿を推していた。しかし、内閣側では中山は「未た年壮」として同意せず、(52)蜂須賀の意向とは異なる細川を副議長とすることに決定した。松方は相談のうえ決定すると蜂須賀に対して答えたにもかかわらず、突如細川を選んだため、蜂須賀は「其不意に喫驚」した。蜂須賀は松方内閣の処置を「余程変に感」じたようで、「最初より相談なけれは夫れまでのことなれとも、既に一と度相談を受け乍ら、平素何事も優柔不断なるに似す此の事のみ斯くも急活に果行せられ候は合点難致候得共、自分に相談しては到底面倒なりと政府に於て見極めを付けたるに由るへし」と怒っていたという。(53)内閣が細川を選択した理由の詳細は不明だが、(54)その人選は議長ではなく内閣にあった点をここでは確認しておきたい。

小　括――貴族院議長への期待と課題

貴衆両院議長の「誕生」は思いのほか難産であった。そもそも、枢密院の審議において複雑な議論を辿ったのは衆議院議長に関してであった。その選出方法にまつわる議論が紛糾したことは、藩閥政府にとって衆議院対策が容易でないと想定されていたことの裏返しでもあった。第一議会だけでも勅任によって選出したいという声は、初めての議会で生じ得る混乱をできる限り少なくしたいという願いと、内閣主導によって衆議院議長を選出することで民党に対して優位に立っておきたいという目論見が同居したものであった。最終的に決定した案――議員間の互選によって選出された三名から勅任――は、天皇大権と議院の自治権を両立させた案だったが、実際の運営に当たっては、議員間の互選で最多得票を得た人物が勅任されており、顧問官たちの憂慮はひとまず杞憂に終わった。

貴族院議長の選出方法は衆議院議長のそれと比すれば議論は牧歌的であった。議長の任期も規定せず、選出された議長は終身でもよいという議論は、内閣主導による勅任に対する信頼とも言えるが、そのような信頼がどこまで有効なのかは誰にもわからなかった。そのため、議会開幕前、貴族院議長の政治的資質が重要な論点として浮上する。

貴族院議長に擬せられた伊藤博文にとって、議事を左右するのは議長ではなく議員なので、議長の選出方法や議長が誰であるかなど二の次であった。事実、伊藤は第一議会の大半を病気により欠席し、議長職を十全に全うしたとはとても評価できない。第一議会のみ引き受けると条件を出した山県有朋内閣からしてみれば、それさえも反故にされたといってよい。とはいえ、それが政治問題として表出しなかったのは、内閣にとって衆議院対策が何より最優先であったこと、および仮議長・近衛篤麿の尽力によるものであった。しかし、予算審議で問題となったように、貴族院が必ずしも藩閥政府に無条件で追従するわけではなかったこともまた明らかとなった。そうなると、芳川が言及したように、以後の議会で議長の議会運営が議事を左右する可能性が改めて焦点となり得た。

伊藤が初代貴族院議長となったこと、および二代目に蜂須賀茂韶が勅任されたことで、内閣主導による議長の選出の前例はひとまず作られた。ただし、内閣主導による議長人事がすぐさま議会対策として実を結ぶわけではなかった。貴族院議長は内閣との関係、さらには議院（議員）や衆議院の中で自らをどう位置付け、そしてそれらと如何なる関係を構築するか。この問題は第三代貴族院議長・近衛篤麿の時期に改めて浮上することとなる。

◆註

（1）坂野潤治『明治憲法体制の確立――富国強兵と民力休養』（東京大学出版会、一九七一年）。

（2）代表的なものとして、佐々木隆『藩閥政府と立憲政治』（吉川弘文館、一九九二年）、原田敬一『帝国議会誕生』（文英堂、二〇〇六年）、内藤一成『貴族院』（同成社、二〇〇八年）。

（3）稲田正次『明治憲法成立史』下巻（有斐閣、一九六二年）を参照。

（4）『枢密院会議議事録』第一巻（東京大学出版会、一九八四年）、明治二一年一二月一三日、二五九～二六八頁。

（5）『枢密院会議議事録』第一巻、明治二一年一二月一四日、二六九～二八九頁。

（6）『枢密院会議議事録』第一巻、明治二一年一二月一七日、二八九～三〇〇頁。

（7）『枢密院会議議事録』第二巻、明治二一年九月一七日、二～八頁。

（8）『枢密院会議議事録』第二巻、明治二一年九月二六日、三一～四三頁。

（9）『枢密院会議議事録』第二巻、明治二一年一〇月一二日、四九～五七頁。

（10）『枢密院会議議事録』第二巻、明治二一年一〇月一二日、五八～六四頁。

（11）『枢密院会議議事録』第二巻、明治二一年一〇月一八日、六四～七二頁。

(12)『枢密院会議議事録』第二巻、明治二一年一〇月二九日、一四八～一五八頁。
(13)『枢密院会議議事録』第三巻（東京大学出版会、一九八四年）、明治二二年一月一七日、一八～二六頁。
(14)明治二三年五月二九日付三条実美宛鍋島直彬書翰（国立国会図書館憲政資料室蔵「三条家文書」二五七―一九）。
(15)「板垣伯は如何谷子爵は如何」『東京朝日新聞』明治二三年三月二三日付朝刊、一頁。
(16)「板垣伯の座位」『東京朝日新聞』明治二三年三月二九日付朝刊、二頁。尾崎三良も後藤象二郎に対して、板垣が元老院議長を経て貴族院議長となり、「政治上ノ運動」を行うことを力説していた（伊藤隆・尾崎春盛編『尾崎三良日記』中巻〔中央公論社、一九九一年〕、明治二三年五月五日条、二八二頁）。
(17)明治二三年七月一一日付伊藤博文宛渡辺昇書翰（伊藤博文関係文書研究会編『伊藤博文関係文書』八〔塙書房、一九八〇年〕、三六六～三六八頁）。
(18)明治二三年七月一五日付伊藤博文宛谷干城（他八名連名）書翰（伊藤博文関係文書研究会編『伊藤博文関係文書』六〔塙書房、一九七八年〕、一六二頁）。谷の他に、新荘直陳、本多正憲、加納久宜、松平乗承、島津忠亮、勘解由小路資生、大給恒の連名（いずれも子爵）であった。
(19)柳原前光や鍋島直彬も、三条実美華族会館長に対して渡辺意見書に対する所感を送っている（明治二三年七月一三日付三条実美宛柳原前光書翰、明治二三年七月一五日付三条実美宛鍋島直彬書翰〔「三条家文書」三五三―一八、二五七―二〇〕）。
　また、この渡辺の意見書が出された時期、金子堅太郎貴族院書記官長が華族会館で行った三度の演説（六月二八日、七月一七、三一日）に華族たちが猛烈に反発し、華族会館長・三条実美や伊東巳代治などが事態の鎮圧に奔走する事件が起きている。小林和幸氏はこの金子演説が華族会館における議事規則の調査機関設置を誕生させるきっかけとなったとしている（小林和幸『明治立憲政治と貴族院』〔吉川弘文館、二〇〇二年〕、四七～五五頁）。
(20)明治二三年七月一六日付伊藤博文宛伊東巳代治書翰（伊藤博文関係文書研究会編『伊藤博文関係文書』二〔塙書房、一九七四年〕、一〇九～一一一頁）。
(21)金子の回想によると、「〔金子が欧米視察から帰国し、山県に〕欧羅巴の報告をしようと思うと、山県さんが私の顔を見て、金子、俺位苦しい地位に立たされたものはない、君が帰って来たら色々教を乞おうと思って居た、サーベルでこの二十年間国家に尽した山県が憲法政治の第一の初幕を勤むる総理大臣になったということは、是は君も定めし予想外であったろう、僕も予想外だ

（中略）この冬の議会に上院下院をどうして操縦するか、どうすれば円満に行かれるか」と山県は金子に相談したという（尚友倶楽部調査室・内藤一成編『新編旧話会速記』〔尚友倶楽部、二〇〇四年〕、六二、六三頁）。

（22）春畝公追頌会編『伊藤博文伝』中（原書房、一九七〇年）、七一七頁。なお、明治二二年末、伊藤は貴族院議長になってもよいと告げたらしく、これを聞いた井上毅は上院議長を国務大臣の一人に加えることは可能かどうかを山田顕義に訊ねた（明治二二年一二月二二日付山田顕義宛井上毅書翰〔井上毅伝記編纂委員会編『井上毅伝　史料篇四』〈國學院大學図書館、一九七一年〉、六四九、六五〇頁〕。この問題は進展がなかったようであるが、議長を国務大臣と同格に位置する可能性が残っていたことは興味深い。

（23）宮内庁編『明治天皇紀』第七（吉川弘文館、一九七二年）、明治二三年七月六日条、五八七頁。

（24）明治二三年七月六日付元田永孚宛伊藤博文書翰（沼田哲・元田竹彦編『元田永孚関係文書』〔山川出版社、一九八五年〕、四二、四三頁）、明治二三年七月六日付伊藤博文宛元田永孚書翰（伊藤博文関係文書研究会編『伊藤博文関係文書』七〔塙書房、一九七九年〕、三七二頁）。

（25）明治二三年七月一二日付末松謙澄宛伊藤博文書翰（堀口修・西川誠監修・編集『末松子爵家所蔵文書　公刊明治天皇御紀編修委員会史料』下〔ゆまに書房、二〇〇三年〕、四二七、四二八頁）。

（26）明治二三年八月一六日付山田顕義宛井上馨書翰（日本大学大学史編纂室編『山田伯爵家文書』第一巻〔日本大学、一九九一年〕、一八七～一九〇頁）。

（27）明治二三年八月一七日付山田顕義宛山県有朋宛書翰、明治二三年八月一七日付井上馨宛山田顕義書翰（『山田伯爵家文書』第一巻、一八六、一八七、一九〇、一九一頁）。

（28）明治二三年八月一七日付井上馨宛山田顕義書翰（国立国会図書館憲政資料室蔵「井上馨関係文書」五七一―三）。

（29）明治二三年八月一八日付山田顕正宛井上馨書翰（日本大学大学史編纂室編『山田伯爵家文書』第二巻〔日本大学、一九九一年〕、一三一頁）。

（30）明治二三年八月二〇日付伊藤博文宛山県有朋書翰（芳川顕正と連名）（『伊藤博文関係文書』八、一二五頁）。

（31）明治二三年八月二九日付井上馨宛伊藤博文文書（「井上馨関係文書」二九二―八）。

（32）明治二三年九月二九日付松方正義宛伊藤博文書翰（大久保達正監修・松方峰雄他編『松方正義関係文書』第六巻〔大東文化大

学東洋研究所、一九八五年)、四〇九頁)。
(33)明治二三年一〇月九日付伊藤博文宛伊東巳代治書翰(『伊藤博文関係文書』二、一一七、一一八頁)。
(34)『明治天皇紀』第七、明治二三年一〇月一一日条、六五二頁。
(35)明治二三年一〇月一五日付伊藤博文宛芳川顕正書翰(『伊藤博文関係文書』八、二六〇頁)。
(36)天皇は一四日には土方久元、一六日には土方と元田を小田原の伊藤邸に遣わして説得に当たった(『明治天皇紀』第七、明治二三年一〇月二四日条、六五八頁)。
(37)明治二三年一〇月一七日付松方正義宛山県有朋書翰(大久保達正監修・松方峰雄他編『松方正義関係文書』第九巻(大東文化大学東洋研究所、一九八八年)、一八七、一八八頁)。
(38)明治二三年一二月一一日付井上馨宛陸奥宗光書翰(「井上馨関係文書」四四五—三)。
(39)尾崎三良『尾崎三良自叙略伝』中(中央公論社、一九八〇年)、二四一頁。また、金子の回想でも伊藤議長は議会運営に手こずっていたと評されている(前掲『新編旧話会速記』、九四頁)。
(40)明治二四年二月一日付伊藤博文宛近衛篤麿書翰、明治二四年二月五日付伊藤博文宛近衛篤麿書翰(伊藤博文関係文書研究会編『伊藤博文関係文書』四(塙書房、一九七六年)、四七〇頁)など。
(41)前掲『新編旧話会速記』、二〇七、二〇八頁。
(42)前掲『新編旧話会速記』、二一〇頁。なお、この直後の家達の回想は速記中止となっており、詳らかでないのが惜しまれる。
(43)この問題の詳細は、前掲小林『明治立憲政治と貴族院』、一四三〜一五〇頁。
(44)「予算委員辞職」『東京朝日新聞』明治二四年三月五日付朝刊、一頁。
(45)「伊藤議長委員に在職を勧む」『東京朝日新聞』明治二四年三月五日付朝刊、一頁。
(46)「貴族院議長の候補者」『東京朝日新聞』明治二四年三月一〇日付朝刊、二頁。
(47)『明治天皇紀』第七、明治二四年七月二一日条。
(48)前掲内藤『貴族院』、六三〜六七頁を参照。
(49)「副議長の後任」『東京朝日新聞』明治二四年七月二二日付朝刊、一頁。
(50)明治二四年八月二五日付松方正義宛伊藤博文書翰(『松方正義関係文書』第六巻、四四五、四四六頁)。

(51) 明治二四年九月一六日付伊藤博文宛蜂須賀茂韶書翰(『伊藤博文関係文書』六、三九二、三九三頁)。
(52) 明治二四年九月二八日付伊藤博文宛伊東巳代治書翰(『伊藤博文関係文書』二、一四一～一四三頁)。
(53) 明治二四年一〇月四日付伊藤博文宛伊東巳代治書翰(『伊藤博文関係文書』二、一四三～一四五頁)。
(54) 明確な理由とは言えないが、細川が副議長となった理由の一つとして、蜂須賀は「華族中有数の俊傑なるも根が国守大名のことなれバ緻密なる人物を選みて副議長となし充分に輔佐の任を尽さしむべし」との議論が内閣にあったと報じられている(「細川副議長新任の仔細」『東京朝日新聞』明治二四年一〇月二日付朝刊、一頁)。

第二章　貴族院議長・近衛篤麿の議会指導とその限界

明治二九（一八九六）年一〇月、第二次松方正義内閣の奏薦により近衛篤麿（一八六三〜一九〇四）は貴族院議長に勅任された。本章では、近衛の政治的言動の検討を通して、立憲政治導入後における内閣・貴衆両院関係と、その中に位置する貴族院議長の政治的役割を解明する。

近衛に関する研究は何より坂井雄吉氏の仕事が挙げられよう。坂井氏は、近衛の有する藩閥官僚に対する反感と、当時の政党に対する批判を指摘し、天皇を政治的、法律的に完全なる無答責の地位に置き、それに代わって国務大臣の責任を完全に明確にしようという近衛の「立憲主義」を説明した(1)。この成果を皮切りに、初期議会期の近衛の政治活動や思想を詳細に分析し「対外硬」の一員として外交思想の側面から近衛を把握する一連の研究や、初期議会期における政治構造の中に近衛を位置付ける研究が進展した(2)。しかしながら、政治家として近衛に光を当てる際、議長としての側面をどのように評価するかは十分に検討されてこなかった。

というのも、近衛が貴族院議長の職務を担った七年間（明治二九年九月〜三六年一二月）は、坂野潤治氏が鮮やかに描き出したように、いわゆる「一九〇〇年体制」が完成する時期と重なり合う。この時期を対象とした政治過程

近衛篤麿（国立国会図書館ウェブサイト）

の研究は各種政治勢力の提携・対立が強調される[3]のと同時に、貴族院では平田東助を中心とする幸倶楽部（いわゆる山県系官僚閥）がその勢力を拡張する時期と軌を一にしており、それに従い硬派議員は勢力を失っていくとする。[4]さらに、第一五議会の詔勅により貴族院は「自立」から「自制」へと変容を余儀なくされたという。[5]この時期、貴族院の一部による「政党アレルギー」は異様なまでに増大する一方、議会開設以来の現実的な政治課題として、内閣は政党（衆議院）との政治的提携なしに議会運営を乗り切ることは不可能な状況にあった。すなわち、この時期は議会政治のあり方が政治課題として浮上しており、そうであるがゆえに議会政治に関する様々な選択肢・可能性を孕んだ時期でもあった。

また、かかる時期に第一次大隈重信内閣、第四次伊藤博文内閣といった政党内閣が登場したことは、貴族院が二院制における自らの存在意義を問い直さねばならぬ状況をもたらした。[6]そのような議会政治の行方について、村瀬信一氏は日露戦後以降、議会慣習の定着に基づく方式により議会運営（「桂園時代型議会運営」）が安定化したことを指摘した。[7]議会慣習が定着した時期については筆者も異論はない。しかし、村瀬氏はその検討の主眼が専ら衆議院にあり、同時にその一因を時間的経過に求めているため、「桂園時代型議会運営」の定着過程についてはなお検討の余地がある。そして、衆議院と共に帝国議会を構成する貴族院の位置付けについても、その定着過程に関して相応の説明が必要ではないかと思われる。その時、重要な人物となるのが貴族院議長・近衛篤麿であった。

以上の問題意識をもとに、本章では貴族院議長・近衛の行動が、同時代において貴族院と貴族院議長の政治的意義の再考をもたらしたことと、貴族院が体制の安定の中で果たした役割とその意義について論じる。具体的には、

（一）責任政党の台頭、さらには隈板内閣、第四次伊藤内閣といった政党内閣が誕生し、内閣と衆議院の提携・対立が焦点化された時、貴族院を含めた議会政治は如何なる方向を模索したのかを分析し、（二）このように貴族院の将来を占う重要な時期に議長となった近衛は如何なる政治姿勢でその職務にあたったのかを検討する。以上を踏まえて、議長・近衛を軸とした議会政治のあり方をめぐる内閣・貴衆両院関係の変容についても一考したい。

第一節　近衛篤麿の入閣問題と貴族院議長就任

最初に、近衛篤麿が議長となった過程をごく簡単に確認する。明治二九（一八九六）年八月末、第二次伊藤博文内閣は総辞職し、代わって松方正義が進歩党と提携して組閣することとなった。「対外硬」以来、進歩党と政治的に近しいと見られていた近衛は、新聞紙上で早速大臣候補として名前が挙がっていた[8]。近衛に対して「未だ何等の照会」がないのに「文部引受も決定」と報じられているのも[9]、進歩党との関係からであろう。九月一七日、ようやく内閣からの入閣交渉が本格化し、松方の伝言を携えた田中源太郎が近衛に対して文相就任を要請した。しかし、近衛は自らが務める学習院長の職務に専念したいこと、および新内閣の「政綱」がわからないまま同意するわけにはいかないことを理由に入閣を辞退した[10]。その後も高田早苗など大隈重信側近からの勧誘があった。大隈は、新内閣の「政綱」は近衛の政治的主張と相違ないことを伝え、また学習院長と文相を兼任することを提案したが、改めて近衛は固辞した[11]。そのため、内閣は貴族院議長であった蜂須賀茂韶を文相として入閣させることに決し、近衛は蜂須賀の後任として貴族院議長に充てられることが予定された[12]。

なお、この決定過程の裏面には伊東巳代治による策略があったようで、当時、研究会を統制していた伊東は西園寺公望を後任議長に推すことを計画し、西郷従道海相、榎本武揚農相、野村靖逓相、清浦奎吾法相、蜂須賀を説き伏せ、議長候補者として徳川家達、黒田長成、福岡孝弟などを乱立させ、閣議がまとまらないことを見計らって候補外の西園寺を議長とする算段を立てた。閣議では、松方が近衛の名を挙げるも蜂須賀が「異存」を述べ、それに清浦、野村が続き、榎本、西郷は「局外者」の態度をとった。そこで西郷は閣員による候補者を複数名列挙し、「聖裁」を仰ぐことを提案した。これに対して、松方は自らが推薦する近衛の名前が閣員から挙がらなかったことに激怒し、「総理は議長を奏薦するの職権」があるため、すぐさま近衛を議長として奏上することを決定した、という顛末があった。[13] 松方の言は、第一章で検討したように明文化された規定ではなく、伊藤、蜂須賀の先例をもとに、首相が貴族院議長の人選を行うことが慣例となっていたことを表すものとして注目される。

伊東の策謀は近衛が遺した記述以外、他に裏付けられる史料はないが、議長に誰を据えるかそれ自体が会派間の勢力争いの一端となっていたことは間違いない。小林和幸氏は、「会派勢力が拮抗している状態では、議長による議会運営が重要な意味を持つと思われるので、伊東は貴族院議長を自派系列の者としておきたかったものと思われる」と述べ、近衛が議長となることで三曜会・懇話会の勢力を強めることとなったと指摘している。[14] 当然、松方内閣としても、近衛を貴族院議長に据えることで三曜会・懇話会を貴族院内の支持基盤とすることを企図していた。第一章で検討したごとく、山県有朋内閣が伊藤を初代貴族院議長に据えることで貴族院の議会運営を有利に導こうとしたものと同じであろう。実際、近衛と同じく三曜会の一員である二条基弘は、「現政府が今後果して彼の宣言〔施政方針〕の如く実行するならバ我々同志者が夙に主張する所の主旨と同一なるを以て我々ハ現政府の施政にハ賛成」するものであり、「本年の帝国議会に於ける貴族院ハ先づ平穏無事」と述べ、松方内閣の門出を祝している。[15] 結局、近衛は松方の勧奨もあり、[16]「自ら熱望はせ」ずとも「貴族院議長なればやってもよろし」いとそれを承諾した。[17] 近衛自身は政治的駆け引きの渦中に巻き込まれることを嫌っていたようであり、議長就任について消極的だったが、その就任は内閣や各会派に横たわる政治的な文脈を多分に含んだものとなった。

この第二次松方内閣発足後、近衛は高田を介してたびたび大隈と意見を交換する機会を持った。近衛は大隈の外交策に対して「其当を得たるの政策」と評価する一方、大隈から近衛の「役人嫌ひ」について、「貴族として此心ある甚だよろし、併し名利心の為に動かざるといふの断乎たる決心ある位に止めて置かざるべからず。人間は一足飛に事を為し得べきにあらず、進むに順序あり。公にして国事に尽すの考ありとすれば、官吏となるも又其一順序なり、経験の一路なり。官吏となるも其人の心の賤しきと然らざるとによりて、さまで嫌ふにも及ぶまじ」、と忠告した。近衛も「好意より出たる言」と受け止めており、大隈は近衛の将来に対して期待をかけていたようである。(18)この両者の関係は隈板内閣誕生時（明治三一年六月）に再び焦点となる。

第三次伊藤博文内閣総辞職後、大隈が内閣総理大臣の大命を拝受した。憲政党を基盤とするこの内閣が成立するにあたり、都筑馨六(19)や平田東助(20)などの官僚が大きく反発したことはよく知られている。特に、平田が政党内閣を認めない山県の意向を反映させ、院内の「吏党」の糾合を提唱したことにより、茶話会・無所属による幸倶楽部の誕生へと結実する。(21)一方、かかる動きに近衛が加担した形跡は見られない。後述するように近衛は政党に対するマイナスの評価こそあれ、政党内閣を全面否定することはなかった。

さて、組閣にあたり大隈は神鞭知常を介して近衛に法制局長官就任を依頼した。(22)この背景には、誕生直後で混乱していた憲政党内の対立緩和と、硬派議員の支持に基づく貴族院対策が伏在していた。近衛は、政党内閣の成立は「政海の一進歩」と評価しながらも、新内閣の方針及び政党員の情実任用を問題視し、態度を保留していた。(23)これに対して大隈内閣は、勅任官であった法制局長官を親任官へと昇格させ、大臣待遇として近衛の入閣を慫慂《しょうよう》した。すなわち、近衛の入閣自体が「情実」任用の形となったのである。何度も説得を試みる内閣側に対して、近衛は学習院長として華族教育の重視を主張し、また法制局長官の官制改革への反発を理由に入閣を峻拒し、(24)近衛の盟友・

谷干城も「政府の挙動は貴族院を侮辱」するものとして激怒した。[25] さらに、近衛は「藩閥内閣が従来衆議院に於て感じたる困難を、これより貴族院に於て見るなるべく、且つ衆議院の反抗には解散の手段あるも、貴族院は如何共すべからず」と、内閣の貴族院対策の拙劣さを批判した。[26] 内閣と貴族院の関係如何が議会政治を左右するという政治状況が前景化したのである。内閣側はその後も説得をあきらめず、大隈から曽我祐準に対して、近衛、谷、曽我の三人に今回の内閣組織顚末を説明したいとの連絡があり、三名は一応話を聞くことにした。[27] しかし、近衛の決意は固く、大隈が直接面会したところで翻意することはなかった。[28] 結局、隈板内閣は議会開会前に総辞職したため、貴族院議長・近衛との関係が議会運営に如何なる影響を与えるかは不明のまま終わり、また議会における政党内閣と貴族院との関係構築は第四次伊藤博文内閣の誕生まで先送りされることとなる。

なお、隈板内閣が瓦解したのちに成立した第二次山県有朋内閣は、近衛に文相就任を依頼した。[29] 山県は田中光顕と共に近衛に勧説を試みるものの、議論が一向に噛み合わず近衛はまたもや入閣を拒絶した。[30] ただし、近衛は政党に対する不信感を抱きつつも、山県に対して超然内閣による議会運営の困難さを指摘していた点は注目しておきたい。

第二節　第四次伊藤博文内閣と貴族院

1　議長・各派交渉会と「院議」形成

明治三三（一九〇〇）年、立憲政友会による政党内閣として成立した第四次伊藤博文内閣に対して、貴族院、とりわけ硬派（朝日倶楽部、庚子会。それぞれ土曜会、懇話会の後身）は厳しい態度を採った。日清戦後の財政整理や北清事変の財源調達は急務であり、伊藤内閣はその財源を確保するために酒税を中心とする各種増税案を第一五議会に提出する予定であった。しかし、内閣側の政策に貴族院が強硬に反対したことで、貴族院は大きな転換点を迎えることとなる。

一二月二七日、年末年始の休会期間を利用し、内閣は貴族院と法案審議に関して協議するために有力議員と会合を開いた。だが、首相である伊藤は欠席し、西園寺公望（班列大臣）が代理で対応したため、内閣に軽んじられたと判断した貴族院の感情はさらに悪化した[31]。この会合は研究会の清浦奎吾が鮫島武之助内閣書記官長に忠告して、内閣と貴族院双方の意思を疎通させる「緩和剤」として催されたものであった。しかし、伊藤は直前に大磯へ帰ってしまったため、「甚不結果」となってしまった[32]。清浦の態度から考えると、研究会は当初から内閣への反発一辺倒だったわけではなく、政局に応じて柔軟に対処する余地を残していたともいえるが、肝心の伊藤が交渉のテーブルにつかなかったことで禍根を残すこととなった。貴族院における増税諸法案の審議はまとまらず、例えば、金子堅太郎法相は特別委員長の黒田長成（研究会）を介して各派から理解を得ようとしたが、不首尾に終わっている[33]。そのため、明治三四年二月二七日、内閣は議会を一〇日の間停会し、貴族院側と交渉を試みることで突破口を開こうとした。とはいえ、星亨が「今回の衝突は政府と貴族院の衝突と云はんよりは貴族院と衆議院との衝突にして又一歩を進めて論ずれば国民と貴族院との衝突なりと云ふを得べし[34]」と激昂したごとく、内閣・政友会側は貴族院に対して強気の姿勢を崩さなかった。

では、貴族院ではどうだったのであろうか。停会直後、近衛篤麿は、各派交渉委員が「政府より各人、各団体に交渉を受くるも各個にては応ぜず、かならず交渉の後ならずば拒絶」する決議を行ったことを聞き、近衛もそれを踏襲することにした[35]。すなわち、近衛は議長として「政府より譲歩して交渉を望まるゝとならば、議員諸氏と政府との間に立入りても宜し」いが、自ら「進んで周旋する事は出来がたし」と態度を硬化させた[36]。このことは、貴族院議長の動向が政治過程における焦点として顕在化したことを意味した。議長と各派交渉会の政治的態度が一致した貴族院の堅固な意志であり、内閣にとって極めて困難な状況が到来した。近衛の態度はさらに硬化し、自ら「首相に面会するの希望」はなく、「首相にして貴族院諸氏と熟議」するために近衛と面会するならば会談に臨んでもよいとまで言い切っていた[37]。

内閣側は「対議会策に付協議ありたれども別に取止めたる事なく」といった状況だったが[38]、停会期間の終了が近づいたこともあり、伊藤は近衛と面会し各派交渉委員との協議を希望する旨を告げ、近衛は各派の意向を確認すると応答した[39]。しかし、近衛のもとに集まり伊藤の希望を聞いた各派交渉委員は、政府が別案を提出しない限り協議には応じないことに決し、近衛は貴族院を代表して内閣に通知することとなった。その結果、近衛は伊藤より内閣と貴族院との交渉を決裂する旨を告げられた[40]。このように、増税諸法案をめぐる政治過程の中で、近衛は議長として貴族院側を代表し各派交渉会の意見を集約し、内閣と協議する役割を担うこととなった。それは、次に登場する元老に対しても同様であった。

内閣との交渉が暗礁に乗り上げたことを受けて、八日、山県、西郷、松方、井上の四元老と近衛、各派交渉委員との間で話し合いが始まった[41]。しかし、山県から「唯議員の側にて再考ありたし」と要求があったのみで、近衛は「成案なくして調停は六かし」いため、結局四元老から成案が提示されるまでは交渉を断絶すると告げることとなった。このような近衛の態度に対して山県は「大分怒気を含」んでいる有様であったという。その後、山県と松方は近衛を再訪し、元老の成案を渡した。近衛はすぐさま太田峰三郎書記官長、小原駩吉書記官を呼び、各派にその内容を伝え、内閣側は停会をさらに五日間延長した[42]。九日、近衛は各派交渉委員と協議し、元老提出の協議案を土台として、近衛を含む一五名の小委員会により対案を作成することに決し、「元老との交渉は総て議長を経由する事」を申し合わせた[43]。議長が内閣・元老と各派を仲介する存在となっていたこと、加えて議長が貴族院を代表し、内閣や各派との間に立つ存在ということが改めて確認されたのである。一〇日、近衛は小委員会で作成した元老への対案を各派交渉委員に示し、その同意を求め、各派交渉会において賛成多数で可決された。その後、近衛は山県、松方、井上の三元老と会見するも話し合いは平行線を辿り、松方から「到底調停の道なからん」と交渉の終焉を告げられた[44]。以上の状況を受けて、伊藤は貴族院との交渉が不調に終わり、議会運営を如何ともしがたいことを上奏する準備を始めることとなる[45]。

一二日、田中光顕宮相から参内の旨を告げられた近衛は、天皇より「朕は頃日貴族院の増税案に対して異論を唱へ、政府と衝突せりと聞き、大に之れを遺憾とし、有朋等に命じて調停の事に当らしめたるも、不幸にして議遂に敗る、而して政府猶貴族院の主張を容るゝ能はざるを奏す、朕深く之れを憂慮す、夫れ朕の意の在る所は則ち載せて此の書中に在り、卿宜しく議員一同に之れを示し、以て速やかに融和の道を講ずべし」と諭され、勅語を拝受した[46]。退室した近衛はまさかの展開を受けて、「今更の如くに感慨に打たれ、唯長大息」するのみであった。直ちに近衛は太田を呼び、続いて各派交渉委員を召集して対応策を練った[47]。

一三日、近衛は再び各派交渉委員を集め、松方より調停無効の通知、および天皇より勅語を拝受した顚末を報告し、翌日の議事について協議した。勅語に対する奉答文は「叡旨を奉戴して協賛の任を尽さんとの敬意を表するに止る」ことにし、また、特別委員会の報告を本会議で行う時には、「貴族院の従来の意思」および「法案通過の理由の実に已むを得」ないものであったことを述べ、さらに別の議員により「貴族院の此度の態度無責任ならざりし事を十分に演説」することを決した[48]。貴族院側は勅語によって内閣側の要求を呑まざるを得なくなったものの、自らの正当性を何とか主張しようとしたのである。

翌一四日、近衛はさらに各派交渉委員と協議し、増税諸法案に賛成する方針を決定した。一方、前日に引き続き、貴族院が「当初これを否決せんとしたるは、決して無責任の言動を為して一時の快を貪」ろうとしたのではないことを奏上することが提案された。上奏文の起草は近衛に託され、近衛は太田へ草案作成を委嘱した。[49] この動きを知った内閣側は、これを「分疏的」なものと見做す一方、伊藤は山県に対して「内部御探聞可然御指導」を依頼した。なぜなら、この「分疏的」上奏の起草は谷と清浦が引き受けることとなっており、伊藤は山県を通じて清浦から情報を得ようとしていたからである。[50] 近衛は太田が作成した上奏案文に「不十分の点」があると認めつつも、清浦へ回付し、[51] 谷などの意見も参照し修正されることとなった。[52] しかし、各派交渉会で協議した結果、上奏案はいずれも満足するに至らず、ついに上奏を断念した。[53] 貴族院は議会再開後、政府原案を全会一致で可決したものの、その空気は「殺気尚消却セス」といった様相であった。[54] 貴族院の委員会では増税諸法案が衆議院の決議通りに可決し、本会議でも全会一致で可決された。三月二四日の閉会式後、各派交渉委員は近衛のために慰労会を開催した。[55]

第四次伊藤内閣期の貴族院において、近衛も各派と同様に増税諸法案に反対していたが、各派が個別に政府との折衝に応じなかったため、内閣側は近衛を介して貴族院と協議を行うこととなった。そのため、近衛は議長として両者の間を取り次ぐ重要な役割を担うこととなり、後に登場する元老に対しても同様に近衛が貴族院の窓口となった。かかる状況が偶発的だったところは否めないが、近衛と各派の間に行われた協議の結果、各派の意見を集約し、貴族院を代表するという議長の役割が確認された。また、近衛が勅語を拝受した後も、近衛は各派交渉会に諮りその対応を協議するなど、議長と各派交渉会による決定が貴族院の「院議」や政治行動に影響するようになっていった。ただし、結果として、政治過程における天皇の登場——勅語が降ったことは、以後の貴族院のあり方に重たい課題を残すこととなった。

2 「詔勅」の副作用——明治憲法と議会審議期間

繰り返しとなるが、第四次伊藤内閣期の貴族院では、各派交渉会の協議結果が政治過程を大きく左右すると同時に、議長が貴族院の窓口となり内閣や元老と交渉する重要な役割を担う存在であることが明瞭となった。このことは、議長と各派交渉委員との決定事項が貴族院全体の方向性を決め得る可能性を示していた。もちろん、議会審議の停滞は内閣と貴族院の関係のみに求められるわけではなかったが、第四次伊藤内閣のごとく内閣が貴族院の対応に手間取った場合、衆議院に対してもその影響が色濃く表れることとなる。

例えば、三月一六日、政友会員であった麻生太吉（福岡三区）に対して、政友会本部から「議会閉会ノ期モ愈々切迫致候処、委員へ御当選ノ方々ニテ委員会へ欠席ノ諸君モ有之為メニ委員会延期ノ已ムヲ得サル場合屢々ニシテ差支不尠候間、此際委員ノ方々ハ万障御繰合御欠席ナク委員会結了相成候様致度」といった通知が送付されていた。(56)これは、二月末から続いた計一五日の停会により、会期末にもかかわらずいくつもの法案が審議未了の状態であったことを示している。政権与党にとって政府提出法案の未成立は有権者からの支持に密接に関わるため、政友会としても議員たちの奮起を促す必要があった。

右の状況は明治憲法との関係で整理する必要があろう。明治憲法第四二条「帝国議会ハ三箇月ヲ以テ会期トス必要アル場合ニ於テハ勅命ヲ以テ之ヲ延長スルコトアルヘシ」との規定により、基本的に帝国議会は三ヶ月の間に法案などの審議を終えねばならなかった。このことは、帝国議会は議会自らが会期日数を左右することはできず、一方の内閣も、政府提出法案の審議未了などの可能性が生じた場合、会期延長（＝勅命）を用いるか否かを選択し、天皇の許可を得なければならないことを意味した。(57)そのため、議会審議における天皇の「登場」はそれ自体が批判を浴びる諸刃の剣であり、そうであるがゆえに内閣と議会の間に協議を設ける必要がより高まることとなった。ちなみに、全九二回ある帝国議会の中で延会・停会の両方が行われたのは第四回（第二次伊藤博文）、第九回（同上）、第一二回（第三次伊藤）、第一八回（第一次桂太郎）、第七〇回（広田弘毅・林銑十郎）の五例に過ぎない。その中で、

第七〇回議会は、会期中に広田内閣が総辞職し林内閣が成立したことをうけて全ての政府提出法案が撤回され、改めて林内閣が議会に法案を提出したため会期延長を行ったという例外的な事例であり、残りは伊藤と桂による時であったことは極めて示唆的である。

右のように明治憲法には内閣が会期を左右しにくい制度が施されていたため、議会の進捗状況次第では重要法案の成立を諦めねばならないこともあった。例えば、時期は下るが、昭和四年三月、水野錬太郎文相優諚事件を発端に貴族院審議が滞っていた田中義一内閣は、未決の重要法案審議のために会期延長を検討するも、成案の見込みがないため見送ったという事例もあった。(58)

天皇を無答責とすることを「立憲主義」の理想とし、(59)議会運営上において天皇の「登場」を避けたいと誰よりも考えていた近衛にとって、第一五議会での反省をどのように活かしていくかが重要な課題として浮上する。それが改めて問われるのが第一七議会であるが、これは次節で検討したい。

第三節　第一次桂太郎内閣と貴族院

1　議長・近衛篤麿の斡旋とその反発

明治三五（一九〇二）年、第一次桂太郎内閣が第一七議会前に内示した予算案（海軍拡張、地租増徴）に対して衆議院側が抵抗した。(60)その背景には、衆議院側は政友会総裁・伊藤博文と憲政本党総理・大隈重信の両党首会談によって、桂内閣が提出する予算案に対して一致して反対することを決議したことがあった。(61)予算を先議する衆議院の雲行きが怪しくなったことをみて、近衛篤麿は桂に対して「成否は知らず妥協の労を取」ることを提言した。「首相もこれを望むもの丶如」しと判断した近衛であるが[62]、以下見ていくように、桂が近衛にどの程度期待していたのかは不明である。

さて、一二月一九日、近衛は各派交渉委員を集め、桂とのやり取りと自身の意見を開陳した。近衛の動機は、政党と対立する内閣が再び衆議院を解散し、総選挙を行うことになれば、地方行政・経済に悪影響を与えるため、それを未然に防ぐためにも貴族院が内閣と衆議院の間を取り持つのが望ましい、という趣旨であった。その場に居合わせた各派交渉委員は、「箇人として同意なるも、団体の意見は各団体に帰りて協議の上ならでは答へがたし」と態度を保留した。これに対して近衛は、「貴族院議長としてこれを為すにあらず、一箇人の近衛公爵が偶然政府と下院との中間にありて、如此場合比較的に尽力を為す便宜の地位にあれば、これを試み」るものと説明し、議長として各派交渉会の「決議」を求めず「一箇人の近衛公爵」として行動することを宣言した。さらに、近衛は「余の意志を諸君より他の諸君に通ぜられて、一同に余の意を領せらるれば足」りると述べて解散した[63]。

近衛にとって貴族院は内閣と衆議院の中間に位置するものであり、両者が衝突した場合、その代表たる議長が調停を行うべきものと自認していた。近衛のかかる主張は突然表出したものではなく、過去に「政府と衆議院の紛争衝突を調和せしむるは、両院立制の本旨」と認めていたことに由来する[64]。さらに、第一五議会のごとく内閣と貴族院との対立の結果、再び天皇が政治過程に「登場」することを深く憂慮したのだと思われる。その一方で、各派の十分な理解が得られなかった近衛は「一箇人の近衛公爵」の立場を採り、各派交渉会で「決議」を要求せず、自らの行動を各派が承知していれば事足りるとの態度を採った。そのため、各派も会派としての賛否を表明せず各派交渉会は終了した。

一見するとわかりにくいが、近衛の態度は次のように理解できよう。すなわち、第一五議会時は議長・各派交渉会の一致により貴族院対内閣という対立を産み出したため、伊藤による政治工作の結果、貴族院は天皇の「登場」という一番避けねばならない事態を招いてしまった。それを踏まえ、今回は近衛が「一箇人」として行動することで、貴族院に対する天皇の「登場」を避け、対貴族院については、各派交渉会での賛否を不問とし、あくまで近衛個人の行動を認知してもらえればよい、と。無論、この裏面には天皇無答責を徹底する文脈もあった。

各派交渉会後、近衛は黒田長成副議長と共に片岡健吉衆議院議長を呼び出した[65]。近衛は片岡に各派交渉会の様子を告げ、彼らが「個人としては何れも之に同意」したため、内閣と衆議院の調停を行うと宣言した。片岡はすぐさま政友会、憲政本党と協議することを返答したが、近衛は片岡に対して、「政友会員としての片岡氏を煩はすの意にあらずして、実は衆議院議長として各政党の間に名望ある便宜の地位に居らる、を以て」依頼したと告げる。これは、各議員の上に立つ議長が政党間の意見を調整すべきであるという意味であり、それは、かつて第四次伊藤内閣の時に成立した、議長・近衛と各派交渉委員の関係を模した近衛の議長観であった。

片岡は一旦帰邸し、改めて近衛のもとを訪問した。片岡は両党の総務委員と協議したが、「元来妥協なるものは憲政上面白」くなく、また「一院と政府との撞突に当り、他の一院の正副議長が居中調停の労を取」ることは「頗る不都合」と批判があったことを告げる。近衛と黒田が「一箇人」として片岡のもとを訪れたことは衆議院側に理解されず、「一院の正副議長」による調停と見做された。これに対して、近衛は、かかる政治上の問題に対して「無責任」な元老の容喙は「面白」くないが、「衆議院と共に立法の機関に属し、軽重すべからざるの位地に在る」貴族院が「調停」を取ることを拒む衆議院の意見は、「事苟も貴族院の権限に属するを以て聞捨て難」いと返答した。貴族院の位置付けに対する批判は近衛の怒りに火を着けた。冷静さを失った近衛は、「個人」と「職位」に関する自らの行動論理を整序できなくなってしまう。近衛は衆議院に乗り込み、片岡、尾崎行雄、原敬（以上、政友会）、大石正巳（憲政本党）と会見することとなった。

しかしながら、衆議院側の返答は、先程と変わらず基本的に内閣と妥協する余地はないというものであった。とりわけ大石は、（一）妥協の際には、政治家の所信が一貫せず無責任といった批判が出ること、加えて、（二）他院の調停が失敗した場合、他院内に問題が生じる場合があり得ることを理由として挙げ、近衛の立場を案じる姿勢を採った。近衛は（一）に対して言及することはなかったが、（二）については、「一院と政府との撞突に当り、他の一院が調停の労に当るは当然の事にして、寧ろ憲政の運用を円満ならしむるもの」と主張し、仮にその調停が不成功に終わったとしても、「院の勢力には何等の影響」なく、「両院の感情撞突を醸すべき筈なし」と告げた。近衛は自身が有する貴族院論を展開し説得に努めたが、衆議院側を翻意させることはできなかった。

近衛の調停は失敗に終わり、翌二〇日、近衛は各派交渉会を開き交渉委員に顚末を報告した。結局、内閣と衆議院の間の妥協も行われず、一二月二八日、議会開会直後、衆議院は解散された。

2　反響――貴衆両院の再定位に向けて

では、このような近衛の行動をどのように理解し、議長の役割としてどう評価すればよいだろうか。この時の近衛の行動は、政府に対して立法府の重要性を指摘したうえで、貴族院の位置付けの上昇を企図したものと解されている[66]。本章で着目する議長の政治的位相に則して整理すると、近衛は片岡に対して、「各政党の間に名望ある便宜の地位」にいる衆議院議長の役割を求めた。繰り返しになるが、それはかつて近衛が第四次伊藤内閣や元老に対峙した議長像と同様のものであったと思われる。片岡に対して近衛は「一箇人」の資格で臨んだはずだったが、衆議院側にはそのように受け止められず、近衛の立場は「貴族院議長」としてのものと認識され、また冷静さを欠いた近衛も自身の立場の明確な使い分けができなくなっていた。そのためか、この一件に関する報道や論説でも近衛は「貴族院議長」としてかかる行動を採ったと言及されるようになる。以下、順番に見てみたい。

近衛から糾弾された政友会は、機関誌『政友』において、近衛が「貴族院議長」として行動した点を重視した顚末記事を掲載した。[67]片岡が、自身が衆議院議長としての資格で近衛と交渉することは困るため、まずその点を質問すると、近衛は「貴族院正副議長たる近衛黒田の個人が衆議院の議長たる個人の片岡」に対して調停を依頼する、と返答したことが掲載されていた。片岡はあくまで政友会の一員として対応することを望んでおり、衆議院議長としての立場をもって交渉に応じるつもりはなかった。また、大石と近衛の応酬も前述の通り掲載されているが、大石は、議会政治のうえで妥協は弊害であり、また一個人の資格といえども「貴族院議長の斡旋は悪慣例を作るもの」との立場を採り、他方、近衛は「自分は斯る斡旋は寧ろ議長の為すべきもの」と返していたことが記されていた。この点は、近衛の手元に残った記録とは異なっており、内閣と衆議院の対立を「調停」「斡旋」するのは「他の一院」（近衛）、「議長」（『政友』）の役割であるとしており、両者の認識には最後まで差異があった。他院からの容喙という側面を強調することで、政友会の立場を正当化する意図があったのだろう。

また、金子堅太郎は伊藤に対して、近衛が「一己之資格」をもって片岡と交渉し、政府・衆議院間の調停に乗り出したことを報告した。そのうえで、金子は「政府と衆議院と衝突したる時貴族院議長が妥協之尽力を為すは両院制度之精神に背き、且議院権能にも関し将来悪慣例を惹起する」との感想を漏らした。[68]金子の憂慮としては、衆議院での議決前に貴族院（ここでは近衛）の意向を受けて妥協してしまうことは、両院協議会を形骸化させてしまい、ひいては明治憲法において帝国議会が二院制を採用している意義を根底から揺るがしてしまうという点にあった。さらに、金子は近衛の行為を桂内閣の策動と認識したうえで、政友会としては党の方針を枉《ま》げるわけにはいかないと不快感を示した。金子にとって、近衛の行動は議会制度のあり方として許容できる範疇を超えていたのである。

一方、近衛は桂が「裏面より属僚をして小策を弄せしめ、反対派をして小生の調停に疑惑を生せしむるに至りしは、頗る遺憾」と強い不満を桂に書き送っており[69]、自身の調停の失敗は、桂内閣による政治工作による帰結だと判断していた。

だが、近衛に批判的な意見ばかりではなかった。『東京朝日新聞』の「調停の拒絶」という記事[70]では、「元老てふ個人の資格よりも、貴族院議長副議長てふ個人の資格を以て、調停者たるに適す」と評価した。内閣と議会の対立をどのように調停するか、という問題は憲法にその規定が明記されているわけではないため、対立を収める「調停者の人格」が重要になる。ここにおける元老批判は、第一五議会の時、元老が間に入ったものの調停が失敗したことを念頭に置いているのだろう。そのうえで、今回の場合、「和衷協同の精神よりいふも、又憲法上の一機関に長たるの資格」より見ても衆議院側は受け入れるべきで、「憲法の運用上之れを例」にしてもよいと提言した。ただし、「元老てふ個人の資格よりも、貴族院議長副議長てふ個人の資格」という文面からもわかる通り、近衛が当初、貴族院の各派交渉会で「一箇人」と述べた話はこの記事には登場しない。

「錦城生」によって執筆された『読売新聞』の「近衛公と両党の総務」では次のように指摘される[71]。憲法に調停を否定する明文がない以上、「一院を代表するに足る名望位地ありて、他の一院の尊敬に値すべき人格あるの議員が、個人の資格を以て調停を発議するを妨げざるハ、昨今世論のある処」である、と前述の「調停の拒絶」と同様の趣旨を述べる。さらに、今回、衆議院が貴族院の調停を拒否したことが禍根となり、将来、政党内閣が誕生した際、貴族院による「妨害」を招く恐れがあると指摘し、衆議院側の態度を批判した。貴族院側にも、衆議院との間に「感情の衝突」を起こし、「民論を阻遏」して桂内閣の「御用」とならないことを希望すると付け加えた。結論として、貴族院は「民論の横暴を抑止」すると同時に、「民論の神聖」を尊重すべきことを述べ、これからの貴族院にいわゆる第二院の役割を期待した。ちなみにこの記事では近衛が「個人の資格」で行ったことを正確に捉えており、近衛の主張に近いものであった。

以上見てきたように、桂内閣と衆議院の間に入り、自らの貴族院論を実践しようとした近衛の行為は種々の議論を惹起した。貴族院全体への責任を回避するために近衛は「一箇人」として立ち上がったものの、近衛の行動を批判的に見た面々からは「貴族院議長」近衛の振る舞いとして認識されてしまった。もちろん、本章で示したごとく、近衛自身もその行動規範を厳密に使い分けることができなかったことも問題であったが、新聞紙上では「貴族院議長」、「一箇人」のどちらの資格であれ、貴族院が内閣と衆議院の間に入ることを好意的に捉える向きもあった。

とはいえ、このような本章の理解は、近衛の日記を検討することで明らかにすることができるものであり、近衛と相対した政治家や新聞論評にとって、そのような近衛の立脚点を正確に捉えることは容易ではなかったこともここでは確認しておきたい。以上を踏まえた時、今津敏晃氏が指摘したように、近衛にとっては自らの言動が「天皇の代役[72]」という高次元の意識へ収斂されるものであったとしても、周囲の反応は当然ながらそれとは別個のものであり、それは議長・近衛の政治的行動として二院制のあり方への文脈へと昇華されるものであった、とまとめることができよう。

小　括――貴衆両院関係における議長・近衛篤麿

本章で見てきたように、初期議会期から強い政治的個性を発揮してきた近衛篤麿は、内閣と議会の対立に積極的に介入する貴族院議長であった。帝国議会が開会して約一〇年、政党内閣が政治過程に登場したこの時期、議長・近衛の政治的言動は議会政治における貴族院、および貴族院議長の政治的意義に再考を促すこととなった。具体的には、（一）貴族院において内閣や元老との交渉窓口としての議長の存在がこれまで以上に焦点となったことに伴い、重要案件を協議する議長と各派交渉会の関係が明示的になったこと、(二) 内閣と衆議院との紛糾に対して貴族院議長が仲裁を試みることへの是非を惹起し、ひいては二院制のあり方に議論が展開したこと、の二点である。また、「詔勅」をめぐる対応からもわかる通り、貴族院には天皇が議会審議へ「登場」することへの強い忌避感も潜在しており、そのため、第一五議会において文字通り議会政治は岐路に立つこととなった。そこから導き出された政治慣習は議場外における協議による妥結であり、後に明瞭となる桂園時代の安定をもたらした議会運営だったわけだが、そのような政治文化は桂太郎(内閣)と政友会(内閣)との関係のみで突如として成立し得るものではなかった。すなわち、明治憲法第四二条によって規定された帝国議会の審議時間をめぐる制度というハード面と、議長・近衛の時期に貴族院が内閣と衆議院とのはざまでそのあり方に懊悩し、それとパラレルに議長・各派交渉会の関係が徐々に整い始めたというソフト面の両者が揃って初めて誕生する政治文化であった。

しかし、かかる状況が貴族院に現出した時、強い政治的主張を唱えるよりも、各派間の意見を調整するタイプの議長が求められるという、近衛にとっては皮肉な政治状況が到来したこともまた事実であった。明治三六(一九〇三)年夏より病床にあった近衛は、一二月、七年間の任期満了に伴い議長職を辞し枢密顧問官に就任するものの、翌三七年一月に死去してしまう。強烈な政治的個性を発揮した近衛の跡をついだ議長・徳川家達の議会指導については次章以下、詳細に検討していく。

◆註

(1) 坂井雄吉「近衛篤麿と明治三十年代の対外硬派――「近衛篤麿日記」によせて」(『国家学会雑誌』第八三編第三・四号、一九七〇年)。

（2）例えば、酒田正敏『近代日本における対外硬運動の研究』（東京大学出版会、一九七八年）、小宮一夫『条約改正と国内政治』（吉川弘文館、二〇〇一年）、山本茂樹『近衛篤麿――その明治国家観とアジア観』（ミネルヴァ書房、二〇〇一年）、小林和幸『明治立憲政治と貴族院』（吉川弘文館、二〇〇二年）、同「初期貴族院における「対外硬派」について」（『駒澤大学文学部研究紀要』第六二号、二〇〇四年）、同『谷干城――憂国の明治人』（中央公論新社、二〇一一年）、前田亮介『全国政治の始動――帝国議会開設後の明治国家』（東京大学出版会、二〇一六年）など。

（3）例えば、坂野潤治『明治憲法体制の確立――富国強兵と民力休養』（東京大学出版会、一九七一年）、三谷太一郎『増補　日本政党政治の形成――原敬の政党指導の展開』（東京大学出版会、一九九五年）、中里裕司『桂園時代の形成――一九〇〇年体制の実像』（山川出版社、二〇一五年）など。

（4）代表的なものとして、高橋秀直「山県閥貴族院支配の展開と崩壊――一九一一～一九一九」（『日本史研究』第二六九号、一九八五年）、同「山県閥貴族院支配の構造」（『史学雑誌』第九四編第二号、一九八五年）、前掲小林『明治立憲政治と貴族院』、内藤一成『貴族院と立憲政治』（思文閣出版、二〇〇五年）など。

（5）前掲小林『明治立憲政治と貴族院』。

（6）貴族院の政治関与を認め両院の協力により政権を運営する「両院協調体制」を重視した、吉田武弘「「第二院」の誕生――明治憲法下における両院関係の展開」（『立命館史学』第三一号、二〇一〇年）、同「「議会の時代」の胎動――一九〇〇年体制成立期における議会観の転回」（『立命館大学人文科学研究所紀要』第一〇七号、二〇一六年）は本章の問題関心と近しい。しかし、吉田氏は長期スパンで概観しており、それに対して筆者は段階を追って詳細に検討することも必要と考える。

（7）村瀬信一『帝国議会改革論』（吉川弘文館、一九九七年）、同『帝国議会――〈戦前民主主義〉の五七年』（講談社、二〇一五年）。

（8）近衛篤麿日記刊行会編『近衛篤麿日記』第一～五巻（鹿島研究所出版会、一九六八、六九年）、明治二九年九月二日条、四七頁。

（9）『近衛篤麿日記』第一巻、明治二九年九月一三日条、五二頁。

（10）『近衛篤麿日記』第一巻、明治二九年九月一七日条、五五頁。

（11）『近衛篤麿日記』第一巻、明治二九年九月二二、二三日条、五七、五八頁。

（12）『近衛篤麿日記』第一巻、明治二九年九月二六日条、六六頁。

(13)『近衛篤麿日記』第一巻、明治二九年一〇月四日条、七〇、七一頁。
(14)前掲小林『明治立憲政治と貴族院』、一九七頁。
(15)「三曜懇話両会の意嚮」『東京朝日新聞』明治二九年一〇月一七日付朝刊、一頁。
(16)『近衛篤麿日記』第一巻、明治二九年一〇月一、三日条、六九、七〇頁。
(17)『近衛篤麿日記』第一巻、明治二九年九月三〇日条、六八頁。
(18)『近衛篤麿日記』第一巻、明治二九年一二月一日条、一一五、一一六頁。
(19)「貴族院ノ諸公ニ告グ」(国立国会図書館憲政資料室蔵「都筑馨六関係文書」三〇五―一四)。
(20)「山県内閣」(国立国会図書館憲政資料室蔵「憲政史編纂会収集文書」七一二―一―一三)。
(21)「幸倶楽部沿革日誌」(尚友倶楽部史料調査室・小林和幸編『幸倶楽部沿革日誌』〈尚友倶楽部、二〇一三年〉、一九頁。
(22)『近衛篤麿日記』第二巻、明治三一年六月三〇日条、九二頁。
(23)『近衛篤麿日記』第二巻、明治三一年六月二七日条、八九、九〇頁。隈板内閣期の猟官問題については、清水唯一朗『政党と官僚の近代――日本における立憲統治構造の相克』(藤原書店、二〇〇七年)、第二章を参照。
(24)『近衛篤麿日記』第二巻、明治三一年七月一日条、九三頁。
(25)『近衛篤麿日記』第二巻、明治三一年七月三日条、九四頁。ただし、鍋島直彬のように、近衛や谷などの「公平なる思想を抱きたる人」が入閣すべきと考える人物もいたことは指摘しておきたい(明治三一年六月付大隈重信宛鍋島直彬書翰〔早稲田大学大学史資料センター編『大隈重信関係文書』一一〈みすず書房、二〇一五年〉、三九六、三九七頁〕)。
(26)『近衛篤麿日記』第二巻、明治三一年七月六日条、九七、九八頁。
(27)『近衛篤麿日記』第二巻、明治三一年七月八日条、一〇一頁。
(28)『近衛篤麿日記』第二巻、明治三一年七月一四日条、一〇六頁。
(29)ちなみに、近衛は尾崎行雄文相の後任候補の一人(他は島田三郎、犬養毅)と目されていた(明治三一年一〇月二四日付西郷従道宛桂太郎書翰〔千葉功編『桂太郎発書翰集』〈東京大学出版会、二〇一一年〉、二二六、二二七頁〕)。
(30)『近衛篤麿日記』第二巻、明治三一年一一月六日条、一八七～一九二頁。
(31)「貴族院各派の首相邸参集」『東京朝日新聞』明治三三年一二月二八日付朝刊、一頁。

(32) 明治三四年三月一日付山県有朋宛清浦奎吾書翰（尚友倶楽部・山県有朋関係文書編纂委員会編『山県有朋関係文書』第二巻〔山川出版社、二〇〇六年〕、七四、七五頁）。
(33) 原奎一郎『原敬日記』第一巻（福村出版、一九六五年）、明治三四年二月二二日条、三二一頁。また、山本権兵衛海相、末松謙澄内相は研究会の三島弥太郎に政府案賛成の依頼を行っているが、三島は返答を保留した（「日記」、尚友倶楽部・季武嘉也編『三島弥太郎関係文書』〔芙蓉書房出版、二〇〇二年〕、明治三四年二月二二日条、三五五頁）。
(34)『原敬日記』第一巻、明治三四年二月二八日条、三二三頁。
(35)『近衛篤麿日記』第四巻、明治三四年二月二七日条、六六頁。
(36)『近衛篤麿日記』第四巻、明治三四年二月二八日条、六八頁。
(37)『近衛篤麿日記』第四巻、明治三四年三月一日条、七一、七二頁。
(38)『原敬日記』第一巻、明治三四年三月一日条、三二三頁。
(39)『近衛篤麿日記』第四巻、明治三四年三月二日条、七三、七四頁。
(40)『近衛篤麿日記』第四巻、明治三四年三月三日条、七五頁。
(41)『近衛篤麿日記』第四巻、明治三四年三月七日条、八二、八三頁。
(42)『近衛篤麿日記』第四巻、明治三四年三月八日条、八五頁、『原敬日記』第一巻、明治三四年三月八日条、三二五頁。
(43)『近衛篤麿日記』第四巻、明治三四年三月九日条、八六頁。
(44)『近衛篤麿日記』第四巻、明治三四年三月一〇日条、九〇、九一頁。
(45)『原敬日記』第一巻、明治三四年三月一一日条、三二六頁。
(46) 宮内庁編『明治天皇紀』第十（吉川弘文館、一九七四年）、明治三四年三月一二日条、二八～三一頁。
(47)『近衛篤麿日記』第四巻、明治三四年三月一二日条、九二、九三頁。
(48)『近衛篤麿日記』第四巻、明治三四年三月一三日条、九五、九六頁。なお、別議員の演説については「此事は後、上奏案を提出するの議となりたるに付消滅せり」と近衛の書き込みがあり、取り消しとなった。
(49)『近衛篤麿日記』第四巻、明治三四年三月一四日条、九八、九九頁。
(50)『原敬日記』第一巻、明治三四年三月一四日条、三一八頁、明治三四年三月一四日付山県有朋宛伊藤博文書翰（尚友倶楽部・山県有朋関係文書編纂委員会編『山県有朋関係文書』第一巻（山川出版社、二〇〇五年）、一三一頁）。
(51)『近衛篤麿日記』第四巻、明治三四年三月一五日条、一〇一頁。
(52)『近衛篤麿日記』第四巻、明治三四年三月一六日条、一〇一、一〇二頁。
(53)『近衛篤麿日記』第四巻、明治三四年三月一九日条、一〇七頁。
(54)「華南日誌（三）」（福岡市総合図書館蔵「金山尚志資料」三―一）、明治三四年三月五日条。金山は福岡出身の貴族院書記官である。
(55)『近衛篤麿日記』第四巻、明治三四年三月二六日条、一二一頁。
(56)明治三四年三月一六日付麻生太吉宛立憲政友会本部葉書（九州大学附属図書館記録資料館産業経済資料部門寄託「麻生家文書」七四六―一四―三六）。議員時代の麻生に関しては、原口大輔、都留慎司「【解題】新規整理分「麻生家文書」（議会関係）の可能性」（『石炭研究資料叢書』第三七輯、二〇一六年）、原口大輔「新規整理分「麻生家文書」（議会関係）目録（二）」（『石炭研究資料叢書』三八、二〇一七年）を参照されたい。
(57)前掲村瀬『帝国議会』、五三、五四頁。
(58)昭和四年三月二二日付田中義一宛勝田主計書翰（山口県文書館蔵「田中義一文書」六四〇）。
(59)前掲坂井「近衛篤麿と明治三十年代の対外硬派」、六〇頁。
(60)この経過については、山本四郎『初期政友会の研究――伊藤総裁時代』（清文堂出版、一九七五年）、千葉功『桂太郎――外に帝国主義、内に立憲主義』（中央公論新社、二〇一二年）、伏見岳人『近代日本の予算政治一九〇〇～一九一四――桂太郎の政治指導と政党内閣の確立過程』（東京大学出版会、二〇一三年）などで事実関係自体は明らかなので、本章では議長・近衛に視点を置くことで行論する。
(61)前掲千葉『桂太郎』、八八頁。
(62)『近衛篤麿日記』第五巻、明治三五年一二月一八日条、二四六、二四七頁。
(63)『近衛篤麿日記』第五巻、明治三五年一二月一九日条、二四七、二四八頁。
(64)「貴族院改革論」『近衛篤麿日記　付属文書』（鹿島研究所出版会、一九六九年）、七六、七七頁。註として「草稿、年月不詳。但し日清戦争以前か」と付されている。

（65）以下、「調停顛末（近衛公爵談話）」『近衛篤麿日記』第五巻、明治三五年一二月一九日条、二四八～二五二頁。これと同内容の記事が「近衛公の調停談」『東京日日新聞』明治三五年一二月二一日付、三頁などで掲載されている。

（66）前掲小林『明治立憲政治と貴族院』、二七四、二七五頁。

（67）「会報　本会記事」（『政友』第二八号、一九〇三年）、二九、三〇頁。新聞記事でも代議士に対する両党の報告が掲載された（例えば、「貴族院の調停成らず」『東京日日新聞』明治三五年一二月二一日付朝刊、二頁など）。

（68）明治三五年一二月一九日付伊藤博文宛金子堅太郎書翰（伊藤博文関係文書研究会編『伊藤博文関係文書』四〔塙書房、一九七六年〕、七七、七八頁）。

（69）明治三五年一二月二二日付桂太郎宛近衛篤麿書翰（千葉功編『桂太郎関係文書』〔東京大学出版会、二〇一〇年〕、一八九、一九〇頁）。

（70）「社説　調停の拒絶」『東京朝日新聞』明治三五年一二月二二日付朝刊、二頁。

（71）「近衛公と両党の総務」『読売新聞』明治三五年一二月二二日付朝刊、二頁、二三日付朝刊、二頁。

（72）今津敏晃「近衛篤麿日記」（千葉功編『日記に読む近代日本　二　明治後期』〔吉川弘文館、二〇一二年〕）、四五頁。

第三章　徳川家達と大正三年政変——「公平」と「院議」のはざまで

明治三六（一九〇三）年一二月、徳川家達が第四代貴族院議長に勅任された。家達は、第二章で検討した近衛篤麿のように ある会派に所属することなく、また議場外でも積極的な政治活動を行っていたとは言い難い人物であった。しかし、そのような家達がなぜ議長に選出されたのか、また、そのような家達の議長としての位置付けやその評価といった問題はこれまで未解明であった。後述するように、政治家として「公平」、「無色透明」と評されていた議長・家達が突如政局の中心に出てきたのが大正三年政変であった。

大正三（一九一四）年三月、シーメンス事件を端緒に、第一次山本権兵衛内閣は貴族院の猛攻によって総辞職へと追い込まれた。その後、後継首班を選定するため、約三週間にわたり断続的に元老会議が開かれ、この間、家達、清浦奎吾の両名に順次大命が降下されたものの両者とも拝辞し、最終的に大隈重信が立憲同志会を中心に内閣を組織した。この山本内閣総辞職後から大隈内閣成立までの間を大正三年政変と呼称する。

この大正三年政変では、家達、原敬、松方正義、清浦、大隈、加藤高明などが後継首班候補者として列挙された[1]。だが、山本四郎氏が「首相となるべき人物の種切れ状態」ゆえ、「徳川をも持出さねばならないところに、藩閥の不評が窺われる」と評したごとく、[2]貴族院議長たる家達が突如後継首班として浮上したことは、それまでの後継首班選定の候補者や経緯からしてみても極めて異様な事態であった。先行研究では清浦の組閣過程とその失敗、大隈内閣の成立過程に注目が集まり、[3]あるいは山本内閣倒閣の主役となった貴族院に関しては、貴族院（特に幸倶楽部）が独自の候補を擁立し得なかったことから、貴族院は元老会議によって推挙された「徳川内閣」構想に追従し、貴族院中心の内閣として実権を握ろうとしたと評価された。[4]

後年、家達は大命降下について「全く寝耳に水ともいふべき、意想外のこと」であり、「何故に私が奏薦せられたのか、これを解するに苦し」むと回想しているが、[5]家達が拝辞することと元老が家達を後継首班として奏薦することは別問題であり、家達の決断次第では「徳川内閣」が誕生する可能性が十分にあった。とするならば、元老会議でも「徳川内閣」を選択する何かしらの背景なり根拠があったと考えて然るべきであろう。だが、家達がすぐに拝辞し、清浦に大命が降下されたことは、清浦の背後にいると見做された山県有朋に対する強い批判を生み、「徳川内閣」の背景を等閑視する状況を作った。この時期、大隈内閣擁立に奔走し、井上馨と接触していた望月小太郎は、山県が「予じめ徳川公の辞退を熟考なされながら強いて大命」を降下させ、家達の辞意と同時に清浦の組閣を促した、と政党や新聞が批判していると記した。[6]このような言説は、家達が清浦の当て馬として奏薦されたと理解されることとなり、その是非が検証されることなく通説の位置を占めている。それゆえ、なぜ家達に大命が降下されたのか、それを正面から検討されることはなく、単なるエピソードとして処されてきた。だが、大正政変期から続く政界の混乱、および元老、とりわけ山県への批判が増大していたこの時期、山県が「清浦内閣」の誕生を目論み、拝辞を見越して家達を奏薦した、と理解するには疑問が残る。実際に大命を降下された以上、組閣が完了すれば「徳川内閣」は成立し、「清浦内閣」それ自体画餅となったはずである。それゆえ、「徳川内閣」の背景を検討することは、家達の政治的資質を考えるだけでなく当該期の政治構造を分析する一助にもなろう。

以上をもとに、第一～三節では議長・家達の政治的性格を捉えるために、（一）家達が貴族院議長となる過程を検討し、なぜ家達が選ばれたのか、また家達選出に対する反応を分析する。次に、（二）各派交渉会と議長・家達との関係を考察し、内閣・議長・各派交渉会の関係を整理する。続く第四、五節では、（三）大正政変から大正三年政変期における貴族院および議長・家達の動向、（四）元老会議の議論とその政治的背景、（五）家達の大命拝辞とその評価を検討する。

以下検討していくように、家達に大命降下がある直前、貴族院は山本内閣に対して極めて攻撃的であり、第四次伊藤内閣期のそれを髣髴させるものでもあった。議事を掌る議長・家達もかかる貴族院の政治状況から逃げられなかった。この間、議長・家達は自らの矜持とする「公平」と「院議」尊重をどのように取り持つか苦悩し、一方、友好関係にあった政友会を基礎とする山本内閣への配慮を欠くこともできず、難しい議会運営を迫られることとなった。このように複雑な状況に置かれた議長・家達を分析することで、その政治的性格をより明確にすることができよう。

第一節　徳川家達の貴族院議長就任

1　近衛篤麿の後任問題

第二章で検討した第三代貴族院議長・近衛篤麿は、明治三六（一九〇三）年一〇月、七年間の任期を全うすることとなり、議長職の続投が有力視されていた。例えばこの時期の新聞では、「公〔近衛〕の議長としての手腕及び信用は朝野の共に認むる所又一昨年黒田副議長が任期満了の際再任を命ぜられたる先例より考ふるも公にして辞退せざる以上は必ず再任仰せ付けらるべし[7]」などと報じられていたが、六月以降、近衛の病状が悪化したことに伴い、後任問題が浮上する。

新聞紙上では、研究会の黒田長成副議長、純無所属の徳川家達などが候補として挙がっていた。黒田は所属する研究会が擁立を試みるも、黒田が「却つて迷惑」と感じており、議長となる意欲はないと見られていた[8]。他方、「中立倶楽部〔純無所属ヵ〕及び旧大名華族ハ何等政派に関係な」い家達を推しているものの、家達は「全院委員長の如く選挙によりて推挙せらるゝハ格別」だが、「栄誉ある官職に勅選せらるゝハ恐れ多きことゝて之れ亦固辞して受任するの意な」しとの態度だったという[9]。ここで言及された全院委員長だが、全院委員会はイギリスに倣った制度で、その名の通り、議員全員をもって委員とした。しかし、帝国議会全体において全院委員会の開催はほとんどなく、委員長は議院内の名誉職的な意味合いが強かったとされる。その選出方法は先述の通り議員全体による互選であった。委員長は細川潤次郎（第一議会）、近衛篤麿（第二議会）、西園寺公望（第三、四議会）、谷干城（第五議会）、由利公正（第六、八議会）を経たのち、家達は第九議会から第一八議会まで連続当選していた（【表4】）。

【表4】に掲げた得票数上位の議員を眺めると、三曜会・懇話会系の議員（近衛篤麿、谷干城、二条基弘など）とそれに対する

の状況

第２位	票数	第３位	票数
東久世通禧	33	蜂須賀茂韶	30
西園寺公望	80	谷干城	12
近衛篤麿	82	谷干城	5
近衛篤麿	66	黒田長成	3
近衛篤麿	29	徳川家達	1
谷干城	85	近衛篤麿	7
近衛篤麿	71	谷干城	22
久我通久	10	近衛篤麿	9
谷干城	68	二条基弘	1
谷干城	100	由利公正	1
谷干城	71	由利公正	1
谷干城	63	－	－
二条基弘	10	谷干城	9
谷干城	2	二条基弘	1
谷干城	2	二条基弘	1
二条基弘	2	徳川慶喜	1
二条基弘	2	関義臣	2

【表 4】貴族院議長就任以前の徳川家達

会期	部属	委員	全院委員長得票数	有効票数	全院委員長当選者	票数
第 1 議会	第九部	請願委員	0	206	細川潤次郎	89
第 2 議会	第一部部長	請願委員	0	190	近衛篤麿	93
第 3 議会	第六部部長	−	0	188	西園寺公望	97
第 4 議会	第五部部長	資格審査委員	1	171	西園寺公望	97
第 5 議会	第一部部長	請願委員長	1	171	谷干城	138
第 6 議会	第八部部長	−	2	192	由利公正	89
第 7 議会	前議会を継続					
第 8 議会	第七部部長	請願委員長	1	183	由利公正	84
第 9 議会	第六部部長	全院委員長	128	153	徳川家達	128
第 10 議会	第六部部長	全院委員長	73	143	徳川家達	73
第 11 議会	第一部部長	全院委員長	101	202	徳川家達	101
第 12 議会	第五部部長	全院委員長	137	211	徳川家達	137
第 13 議会	第三部部長	全院委員長	145	208	徳川家達	145
第 14 議会	第九部部長	全院委員長	183	209	徳川家達	183
第 15 議会	第七部部長	全院委員長	191	196	徳川家達	191
第 16 議会	第三部部長	全院委員長	185	190	徳川家達	185
第 17 議会	第二部	全院委員長	191	201	徳川家達	191
第 18 議会	第三部部長	全院委員長	163	170	徳川家達	163

註：全院委員長は得票数上位 3 名を表記。
典拠：『帝国議会貴族院議事速記録』より作成。

人物（西園寺公望、由利公正、徳川家達）を擁する二グループが存在したことが窺える。ただし、前者も候補者を統一していたわけではないようで、近衛と谷が票を分け合ったため、由利公正（第六議会）が当選している事例もあった[10]。家達が議長となった後は、谷干城（第一九～二五議会）、二条基弘（第二六～三六議会）が全院委員長に選ばれており、硬派議員に対する配慮が見える。その後、研究会が台頭すると、徳川頼倫（第三七～四四議会）、蜂須賀正韶（第四五～四八議会）と研究会所属の議員が選出された。家達以後、全院委員長に推されることは将来の議長と目されるようになり[11]、実際、全院委員長、副議長を経て議長にまでなった人物も多かった（近衛文麿、松平頼寿、徳川圀順など）。家達は、第一〇、一一議会を除けば圧倒的な得票数で当選しており、会派を問わず多くの議員から全院委員長に相応しい華族政治家と見做されていたことが窺える。

また、家達は以前も議長に擬せられたが勝海舟の反対によって立ち消えとなったという話も紹介され、「元来公の門地の貴族院内に重きを為すは言ふ迄もなく其技倆亦頗る見るべきものあり、加ふるに其態度厳格にして眼中人なきの素養は従来各種の委員長として議事整理の際に顕はれ清浦〔奎吾〕、平田〔東助〕、谷〔干城〕、曽我〔祐準〕、松岡〔康毅〕、村田〔保〕等の老政治家を容赦なく叱斥する位の人」と評されていた[12]。この話は史料的に裏付けられないが、明治二六年五月、当時議長だった蜂須賀は、細川潤次郎貴族院副議長の後任人事について伊藤博文と相談した際、家達を推挙しようとしていた。その家達の登用について蜂須賀は、「勝伯等へ御内談被成下候上にて緩々御命し相成候様御手続を尽され可然」と伊藤に提案していた[13]。この話は実現しなかったが、貴族院の一部では確かに家達を推す人物がいたことが窺える。ちなみに、かつて副議長であった政友会総裁・西園寺公望については、政党の党首が貴族院議長となることは議員から抵抗があるといった評価が付されていた[14]。

2　徳川家達の選出経緯

議会開会が近づいた明治三六年一一月末、桂太郎首相は山県有朋と打ち合わせた[15]うえで、伊藤博文に議長人事の相談を行った。桂は近衛を枢密顧問官とし、後任を家達と定めるも、もし家達が「御受難仕事情」があった場合は蜂須賀茂韶元議長を説得するつもりであった[16]。

一二月一日、伊藤は桂の秘書・中島久万吉に次の伝言を託した[17]。その内容とは、伊藤は家達案を承諾するも、桂の説得では家達が受諾しない可能性があるので、天皇の「思召」を伝えて談判することが必要というものであった。この伊藤の回答を受けて、桂は山県に対して、「閣下に於かれ候而も是非陛下の思召を以て迄徳川公を御希望之次第に候哉。小生は第二之人物即ち蜂須賀侯こそ其目的に而、其人物の賛否如何を顧みられ先以困難なる徳川公は第一に御相談（伊藤侯と）相成候御事ならんか。余日も無之事故明日頃には是非共陛下の思召も伺定め、実際にも運ひ不申而は不相成事に而只今より参候」と書き送った[18]。桂は山県が伊藤と相談したかどうか、また天皇を巻き込んで家達を議長にすることに賛成かを山県に問い、他方桂自身は家達説得を困難とみており、かつて議長を務めた蜂須賀を希望する旨を伝達した。

伊藤・山県の意向を確認した桂は、伊藤の指示通り、桂は明治天皇に後任議長に家達を希望している旨を奏上したのち家達に説得を行った。後年、家達はその時の様子を語っている。

明治三十六年十二月三日と思ひますが、宮中で桂首相に面会致しましたとき「近衛公の後任として議長に推薦したい」とのお話であつたから、私は「議長として当時の副議長の黒田侯爵を昇格せられるのが、もつとも適当と思ひます」と黒田侯を推薦して私は固辞しました。ところが桂首相は「今陛下に拝謁を致し、奏上御裁可を得たる故、是非承諾してくれ」とのことで極力私の就任を慫慂せられましたから、私は熟考の結果、かくまで熱心に推薦せられる以上、拒否するわけにも行かぬと思つて、遂にこれを承諾し、同年の十二月議長に任ぜられたのであります[19]

家達自身は黒田副議長の昇任を理由に辞退しようとするも、天皇の裁可を楯に取った桂の勧めに応じることとなり、伊藤の見立ては的中した。山県は議長・家達について「院内異論者も更に無之趣、好都合」と評している[20]。これまで見てきた通り、慣例的に首相が貴族院議長の人事権を有していたが、桂は有力元老である伊藤・山県への根回しを怠らなかった。しかし、桂は他の元老には事後報告で済ませたようで、松方正義には、「乍序、申上置候は、貴族院議長之問題に御座候、近衛公ニも病気之情況、確ニ無之様子に付、到底一人一役之所ニ而は、再任も六ヶ敷故に、近衛公は枢密院に、其後任に徳川公を御治定被成、本日両方共発表之筈ニ御座候、左様御含置可被下候」と別の要件の書翰に「乍序」報告しているに過ぎなかった[21]。

家達が選ばれたことに対して、例えば『東京朝日新聞』の社説では、「後任の命は徳川公に下りしが、此選任は極めて輿望に適したり。吾人は斯く言ふことを憚らず。今日の貴族院議員中、有力の政治家少からずといへども、諸政党の間に立て善く公平の声誉を保ち、眼中に敵味方の区分を為さゞる議長選任者を求むれば、僅に二三指を屈するに過ぎざる可し。而して徳川公は確に其一なり[22]」と極めて好意的に受け止められた。家達が有する「公平」さを評価した言説が早速登場する点は注目に値する。家達が議長となったことに対し、「旧大名殊に譜代連」は「互いに相慶して老人中には亀之助様も議長の大命を拝されてと涙を浮かべ」る者もいたという[23]。かかる評価は、家達が華族社会において一定の存在感を有していたことを傍証するものでもあった。一方、「腕前は従来の委員会に於て顕はれたれば其門地と共に衆の敬服する所となるが、風采に於ては近衛前議長に比し聊か遜色なきに非ず」と、近衛と比較すれば「風采」ではやや劣るとも評された[24]。ただし、この一連の過程ではなぜ家達を議長に選んだのか積極的な理由は言及されていない。そこで、前任者の近衛と比較することでその点を考えてみたい。

第二章で見てきたように、近衛は第四次伊藤内閣が提出した増税諸法案をめぐり、院内に対しては幾度となく各派交渉会を開き、議長としてのリーダーシップを発揮し、貴族院の「院議」を貫いた。さらに、「元老との交渉は総て議長を経由する事」を各派交渉会で申し合わせ、近衛自身が内閣・元老との交渉を請け負った。この過程で、院内会派の政治的主張とそれを取りまとめ、調整する議長の政治的地位が上昇し、そのため、内閣や元老はその対応に非常に苦心した。また、第一七議会における第一次桂内閣と衆議院との対立に近衛が介入したことは、貴衆両院関係のあるべき姿の議論を惹起させた。これらを踏まえ、桂は、藩閥政府寄りの姿勢を見せる蜂須賀を再び議長に据えることで、貴族院の議会運営を政府によって有利な方向に導こうとし、一方、伊藤は議長よりも議員の動向が議会運営を左右するものと考え、蜂須賀とは異なる政治的姿勢を見せる家達を推したものと考えられる。

第二節　議長交際費問題と各派交渉会

1　列国議会同盟参加問題

明治三九（一九〇六）年一〇月、翌年度の予算案編成を行っていた第一次西園寺公望内閣では、「議長交際費若クハ他ノ名義ヲ以テ予算ニ一項ヲ新設シ各院金五万円ヲ計上スルコト」[25]が問題となった。当時、帝国議会には列国議会同盟から加盟の招待があり、一〇月一日、衆議院議長官舎においてその参加費用、ドイツ議員招待の件、議長交際費付与の件が協議された[26]。そこで、（一）ドイツ議員招待の件は貴族院と協議すること、（二）衆議院は同盟加入に異議なく、手続きを議長に一任すること、（三）参列議員は「有志議員の代表者」として参列し、その選定は議長に一任すること、（四）明治四五年には日本での会議開催を提案すること、（五）新たに「議長交際費」もしくは他の名義による予算を新設し、貴衆両院それぞれに対して五万円を支出し、その中から参列議員の補助費を賄うこと、（六）以上の件は衆議院各派協議会の議決として正副議長より内閣総理大臣に請求すること、が決定された。

二日、貴族院議長官舎において杉田定一、箕浦勝人衆議院正副議長は徳川家達、黒田長成貴族院正副議長と会見し、衆議院側の決定を伝達した。家達は各派交渉委員と協議のうえ、回答を行うと返答した。そこで、四日、貴族院各派交渉会を開催した結果、以下の回答を衆議院側に通告した。（一）ドイツ議員招待の件は同意、（二）～（四）列国議会同盟参列の可否については議会召集のうえ決定する、（五）議長交際費設定については同意するもその金額は当事者に一任するといったものであった。つまり、貴族院側は列国議会同盟加入についての明言は避け、議長交際費設定については賛成したものの、議会閉会時の協議を貴族院案として確定させることに対しては慎重な意見を表明したのである。八日、貴族院側の意向をうけて、両院議長は西園寺と会見し、西園寺は閣議に諮ったうえで返事を行うこととなった。

内閣では原敬内相が予算項目新設を避け他の方法を講じることを杉田に告げ、結果、内閣機密費を増額し、そこから旅費を計上することを閣議に提案することとなった(27)。家達と杉田は西園寺と打ち合わせを行い(28)、その後、両者は阪谷芳郎蔵相とも会見し、議長交際費および列国議会同盟派遣費用の件を協議した(29)。新聞紙上でもフランスの事例をもとに議長交際費の新設を後押しする論調も現れ(30)、翌年度予算に五万円を計上することも報道された(31)。

一二日の閣議において、阪谷は内閣機密費から両院に五万円ずつ支出することを報告(32)したが、予算編成の都合上、阪谷は両院合計で五万円へ削減しようとした。そのような中、貴族院の一部からは「交渉委員が専断を以て斯の如き要求をなしたるは不都合」であるとして、議長交際費設定の取り消しを家達に要求するにいたった(33)。ここから、同盟加入問題は議長交際費設定の是非に加え、貴族院内における議長と各派交渉会・議員との関係へと波及していく。

2　議長交際費問題と貴族院議長の政治的位置

なぜ貴族院は議長交際費に反対するのだろうか。まずはその理由を確認する。新聞紙上で登場した貴族院議員による反対理由の一つは、「元来議院は財政監督の任に当るものにして、特に人民の負担を一銭たりとも軽減すべき責任を負へり、加之ならず両院議長にして交際費を受くる場合には各省大臣の交際費を請求し来る時は議院は之を拒否すべき辞柄なかるべし、国費の年々膨張する今の時に当り両院議長が進んで交際費を請求する如き蓋し失当の極」といったものであった(34)。つまり、議会には政府の財政監督の責務があり、納税者の負担増を強いる議長交際費の設定は議会の責務に反するうえ、両院議長に交際費を設けると国務大臣の交際費も認めざるを得ず、ひいては歳出がさらに増加する可能性がある、という論理から反対の声を挙げた。

このような貴族院の反対に内閣側も困惑した。それは今まで見てきたごとく、議長交際費設定は、両院議長および両院の各派交渉会による協議のうえ政府に請求していたからであった。しかし、貴族院内の反対を抑えきれなくなった家達は、西園寺と杉田に対して議長交際費設定を反対する旨を通告した。さらに、貴族院が「列国議員会議加盟の要なしとする頑冥論と或感情よりして斯る結果を呈するに至りたるものなれば、其衆議院側に与へたる悪感情は蓋し尠からざるべく、為に本期議会に於ける両院の関係に対し多少の影響あるべし[35]」と来る通常議会での貴衆両院関係に影を落とす可能性を指摘されるまでとなっていた。一一月一九日、貴族院各派交渉会の結果、松平直平、有地品之允（無所属の交渉委員）は各派を代表して家達を訪問し、各派交渉会は議長交際費設定に「絶対的反対」の議決を行ったことを告げ、衆議院議長に対して通牒を発することを要求した[36]。その結果、一一月二一日、この議長交際費をめぐり両院議長が会見することとなった[37]。以下、家達と杉田・箕浦のやり取りを追っていく。

家達は、議長交際費が「貴族院各派に甚だしき異議を生じ殆ど全会一致を以て否決」されたことを西園寺および杉田に通知する次第となったことを告げ、「貴族院の多数が交渉委員と其見る所を異にし、一旦内定したるものを動かさんとするは定めて貴下の不満とする所」だろうが、やむを得ない状況のため衆議院にも同意を望む、と述べた。これに対して、杉田が貴族院が反対する理由を問うも、家達は「其理由は区々にして一定する所にあらず」と明確な回答を避けたため、太田峰三郎貴族院書記官長が「試みに其一を挙ぐれば交際官ならざる議長に交際費を支給するは適々以て国務大臣交際費設定の階段を作るの恐れありとの反対説もありき」と理由を補足した。貴族院側の理由を聞いた杉田は、たとえ衆議院だけでも列国議会同盟に加盟するつもりなので、衆議院のみ議長交際費を設定することに異存はないかと家達に質問するも、貴族院側はそれにも反対であると家達は返答した。

そこで杉田は、「閣下は曾て貴族院の各派交渉委員と協議の上余と共に本費目の提出を促したるに非ずや、今更全院挙つて反対せらるるとは近頃奇異の感なき能はず」と議長と各派交渉会の関係について疑義を呈した。これに対して家達は、「貴族院の交渉委員は衆議院の各派代表者と異にして、衆議院の代表者は即ち各派の領袖なるも貴族院の交渉委員は読で字の如く只他派との交渉を委託されたるに過ず」と、貴族院の各派交渉委員はあくまで交渉を行う存在に過ぎず、各派交渉会での決議に絶対的な有効性がないことを述べた。再び箕浦が貴族院に検討を求めるも、家達は貴族院側の態度の変更は不可能であるとし、会見は打ち切りとなった。

その後、衆議院は費目の設定に向けて衆議院内で会合を行い[38]、一方、家達は衆議院側との交渉の結果を一一月二九日の各派交渉会で報告した[39]。結局、貴衆両院の議論は平行線を辿り妥協の途が開かれずに終わったが、貴族院では各派交渉会での決定を覆すことのないように議員間の同意を明確にしておく必要性が喚起された[40]。

貴族院内の状況に目を向けると、議長交際費設定の否決自体は貴族院各派において一致しながらも、その否決方法については「正々堂々之を議場に否決すべしと決議」した土曜会を除けば、研究会、幸倶楽部、木曜会などの各派は議長と政府の交渉によって取り消しを求める、と報道されていた。つまり、家達が議長として政府と交渉してきた以上、家達自身の責任で取り消しを決定する必要があるとされたのである。一方、肝心の家達の意向は不明だが、「仮令正式の院議ならずとするも各派の決議たる以上は枉げても交渉の任に当るの外なかるべし」と見做されていた[41]。右に挙げた土曜会の主張は、議会開会まで議長交際費問題の決定を延期し、内閣が予算案に盛り込んだ後、議場で「院議」を決定すべしという主張であったと読み取れる。かかる意見が登場する背景には、予算編成をめぐる協議でありながら、議会閉会中に開催された各派交渉会での協議が果たして貴族院の「院議」として有効性を持つのか、すなわち議場での審議を拘束するのかが判然としなかったことにあった。さらに、この議長交際費に関する事前交渉が貴衆両院事務局で進んでいたことも、事態が紛糾する一因と見做された[42]。

このように、議長交際費をめぐって両院の関係悪化が取沙汰されている中[43]、その問題が長引くにつれ、その責任を家達の議長としての資質に求める意見も出てきた。「議長交際費問題に関し貴族院に於て最初各派交渉会を開きし際、出席員中一人も反対論者なかりしを以て徳川議長は各派同意のものと見做し、杉田衆議院議長と共に西園寺首相に交渉するに至りしなり、然るに其後同案に対する反対意見の同院各派中に起るや交渉会に出席せし各委員も皆之に同意し交渉会に於て進んで反対意見を主張せざりしは事実なると同時に、亦敢て賛成意見を述べしものなきことも事実」として、この問題に関する家達の対応は拙速、「甚だ軽挙」と評価された。そして、「仮令院議ならずとも各派の決議なる以上は議長たるもの徳義上之を無視する能はざるを以て、同議長は昨今極めて困難の位地に在るものと云はざるべからず」とし、家達がこれまでの交渉における行き掛りを踏まえて、如何なる態度を選択するかに注目が集まった[44]。また、「従来貴族院各派の交渉委員と称する者が決して代表的性質を帯びざるは勿論にして、況んや単に他より有力者と目さるゝ人々に在りては何等の権能をも有せざるに拘らず、是迄往々専断的行動を為し隠然二流三流議員の感情を損ひつゝあり」、と各派交渉委員および各派交渉会での協議事項の実効性に対する批判が、この議長交際費問題交渉過程で顕在化したとの見方が強まった[45]。

第二章で検討したごとく、第四次伊藤内閣期より、議長・近衛と各派交渉委員との協議事項が「院議」形成において重要視されてきたが、まだそれは確固たるものではなかった。その理由は、右で指摘されているように、各派の交渉委員はあくまで各派を代表して交渉の場につくに過ぎないとされたからであった。そのため、各派はそこでの決定をすぐさま承諾するわけではなく、今回の事例のように、協議事項に反対する議員の声を無視できない状況が生まれる余地があった。貴族院内が混乱した状況に対して、家達は「一個としては意見なきに非ざるも議長としては只多数に従ふのみ、別に何等の考へなし」との態度を採り[46]、この問題に関しては「円満に其局を結ぶに至らざりしは遺憾なり」と感想を漏らした[47]。

一二月一〇日、家達は西園寺に対して改めて議長交際費取り消しを明言し[48]、議長として各派交渉会の決定に従うこととなった。内閣側も貴族院が議会で予算案に反対することを回避するため、議長交際費を内閣機密費から支出することを断念し[49]、一二日、阪谷は杉田と林田亀太郎衆議院書記官長を招き、議長交際費を予算より削除することを通告した[50]。

この議長交際費問題では、議長・家達が各派交渉会に諮って協議した事項が他の議員からは貴族院全体の意思、すなわち「院議」とは見做されず混乱が生じることとなった。家達は各派交渉会での協議をもって理解を得たと考えていたが、その後、議員の突き上げによって態度を変更した各派交渉委員の意向に従い、内閣、衆議院と交渉することとなった。議長・家達にとっては各派交渉会とどのように関係を構築していくかが課題となったのである。

ここで議論となった議長交際費は、明治四三年度より機密費から二万五〇〇〇円を支給されたことで始まった[51]【表5】)。例えば、昭和七（一九三二）年の記録によると、五万一三〇〇円支給された議長交際費は「議長交際手当」一万五〇〇〇円、「議員海外派遣補助費」三万六三〇〇円が計上されていた[52]。前者の明細はわからないが、昭和七年一一月一八日段階で、年度内の議長交際費支出見込みとして「新聞記者招待」、「大臣交渉委員」、「関係官吏職員」、「揮発油」、「自動車修繕」、「相撲見物」の項目があった[53]。また、後者は議員を海外派遣する時に補助費として支弁されていた。

【表5】議長交際費予算

年度	金額（円）	備考
明治43年度	25,000	機密費トシテ要求シ交際手当トシテ配賦セラル
明治44年度	25,000	
明治45年度	25,000	
大正2年度	10,000	行政整理ニ依リ廃止シタルモ実行予算ニ於テ配賦セラル
大正3年度	5,000	実行予算
大正4年度	5,000	
大正5年度	15,000	列国議会同盟加入ノ為メ科目「議長交際手当及列国議会同盟補助費」一〇、〇〇〇円増
大正6年度	15,000	
大正7年度	35,000	議院商事会議加入ノ為メ二〇、〇〇〇円増
大正8年度	35,000	
大正9年度	35,000	科目「議長交際手当及議員海外派遣補助費」トナル
大正10年度	35,000	
大正11年度	50,000	物価騰貴
大正12年度	50,000	
大正13年度	50,000	実行予算
大正14年度	40,000	減額
大正15年度	40,000	
昭和2年度	40,000	
昭和3年度	75,000	列国議会同盟加入ノ為メ三五、〇〇〇円増
昭和4年度	75,000	
昭和5年度	60,000	実行予算
昭和6年度	51,300	減額
昭和7年度	51,300	
昭和8年度	63,300	為替相場ノ変動ニ依リ一二、〇〇〇円追加

註：貴族院罫紙にペン書。
典拠：「議長交際手当及議員海外派遣補助費予算年度別調書」（尚友倶楽部蔵「小林次郎関係資料」7-33）より作成。

第三節　「懇話会」の誕生と各派交渉会の「実質化」

1　「懇話会」の誕生

徳川家達は議長就任直後より、議長として「議員諸君ノ多数ノ御意見ニ従」う存在と公言しており[54]、議場における「院議」を尊重する態度を採っていた。また、各派交渉会をはじめ、家達は院内での意思疎通や貴族院とその時々の内閣との交渉に注意を払うこととなる。

家達が議長を辞職した後、昭和一二（一九三七）年に回顧したものであるが、家達が議長としてどのような態度で臨んでいたか振り返っている重要な回想がある。

　私が議長をしてゐる間にもさう思つて来たことであるが、貴族院と衆議院との両院がある以上、どこの立憲国でも同じことであるが、議員には自ら、主領株の議員と、陣笠、などといふのは大変失礼な言葉でよくないが、陣笠議員とがある。即ち、議員の内にも他を導く議員と、導かれて行く議員と必らずある。此の主領株の議員、衆議員〔ママ〕の主領株の議員、貴族員〔ママ〕の主領株の議員達は、なるべく互ひに接触しあつて、国事に就いて意志の疎通を計るべきではないか、例へば今度の北支事件に就いても挙国一致の申合はせをして、近衛内閣を援けるとか、さういふことが議会政治のためによいと思ふ[55]

家達は各派交渉委員（＝「主領株」議員）や内閣と会合を頻繁に催すこと、および貴衆両院議員間の懇親を深めることで右の理念を具現化しようとした。あわせて、そのような行為は時の内閣を支援するためと述べた。議会会期前後に議長・家達が招待する主な会合は、（一）内閣（主に大臣、書記官長、法制局長官など）と貴族院（副議長、各派交渉委員、書記官長など）、（二）貴族院（同前）と衆議院（正副議長、政党幹部、書記官長など）の組み合わせであった（【表6】）。以下、家達による会合の様相とその特徴を概観したい。

第一次桂内閣期、貴衆両院正副議長の発起による「両院各派の重立つ人々相会し」た晩餐会が開催された。家達の発意によるこの会は、政治上「格段の意味あるにあらず」とされながらも、「両院正副議長及書記官長時々相会合せば自然両院の意志も疎通して議事の進行上にも便宜多かる可し」ということで、明治三八（一九〇五）年一月一五日、華族会館で最初の会合を開催したことが端緒となっていた。[56] 二月八日には松田正久衆議院議長が同様の会を主催した。参加した原敬は、「両院重立たる者」との会合は、「先頃両院感情妙ならざる事もありしにより此会合をなしたるなり」と記している。[57] とりわけ一月一五日は、年末年始の休会が明ける直前であったことに注意したい。内閣にとっては施政方針への理解や協力を求める場であったことが窺える。

第一次西園寺内閣が成立すると、内相に就任した原が会合の様子を日記に残している。第二節で検討した議長交際費問題の直後の明治四〇年一月二九日、家達は西園寺内閣の閣僚と「貴族院の重立たる者数名」による会合を主催し、原は「頗る打解けたる会」と書き残した。[58] 年末年始の休会が明け、法案審議が本格化する直前の一月二九日に懇談の場が開かれた点をここでも確認しておきたい。原はこのような家達の活動を、「例年之を開らき内閣員を招待せり、両院議長の歳費は交際費を含むものなれども貴族院議長の外に如此事をなす者なし」と高く評価していた。[59] 原の記述に従えば、かかる試みは家達独自のものであったことが示唆される。

このような形式の会合は第二次桂内閣期も同様に継続する。繰り返しになるが、かかる企画は議会審議の日程を明確に意識したものであった。例えば、議会開会前の各派交渉委員との予算内示会、[60] 各派交渉会において桂より追加予算協賛についての協議、[61] 年末年始休会後、法案審議が本格化する直前に議長・家達が国務大臣、内閣書記官長、貴族院内各部長・理事を招待したもの[62]などである。

【表6】明治末期における家達関連の会合（貴族院議長関係）

年月日	内閣	主	客	場所	備考
36.12.19	第一次桂内閣	家達	大臣、議員	華族会館	家達新任披露
37.11.12		首相	貴族院正副議長、各派「代表者」（二条基弘、小沢武雄、曽我祐準、平野長祥、堀田正養、吉川重吉、西五辻文仲、三島弥太郎、松平正直、有地品之允、紀俊秀、牧野忠篤、浅田徳則、南郷茂光、武井守正、高橋新吉）	総理大臣官邸	予算内示会
38.1.15		家達	貴衆両院各派「重立たる少数の人々」	華族会館	
2.1		首相	貴衆両院議員（徳川家達、黒田長成、正親町実正、岡部長職、小松原英太郎、武井、松平正直、有地、千家尊福、松岡康毅、二条、曽我、松田正久、箕浦勝人、原敬、大岡育造、犬養毅、大石正巳、佐々友房、林有造、三井忠造、奥田義人、福地源一郎）	総理大臣官邸	
2.8		衆議院議長	貴衆両院議員（家達、二条、徳川達孝、岡部、三島、曽我、千家、川口武定、有地、伊達宗敦、南郷、箕浦、原、大岡、犬養、大石、林、佐々、尾崎行雄、島田三郎）、両院書記官長	華族会館	
12.14		家達	大臣、衆議院正副議長、貴族院副議長、両院書記官長	華族会館	
39.3.14	第一次西園寺内閣	首相	貴族院正副議長、各派「代表者」（細川潤次郎、徳川達孝、山川健次郎、小松原、堀田、有地、坊城成章、正親町、辻新次ほか20余名）	総理大臣官邸	鉄道問題
40.1.15		首相	貴族院正副議長、各派議員（吉井幸蔵、堤功長、岡部、堀田、三島、松平直平、岡田良平、平山成信、浅田、古沢滋、石井省一郎、古市公威、下条正雄、伊藤長次郎、松平正直、有地、高木兼寛、野田豁通、石黒忠悳、沖守固、奥山政敬、高橋、南岩倉具威、紀、青山元、藤田四郎、二条、曽我、小沢、千阪高雅、辻、桑田熊蔵、日高栄三郎、徳川達孝、山川）	総理大臣官邸	予算内示会
1.17		家達	貴衆両院正副議長、書記官長、書記官など	華族会館	両院融和のため
1.29		家達	大臣、貴族院の「重立たる者」数名	不明	
3.25		衆議院議長	貴族院正副議長、両院書記官長、書記官など	紅葉館	
3.28		首相	貴衆両院議員	帝国ホテル	議員慰労会
41.1.16		首相	貴族院正副議長、各派議員（正親町、万里小路通房、岡部、堀田、内田正学、三島、酒井忠亮、浅田、古沢、石井、原保太郎、安広伴一郎、下条、伊藤、松平正直、有地、高木、石黒、野田、沖、奥山、高橋、南岩倉、紀、青山元、藤田、二条、曽我、辻、小沢、千阪、桑田、日高、徳川達孝、伊達、黒岡帯刀）、太田峰三郎書記官長	総理大臣官邸	予算内示会
2.24		家達	貴族院議員（佐竹義生、谷干城、尚順ほか100余名）	華族会館	
3.27		首相	貴衆両院議員	帝国ホテル	議員招待会
3.28		家達	大臣、貴族院議員	華族会館	慰労会
3.29		貴族院議員	家達	上野精養軒	慰労会
12.18		首相	貴族院正副議長、各派議員（辻、曽我、二条、小沢、千阪、桑田、堀田、入江為守、三島、牧野、吉川、酒井、紀、青山幸宜、南岩倉、藤田、鎌田栄吉、本多政以、松平正直、沖、相浦紀道、小牧昌業、高木、原、下条、古沢、大谷嘉兵衛、古市、関清英、三宅秀、穂積陳重）	総理大臣官邸	予算内示会
42.1.26		家達	大臣、内閣書記官長、法制局長官、部長、理事、貴族院副議長、事務局高等官	〔華族会館〕	

3.14	第二次桂内閣	家達	衆議院正副議長、書記官長	不明	
3.25		首相	貴衆両院議員、政府委員、両院書記官長、両院書記官など	帝国ホテル	慰労会
3.25		貴族院議員	貴族院正副議長（家達、黒田）	有楽座	慰労会
5.20		家達	貴族院副議長、書記官	華族会館	
43.1.27		家達	大臣、内閣書記官長、法制局長官、部長、理事	不明	
1.28		家達	貴族院議員	〔華族会館〕	
1.31		家達	貴族院議員（第７～９部）	華族会館	
3.24		首相	各大臣、両院正副議長、各議員、書記官長、書記官、政府委員	帝国ホテル	慰労会
3.25		家達	貴族院議員	不明	出席者 208 名
3.26		家達	不明	華族会館	
11.8		家達	貴族院副議長、書記官	華族会館	
11.10		貴族院議員	家達	精養軒	
12.16		家達	衆議院正副議長、両院事務局高等官	華族会館	黒田副議長欠席
12.24		家達	大臣、次官、内閣書記官長、法制局長官、副議長、議員	築地精養軒	議長重任披露会
44.3.23		首相	〔貴族院議員〕	築地精養軒	議員慰労会
3.24		家達	議員	華族会館	議員慰労会
3.27		貴族院議員	家達	上野精養軒	
10.12	第二次西園寺内閣	家達	貴族院新旧議員（二条、西園寺公望、久我通久、蜂須賀正韶、細川護成、大浦兼武、岡部、山本達雄など 203 名）	築地精養軒	
12.27		家達	衆議院新旧正副議長	華族会館	
45.2.1		家達	大臣、内閣書記官長、法制局長官、貴族院副議長、部長、理事	華族会館	
2.3		衆議院議長	貴族院正副議長、衆議院副議長、貴衆両院書記官	衆議院議長官舎	
2.6		家達	貴族院議員（第１～３部）	華族会館	出席者 64 名
2.10		家達	貴族院議員（第４～６部）	華族会館	出席者 63 名
2.15		家達	貴族院議員（第７～９部）	〔華族会館〕	出席者 78 名
2.23		家達	大臣、貴族院議員	貴族院議長官舎	「懇話会」第１回
3.1		衆議院議長	大臣、貴族院正副議長、各派交渉委員、衆議院副議長、両院事務局	不明	
3.5		首相	貴族院正副議長、各派交渉委員	総理大臣官邸	「懇話会」第２回
3.16		貴族院議員	家達	築地精養軒	出席者 260 名
3.26		首相、大臣	貴衆両院正副議長、各議員、政府委員など	築地精養軒	慰労会
3.28		家達	大臣、次官、内閣書記官長、法制局長官、貴族院議員	華族会館	慰労会
5.7		家達	各派交渉委員	貴族院議長官舎	議長交際費処分問題

典拠：『原敬日記』、『田健治郎日記』、「河井弥八日記」、各種新聞より作成。

【図1】第1回「懇話会」席次（明治45年2月23日）

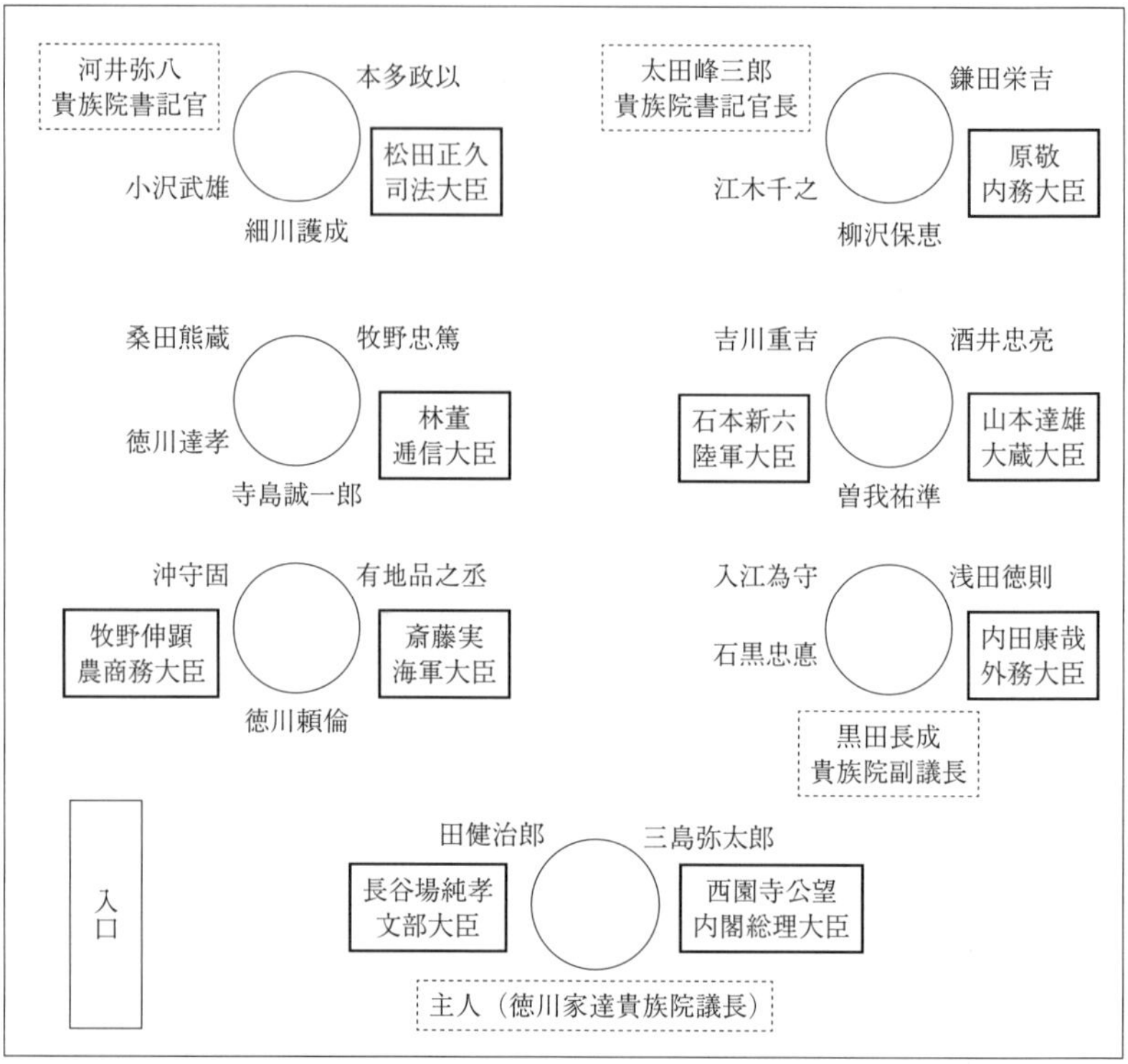

典拠：「河井弥八懐中手帳」明治45年2月23日条。

第二次西園寺内閣期では、主催者たる議長・家達と内閣との関係はより密となった。明治四五年二月一日、家達は国務大臣、次官、内閣書記官長、法制局長官、貴族院副議長、各部長・理事を招待した[63]。家達による「内閣と貴族院との意思疎通を計らんが為めに此会を催したるもの」との言を聞いた原は、「元来徳川一族は現内閣に好意を有する事久し、故に何れの内閣に対しても斯くする事必要なりと説きたるも、内実は現内閣の為めに計りたるもの」と書き残した[64]。政友会、とりわけ原と友好関係を築くことは、今後の家達の政治資産として極めて重要な意味を持ってくる。なお、原が「徳川一族」と記した理由は、親政友会の立場を表明した伯爵同志会の幹部に家達の弟である徳川達孝がいたことを念頭に置いたものと考えられる。[65]

この頃、議長付書記官となった河井弥八は、家達より「大臣及議員中ノ主要者招待ノ主務」を命じられ、準備を行うこととなった。[66]二月二三日、議長官舎で議長による大臣・貴族院議員招待会が開かれ、二二名の出席があった。[67]ここでも、家達は「内閣員と貴族院各団体の重立たる者との融和を計る」ため、[68]すなわち、「立法行政両府間意思疎通の必要上」かかる晩餐会を催す、と口にしていた。[69]二月下旬にかかる会合を設けることは、これから始まる貴族院での予算審議の円滑化が最大の目的である。原は「此企固より適当の事なるが、元来前回余等の内閣已来徳川家一族は常に好意を表し居れり」と改めて記した。[70]

三月五日、西園寺首相による大臣および貴族院正副議長、各派交渉委員との懇親会が設けられた。西園寺内閣もこれまでの家達の企図に賛意を示して、政府と貴族院の間を円滑にすることを目的としていた。[71]この席上、家達は内閣と貴族院正副議長、各派交渉委員を出席者とする会合を「政府議員懇話会」と名付けることを提案し、西園寺がそれを短縮し「懇話会」と命名した一幕があった。[72]

以上のように、内閣・貴族院間の意思疎通に尽力する議長・家達の活動が高く評価されていたことは間違いない。もちろん、桂園内閣期の政治的安定は桂と原を軸とした交渉に依るところが極めて大きく、かかる議長・家達の試みが実際の政治過程においてどの程度効果があったのかを実証することは難しい。しかし、同じ「場」で懇談することにより彼らの心理的距離を埋めることは可能であった。「是等はホンの儀式的の宴会にして毎年見るの例たり、今年に始まりたるにあらざるも今年は例年よりは一層数多く行はれ其会合も亦打寛ろぎたる談話交換の機会となり、其自然の結果として是亦両者感情の融和に資したること少からざるが如し」と評されていたことからも、[73]少なからぬ意義は認められよう。

「院議」に従うことを自負する議長・家達が、積極的な政治介入を避けつつもその中で政局の安定を企図する時、行政・立法間の意思疎通の「場」を提供することに自らの有効性を見出した。それは本節冒頭で示した回顧に集約されよう。そのような行為の背景には、明治憲法第四二条に規定された、通常議会の会期が三ヶ月に限定されていたことも見逃してはならない。ただし、会期前・会期中における各派交渉会の運用が活発となり、議場外において意見調整が行われることは、ややもすれば議会審議が十全とならない可能性を生んでいた面も否めない。(74)実際、家達自身も議場における討論の少なさを憂うる、矛盾を孕むものでもあった。(75)

2 各派交渉会の「実質化」と貴族院議長

議長・近衛のもとで貴族院の意思統一の役割を果たした各派交渉会であったが、先にも述べたように非公式なものであった。また、本章第二節で検討したように、各派交渉会での決定は必ずしも「院議」とはならず、そのことが議長・家達の立場を揺るがすこともあった。

とはいえ、家達が議長となる直前より、各派交渉会は「貴族院ノ団体ニ於キマシテモ交渉ノ手段ト云フモノガ段段進歩シマシテ大概ノ議案ニ就キマシテハ御申合セノ上、歩調ヲ揃へ」る場となっていた。(76)その後、桂内閣が行った予算内示会に対して、貴族院からは各派交渉委員が出席するなど、各派交渉委員が貴族院の「主領株」議員としての役割を有するようになるなど、院内会派、さらに各派交渉会の輪郭はより明瞭になってきた。あわせて、各派交渉会が議長の議場内外における儀礼行為の可否を協議する場として機能し始めるのもこの時期であった。例えば、明治四三年度より設定された議長交際費に関して、家達は各派交渉会においてその支出方法や監査について各派と協議していた。(77)また、憲法発布満二〇年記念祝典参加について、貴族院は一旦不参加の意向を示すも、家達が各派交渉会を通して議員の参加を促した件や、(78)フランス議会が日本の議員を招くことに関しても各派交渉会を開き協議するなどの事例があった。(79)このように、各派交渉会は会期中か否かにかかわらず、議長が貴族院を代表する行為に関する事前協議の場としても機能するようになった。

その後、具体的な協議事例が蓄積され、非公式の会合でありながら議会運営上に益することが多くなり、各派交渉会は「自然公認の形」となったという。この「自然公認の形」とは、明治四四年一二月二四日、各派が規約を定め、会派として承認されるためには原則として二五名以上の会員を有すること、および各派交渉会加入のためには各派交渉会の決議を要することを申し合わせたことが根拠とされている[80]。本書ではこれを各派交渉会の「実質化」と理解したい。結果として、議長が各派交渉委員を招集し、議長応接室を会場に、議会側（正副議長、書記官長など）と議員側（各派交渉委員など）との間で重要議事や勅語奉答文、建議案などの事前協議、および院外の行事に関わる院内の協議の場として確立した[81]。これは、各派交渉会が議長・家達のもとで貴族院の議会運営を左右する重要な場になったことを意味していた[82]。

右の過程と並行して、議会運営における議長・家達のプレゼンスも上昇していた。法案審議における特別委員の選挙は、議院の議決により議長に委任する先例が踏襲されていたが、それは法案ごとや議事日程ごとに対してであり、その都度議員の動議が出されていた。しかし、明治四二年二月一三日（第二五議会）、印紙犯罪処罰法案委員選挙の際、徳川達孝より「議案モ続々出マセウシ、其度毎ニ議長ガ一々議場デ選挙ヲスルカ或ハ議長ガ指名スルカト云フコトヲ御尋ネニナル訳デゴザイマスガ、ソレハ随分煩ハシイ」ので、「此会期中特別委員ノ選挙ヲ総テ議長ニ御一任ヲ願ヒタイ」との動議を発し、賛成多数で認められた[83]。これにより、議長・家達による特別委員指名の一元化が進み、議長としての権限がより高まった。

序章で触れた「徳川家達論[84]」が掲載されたのは、まさにこの時期であった。七年間の任期を終えた明治四三年、家達は議長職に重任された。その間、議長としての家達は「私心」のない「公平」なものと評価されるようになっていた。政治評論家・鵜崎熊吉は、「何の政団にも当り障りな」い家達を「無色透明」と評した[85]。この「無色透明」は他者が指摘する「公平」を換言したものと言ってよい。「公平」で、「院議」を尊重する議長・家達の政治的性格が、実際の貴族院の審議にどのような影響を及ぼすのか、節を改めて検討することとしたい。

第四節　第一次山本権兵衛内閣と議長・家達

1　第三一議会の混乱と議長・家達の議会運営

大正二（一九一三）年二月、第三次桂太郎内閣が総辞職したのち組閣した山本権兵衛は、内閣成立にあたり貴族院正副議長および各派交渉委員に就任の挨拶を行う旨を貴族院事務局に連絡した[86]。山本は議長および各派交渉委員を招き茶話会を開き、首相就任の事情を述べたうえで、（一）「政友会ノ主義政綱ニ従フヘキコト」、（二）「財政行政ノ整理ヲ行フモ国家必要ノ施設ニハ免ルコトナカルヘキコト」を告げ、貴族院の協力を求めた[87]。山本内閣は会期途中に総辞職した桂内閣の後を継いだこともあり、通常議会を開催するために残された日数に余裕がなかった。そのため、議会運営、とりわけ貴族院における予算審議を円滑に行うため、徳川家達もかかる会合に参加し内閣に協力する姿勢を採った[88]。原敬がかつて述べたように、家達は政友会による西園寺公望内閣に好意的であり、再び政友会との提携によって成立した第一次山本内閣に対しても同様だったと思われる。

そのような関係を受けてであろう、桂系の『やまと新聞』が、家達が西園寺と謀って政友会総裁に就任し「徳川派薩派連衡」の策を講じたという記事を掲載した。家達はこれにすぐさま反応し、各派交渉会でその記事の内容を否定した。家達は「一小新紙無稽の流説」と否定しているが、家達、政友会、薩派の連携が想定されていたことは留意したい[89]。山本内閣は第三〇議会を無事終了することができたものの、かつての西園寺内閣と同様、支持基盤のない貴族院には常に協力を求めざるを得ず、家達による貴族院との協議の「場」は山本内閣にとっても重要なものとなった。

しかし、大正三年二月、海軍高官の収賄にまつわるシーメンス事件の発覚をきっかけに山本内閣は窮地に陥った。貴族院は幸倶楽部の田健治郎を中心に内閣を追及する姿勢を強めていた。この頃の貴族院の状況を記した伊地知幸介によれば、幸倶楽部は「現内閣側より云へば殆ど全部敵」であり、研究会も「子爵若輩叛旗を翻」しており、「現閣顛覆之陰謀は幾分確実」との状況であった[90]。

二月二日、家達は「懇話会」を開催し、内閣と貴族院の意思疎通を図ろうとした[91]。一方、山本内閣への攻撃は院外にも広がり、衆議院議員への激しい示威運動に対応して、貴族院議員も身辺警備を厳重にしなければならず、「貴族院議員」と大きく書いた立札を持って守衛の先導を伴わねば議事堂から退出できないほどの混乱ぶりであった[92]。貴族院内の各会派が団結し、倒閣を企図している様子を見た家達は、原敬内相に対して「衆議院の議事は余り急ぐ様に見ゆるは妙ならず」と告げた[93]。家達は、政友会が数を恃んで衆議院の予算審議を通過することで貴族院のさらなる硬化を招く危惧を伝えたが、原は家達の忠告を聞きつつも、予算成立を完遂しようとする。

一方、家達は本会議で「議長ノ考ハ議場ニ居ラレル多数ノ諸君ノ御意見ニ全ク服従シヤウト思ッテ居ル」と発言したように[94]、これまでと同様、「院議」尊重の意向を明確に示していた。そのような中、貴族院では村田保（無所属）による執拗な山本内閣への攻撃が行われていた。のちに家達は、村田が「人身攻撃にわたるやうな議論をなし、遂に罵詈讒謗至らざるなしといふ、痛烈深刻なもの」であったため、「議長としてしばく注意を加へ、あるひは中止しようかとも思つた程」であったと回顧している[95]。確かに会議録を見ても、村田と家達は議事日程・発言順などについて激しく論争しており、家達は村田の発言を制しようとしていた[96]。この村田の問題は、「公平」さと

「院議」尊重を重視する議長・家達にとって重大な局面となって立ち現れてくる。

二月二〇日、家達は各派交渉会を開き、村田が請求した臨時発言の可否を協議した。村田の請求とは、営業税案議事中における質問予告であったが、各派交渉会では従来慣例がないことを理由に却下し、村田の請求は緊急動議により議場で諾否を求めさせることに決した[97]。なぜ家達はこのような判断を下したのだろうか。家達は、議長として内閣攻撃を意味する村田の質問について独断でその可否を決めず、まず各派交渉会でその是非を諮り、村田の要求に対して独断することなく「公平」な態度を採ろうとした。各派交渉会での議論の詳細は不明だが、結果的に緊急動議により議場の賛否を必要としたことは、「院議」を尊重する家達の意向に則ったものと思われる。すなわち、「公平」な議会運営のうえで決した「院議」に従うことこそが、議長・家達の採る態度であった。家達が、議長として内閣弾劾の意味を有する村田の質問予告を各派交渉会の場で事前承認することは、家達や貴族院と山本内閣・衆議院それぞれの関係をますます悪化させる可能性があり、「公平」を矜持とし、他方、政友会と友好関係を築いていた家達にとって、それは避けなければならない事態だった。

二月二六日、家達は村田による緊急動議について、議場でその是非を諮り、反対少数による「院議」をもって村田の動議は認められた。そのため、家達は「院議」に従い村田に演説を許可した。だが、この村田の演説の途中、家達は黒田副議長に議長席を譲り、村田の発言から始まる一連の議論中、議長席に復することはなかった[98]。家達は本会議で承認された「院議」として村田の質問演説を認めたが、内閣に対する友好的な態度を守るために議長席を外したのである。議長としての「公平」さと「院議」尊重との間、そして政友会、山本内閣への友好関係の極限状態に立たされた家達は、そのバランスを取る形で最後の抵抗を見せた。一方、その後も村田による山本首相、斎藤実海相への批判は峻烈を極め、議場を混乱させた責任を取り村田は自ら辞表を提出した[99]。その直前の三月一三日、貴族院本会議で行った首相弾劾演説の最後に村田は、「我議長ニハ実ニ在職満十年ノ間、実ニ一点ノ瑕疵ナク、公平無私、以テ我輩ノ如キ者ヲモ能ク寛大ニ御処シ下サイマシタコトヲ本員ハ深ク謝シマス」と述べ、議長・家達の「公平無私」を称え議場を去った[100]。ちなみに、翌日、家達による「旧臣ニシテ議員タル者」を招待した晩餐会に参加した村田は変わらず「大ニ気焔ヲ吐」いたという[101]。

時期は前後するが、家達の「院議」尊重の態度は続く。三月五日、貴族院予算委員会において海軍予算の削減が可決されたのち、家達は大正天皇に拝謁することとなり、「貴族院の形勢につき委曲御下問」があったことが報道された。その直前には、山本が参内し「刻下政局につき御下問」があり、その後、家達が「一々奉答」したとされる[102]。この参内が政治的に「意味有気」と捉えられたことを受けて[103]、七日、家達は各派交渉会を開き、新聞報道を「訛伝」と否定し「議長は決して政治に不干渉也」と述べた[104]。家達にとって議長は「公平」、「政治に不干渉」な存在で、「時局に対しては極めて公平なる行動を執り、一に諸君の措置に依りて決する[105]」立場と改めて自らの政治的態度を確認したのであった。

2　議長・家達の「院議」重視と山本内閣の総辞職

貴族院が海軍拡張予算案を否決したため、両院協議会の開催が決定し、次の焦点は両院協議会員の人選に移った。三月一四日、土曜会の曽我祐準は家達を訪問し、その人選に意見を述べていた[106]。翌一五日、首相官邸において内閣と貴族院との間に懇親会が開かれ、貴族院から家達、田、曽我、有地品之允（幸倶楽部）、吉川重吉（研究会）が参加した。山本は両院協議会における貴族院の譲歩を懇請したが、「具体的ノ咄ハ無論ナ」く[107]、家達は「首相の希望は時機を失し、事協し難しの意」を述べた[108]。政友会と友好な関係を築いてきた家達であっても、貴族院で予算案が否決された以上、議長として「院議」の尊重を優先させざるを得なかったのである。

続いて、家達は各派交渉会を開き、両院協議会員の人選を議長が行うことを各派に認めさせた[109]。この人選は、貴族院から選出される両院協議会員が、（一）「公平」を保つという観点から、各派の議員数に比例して選出し、削減反対の立場である政友会系の交友倶楽部からも選ぶ、（二）今回の議案は貴族院の「院議」ゆえ、交友倶楽部の議員を外して選出する、の二つの選択肢が焦点となっていたが、[110]家達は（二）を採った。すなわち、議長・家達は自身が「公平」を旨とし執り行った議事により決定した「院議」に従う態度を改めて採った。ここでも家達はあるべき議長像に自律的であった。

開催された両院協議会において衆議院側は全員政友会所属の議員であった。抽選により貴族院側の二条基弘が議長に選出されたため、貴族院側が一名少なくなり、衆議院案が賛成多数となった。そのため、再度貴族院本会議で追加予算案の可否を求めることになったが、当然ながら貴族院では否決された。衆議院とは異なり、解散することのできない貴族院の「院議」に対して、内閣は三日間の議会停会を奏請し対応に追われたが、その打開策はなく、そのまま第三一議会は閉会を迎え、山本内閣は総辞職した。田は、もし山本内閣が詔勅によって予算案通過を企図すれば、「弾劾」上奏を行い対抗するつもりであったという。[111]第二章で述べたように、第四次伊藤内閣が詔勅を利用して貴族院に増税諸法案を認めさせようとしたことに対し、貴族院は奉答によって自らの立場を示そうとした。かつその時は「分疎的」上奏案が予定されていたが、今回の田は「弾劾」の意味を含むものを計画していた。かつて「自制」を強いられた貴族院は、大正三年三月、全くもってそれとは異なる様相を示していた。

この第三一議会において、家達は山本内閣倒閣へと蠢動《しゅんどう》する貴族院に対し、「公平」な議長として円滑に議会運営が行われるよう尽力した。西園寺内閣以来、政友会内閣に協力的な姿勢を見せる一方、貴族院に対しては、基本的に各派交渉会で協議した事項や本会議における「院議」に追従する議長であり、近衛とは異なり――家達自身の政治的主張はあっただろうが――自ら「院議」をリードすることはなかった。結果として、家達は貴族院議員、とりわけこの時期猛威を振るっていた幸倶楽部の議員から反感を買わなかった点は、のちの元老会議の時に大きな意味を持った。しかしながら、院内に対して「公平」で、かつ「院議」に従順たるべき議長という家達の矜持は、皮肉なことに山本内閣を総辞職へと導く一要因ともなったのである。

二六日、閉会式が挙行された。河井は「勅語ハ例年ノモノト少シク異レリ、閣員ノ輔弼宜シカラサリシヲ思フ」[112]と書き残した。そこでの勅語は「朕貴族院及衆議院ノ各員ニ告ク朕本日ヲ以テ帝国議会ノ閉会を命シ併セテ卿等励精ノ労ヲ嘉奨ス」[113]といった文面であったが、河井が違和感を覚えた部分は「卿等励精ノ労ヲ嘉奨ス」の部分と思われる。第二三議会から第三〇議会までの閉会式で下賜された「卿等励精克ク協賛ノ任ヲ竭セルノ労ヲ嘉奨ス」[114]と比較すれば、明らかに簡素化されていた。河井は、この変化が山本内閣による政局の混乱に対して大正天皇の不興が表れていると受け取ったのであろう。さらに、閉会式後、両院議長主催による内閣への慰労会における家達の発言は注目される。

今回の如く議会に波瀾多く而して予算の不成立を来せしは議会開設以来始めての事にして余の深く遺憾とする所なり、今後再び斯の如き事態に逢着せざらん事を切望す、余は浅学短才にして十分力を致す能はずと雖も、貴衆両院融和意思の疎通を謀る事は目下の急務なりと信ずるを以て此点に就ては飽迄力を尽さんと欲す、山本首相始め閣僚諸君一同は今や既に辞表を捧呈せりと承はる、今後如何なる御沙汰あるや固より知るべからずと雖も、若し閣僚諸君の退職を見るとするも国家の為益々尽力あらん事を切望に堪べず[115]

家達は右のように述べ、予算を成立に導けなかった内閣を批判した。財部彪海軍次官はこれを「一寸目立タル演説」と記した[116]。また、家達の述べた「余の深く遺憾とする所」とは、これまで家達が尽力してきた内閣と貴族院との懇親が全く機能しなかったことであり、自らの非力さへの反省であった。しかし、一連の過程から、議長・家達の特徴である「公平」たる議会運営によって決定した議場の「院議」に従うという像は明確となった。

第五節　徳川家達、大命拝辞

1　元老会議の開催

大正三（一九一四）年三月二六日、山本権兵衛内閣総辞職を受けて、山県有朋、松方正義、大山巌の三者による元老会議が開催された。[117]まず、山県は、現今の政治情勢が混乱している原因を「薩長の乖離」、すなわち「長の陸軍」、「薩の海軍」なる対立と見られた点、およびこれまで桂と提携していた政友会が山本に協力して組閣した点に求め、山県はこれらを踏まえて松方が首相になるのが好ましいと出蘆《しゅつろ》を促した。松方は老齢ゆえ辞退を希望したものの、大山は御大典まではどうかと勧説した。この年、大正天皇の即位の大礼が予定されており、この儀式を滞りなく挙行できる内閣が求められたのである。松方は熟考を約し、この日の元老会議は散会した。この日、三人の間では新聞紙上で候補と目された大隈重信、加藤高明、徳川家達、寺内正毅、平田東助、清浦奎吾、伊東巳代治についても話題となった。この候補者たちは立憲同志会（系）の大隈、加藤、山県系と目された寺内、平田、清浦、枢密院の伊東と分類できる。家達は貴族院所属という点で平田などと同じだが、これまで見てきたように、ある政治勢力にその身を置いていたわけではなかった。

明治憲法下における内閣総理大臣の選定は天皇大権に属するものの、その選定方法に特段の規定はなく、大正初期では、元老会議、もしくは辞職した首相による奏上によって候補者を決めるのが慣例であった。そのため、元老会議による選定では、直面する政治課題や各政治勢力の兼ね合いを見計らうことが政変ごとに問われ続けたのだが、元老のみでは判断材料に欠けるところもあり、側近たちに情報提供を依頼することもあった。他方、自派に有利な政局を作り出すため、頻りに元老に働きかける者も多かった。

では、大正三年政変期の課題とは何だったのだろうか。先述の山県の政局認識に補足する形で整理すると次の三点となる。（一）薩長間の問題とそれに関連する陸海軍の予算問題。大正政変にまつわる一連の過程を経た長州閥や陸軍への風当たりは非常に強かったため、山県は「寺内内閣」を推すことは難しく、また海軍も陸軍同様、山本内閣が企図した拡張予算と汚職事件によって批判に晒されており、山本以外、有力な政治家が不在であった。（二）議会対策。新内閣は海軍問題で激昂していた貴族院を制する必要があり、一方、衆議院で多数を占める政友会も考慮しなければ安定した議会運営は望めなかった。（三）この年秋に予定されていた大正天皇の大礼。大山が松方に告げたように、儀式を滞りなく挙行できる内閣が求められ、衆議院の解散を避けることが求められた。元老会議ではかかる条件を満たすことのできる人物を選択せねばならなかった。

二七日午前一一時、元老会議が再開された[118]。組閣を勧められた松方は老齢を理由に謝絶し、逆に山県の奮起を促した。しかし、山県はそれを肯んぜず、再度松方に押し付けようとした。これに対して、改めて松方は固辞し、家達の名前を出した。山県は「徳川公は中正の人にして、門閥と云ひ徳望と云ひ、首相とするに申分なし」と認めるも、「行政上の経験」もなく、「其の手腕力量の如何を知ら」ない点が不安であり、そもそも家達が大命を拝受するか疑問を呈した。松方もその点は覚束なかったようで、平田や平山成信といった貴族院の面々に状況を聴取したうえで判断することにし、会議は散会した。

その夜、松方は平田、平山を招き家達について質問した。平田は翌朝山県を訪問し、松方との会見の顚末を報告した。平田によれば、家達が組閣することとなれば「貴族院は全体一致にて之を歓迎す」るが、家達が大命を拝受するかどうかは不明であり、事前に家達に内意を訊ねた場合は恐らく辞退すると思われるので、「出し抜け」に大命を降下したほうが可能性は高い、とのことであった。以上の経緯により、元老会議では事前に打診することなく家達を奏薦することに一決し、元老は参内し大正天皇に奉答、天皇は元老の奏薦を受け入れ、二九日午前一〇時に家達に参内を命じた。

ここで元老会議が平田、平山の意見を確認した点は強調しておきたい。それは、元老会議が山本内閣を倒閣に追い込んだ貴族院、とりわけ幸倶楽部の意向を重視したためである。家達が貴族院議長として院内から反発を受けていなかったことは「徳川内閣」の貴族院対策として重要であり（先述の（二）の点）、平田、平山から「徳川内閣」に反対する声が挙がらなかった点は注目される。

一方、関義臣（勅選議員）が大隈に宛てた書翰によれば、衆議院では野党三党（立憲同志会、国民党、中正会）が大隈推戴を画策していたという。貴族院の一部にも大隈内閣を企図した動きがあり、大隈内閣とならば加藤高明が外相に適任であり、閣僚には大浦兼武や仲小路廉、大石正巳を選任すべきで、犬養毅や尾崎行雄、後藤新平は不人気と言われていた[119]。この動きは四月になると望月小太郎の策動と相俟って大きくなり、第二次大隈内閣誕生へとつながるが、この段階では野党の希望的観測に過ぎなかった。なお、ここで挙げられた大臣候補者たちは、大石以外、全て第二次大隈内閣の閣僚となった点は興味深い。

では、衆議院第一党の政友会はどうだったであろうか。総裁・西園寺公望は大正政変時の違勅問題以後、京都に滞在したままであり、原は後継首班の候補とは見做されていなかった。そのような中、二七日に開かれた政友会の議員総会では、「純長閥及び同志会派を除」けば「上院及び枢密院より組織」した「超然内閣」でも構わないとの決議があった。政友会幹事長であった村野常右衛門から上記の決議を聞いた松本剛吉はそれを田に報告し、田から平田を経由して元老に伝達された[120]。二八日の朝、山県と面会した平田は田からの情報を伝えたと考えられる。政友会の決定と後継首班候補を対照すれば、家達、平田、清浦などが首相となった場合、条件次第で新内閣に協力する可能性があった。当然、山県は新内閣誕生に際し、政友会を全く無視することはできなかった。その傍証として、山県は後藤を介して「灰色内閣」に政友会の協力を取り結ぶことができるかどうか探っていた[121]。

実は、新聞報道でも「徳川内閣」と政友会の関係はすでに取沙汰されていた。二月頃から、政友会に異存がない場合は「徳川内閣」も可であり、即位の大礼を取り仕切る首相として家達は「地位声望共に適切」と指摘した記事[122]や、山本内閣総辞職前後にも家達と政友会との関係が円満であるという理由で「徳川内閣」説が選択肢とした記事[123]が散見された。また、望月は、政友会の一部が「山本をして徳川公に交渉せしめ原以下は下りて在野党として政友会より徳川内閣を援護する」つもりがあり、家達と山本との関係も良好と記していた[124]。もちろん、新聞や望月の観測でもあるため、政友会による「徳川内閣」支持の根拠として必ずしも十分ではないが、それでも政友会と「徳川内閣」が結び付く可能性がある程度認知されていたと言える。これまでの検討で明らかにしたように、第三一議会で山本内閣と貴族院が鋭く対立しながらも、政友会と良好な関係を保っていた家達は特異な存在であった。

続いて、山本を輩出した薩派だが、先述の通り、山本を除けば松方以外にこれといった有力者がいないのが現状であった。その松方も年齢や病気を理由に断るのが常であり、とても首相の任に堪えられるとは思われていなかった。また、山本の留任は総辞職が狂言であると批判される可能性があったため、薩派は山本内閣末期および元老会議の初期の段階では次期内閣への態度を決しきれず、動きが見えるのは清浦に大命が降下される頃からであった。とはいえ、薩派は山本を筆頭に海軍に大きな勢力を有しており、薩派の支持を取り付けるかどうかは海軍予算編成に関わる重要な問題となり得た。

なお、薩派と家達との関係だが、山県は、松方が家達を推薦したことについて、「公〔家達〕は嶋〔ママ〕津家姻戚と為す為めを以て、故に松方の公を知るや予〔山県〕より熟し」ていると観察していた[125]。この家達と島津家との関係はひとまず幕末まで遡る。島津家から一三代将軍家定の正室として徳川家に入った天璋院は、明治維新後は家達の養育係を自任し、その生育に影響を与え、さらに家達の長男である家正の夫人・正子は、島津家から迎えられていた。[126] 松方は旧主島津家と姻戚関係である家達が内閣を組閣した場合、薩派が協力すると見込んだのだろうか。[127]

2 大命拝辞とその反響

二九日午前一〇時、参内した家達は組閣の大命を降下された。[128] しかし、家達は伏見宮貞愛親王（内大臣御用掛）に対して、「行政につきて何等の経験もなく、今日の難局に処する所以につきても、亦何等の自信なし、万一自から量らずして、大命を奉じ、徒らに紛糾を重ぬるが如きことありては、却つて不忠不臣の責を免かれ」ないので、拝辞する意向を示した。伏見宮はすぐさま山県に対応を依頼した。家達の意向が伝えられた山県は「少なからず落胆」し、事後の対応を協議するために元老会議を開くことにした。そこで山県は三元老が家達を訪問して説得することを提案するが、大山が「到底好結果を得られまじ」と述べたため、「由来徳川公と親密の間柄にして、些の隔心もなく其の思ふ所を云ひ得るの地位にあ」り、「吾々〔元老〕に徳川公を推薦し」た平山に事情の疎通と説得を依頼することとなった。

平山は家達を訪問し一時間ほど説得に当たった後、元老のもとに復命した。平山によれば、家達は「時局につきて何等の自信もなく、且つ是れまでに平大臣にても務めたる経験あらば兎も角も、曾て何等の経験もなきに、徒らに大命を拝受しては、却つて不忠不義の臣」となるため辞退するとのことであった。家達の決心が堅いことを確認した三元老は「徳川内閣」を断念し、次の候補者を選定に入った。果たして三〇日、家達は参内し大命を拝辞した。

ここで家達の一連の動向に関する報道を見てみよう。まず、家達奏薦の裏面を推測する記事が登場する。例えば、政友会と薩派の一部が「徳川内閣」を期待しており、松方はそれを知ったうえで提案したのではないか、[129] といったものである。しかし、先述の通り、薩派に目立った動きは見えず、原も大した反応を示してはいない。[130] それに留まらず、政友会の一部では、非政党内閣の成立に反対する決議を行い、組閣の動きを牽制した者もいた。[131] 議長付書記官の河井も、「徳川公爵総理大臣ニ擬セラルルモノノ如シ」と淡泊な反応であり[132]、大命降下についても号外で知るに留まるといったものだった[133]。

それでは、家達の態度はどうだったのだろうか。家達は、「政治外交国防上に亘り確乎不抜の経綸と抱負」がない点を拝辞の理由に挙げた。家達の「左右及び旧誼縁故あるもの」は大命を拝受すべきとした者、拝辞すべきとした者の二派に分かれる有様であったが、家達自身は「一旦決意したる上は他人の助言助力に依りては意思を動かすもの」ではなく、「予は予の信念を以て議長の職に竭」くすつもりであると述べた[134]。そして、あらぬ疑いを避けるためか、家達は別荘のある逗子へと引き揚げた[135]。その後の家達の態度は徹底しており、政治的に誤解されるような行為はできる限り避けるように努めていた[136]。

最後に「徳川内閣」と先程挙げた三つの課題について考えてみたい。まず（二）の議会対策については、貴族院の支持や政友会との協調関係より、当面の問題は生じなかったと考えられる。これは、議長・家達が持つ政治的資質――貴族院議員および政友会との距離によって保証されていた。次に、（三）大礼についても、その家柄から「御大礼内閣」の「最適任者」と見る向きもあり[137]、特段問題とはならなかっただろう。一番の課題となる（一）薩長対立および陸海軍の予算問題について、元老会議では家達が「中正の人」、すなわち議長・家達の「公平」たる政治的性格に解決の光明を見出そうとしたのではなかろうか。「徳川内閣」は、山県が後藤に漏らしたような「灰色内閣」の形態であり[138]、政友会や貴族院をはじめとする種々の政治勢力が迎合し得るものが想定された。それはつまり、家達の議長として有する政治的態度がもたらすものであった。そういった観点から見ると、大正三年政変において「徳川内閣」は極めて有効性の高い選択肢であった。家達が拝辞する意向を聞いた山県が「少なからず落胆」したのはかかる意味があったのである。

しかし、もし家達が組閣に取り組もうとすれば、これまで議長として「公平」を標榜していたがゆえに特定の政治勢力のみを支持基盤とすることは難しく、閣僚の詮衡にあたっては各種政治勢力に配慮しなければならなかった。家達の政治的資質は家達を後継首班の最有力候補たらしめたが、逆説的に組閣が困難な立場にも導くものでもあった。すなわち、「徳川内閣」は「中間内閣」（＝「灰色内閣」）の形態が期待されていたが、この時期、明確な与党がない人物は内閣を組閣することができない、ということが家達によって証明されたことにもなったのである。

小　括――「場」の主宰者とその矜持

近衛篤磨の後任として貴族院議長となった徳川家達は、「院議」に従うことを明言し、政治的に「公平」と称された。それは近衛の政治的主張の激しさとは対極と言えるものであった。そのような家達が議長の任務を行うにあたり、各派交渉会との関係は重要な問題であった。議長交際費問題の検討を通して明らかになったように、家達が議長に就任した直後では、各派交渉会の位置付けは不安定であった。議長が各派交渉会と協議して決定した事項が他の議員の意見によって覆るなど、議長と各派交渉会、それ以外の議員との関係がはっきりとしていなかったことが問題視された。特に、議場の議決による「院議」を確認できない閉会中の協議に関しては、各派交渉会での決定事項の有効性に疑問符が付された。家達はこの問題点を解消するために、各派交渉会を議長との協議の「場」と位置付け、事例を積み重ねることで議長と各派交渉会、議員との関係を確立させていった。同時に、家達は貴族院の議会運営の円滑化を図るために内閣と貴族院議員との間で意見交換を行う機会（「懇話会」）を積極的に設け、かかる「場」の主宰者となった。このような議長・家達の行為は、内閣と衆議院の政治的な対立に介入した前議長・近衛とは異なるものであった。西園寺公望内閣は桂太郎との対立・提携の中、貴族院との意思疎通に腐心しており、内閣と貴族院との間を取り持つ議長・家達の行動が、政友会の実力者である原敬に好意的に捉えられていた点も重要であった。

大正政変期の混乱においても、家達は内閣と貴族院との間に良好な関係構築を試み続けた。しかし、その一年後の大正三（一九一四）年三月、第一次山本権兵衛内閣は、貴族院の強い反発によって総辞職に追い込まれることとなった。この過程において、家達は議長として自身の有する「公平」さ、「院議」尊重と政友会への好意との間に悩まされることになった。貴族院内の過激な内閣批判に距離を置く一方、「公平」な議会運営を心掛け、それによって導かれた貴族院での議決、すなわち「院議」を尊重することも忘れなかった。他方、内閣と貴族院を取り持つことで時の内閣を支援しようとしてきたもう一つの立場から、家達は原に対して議会対策への注意を促した。「議長は決して政治に不干渉也」と述べた家達の矜持に偽りはなかったが、家達としては不本意な閉会を迎えることになったのである。

山本内閣総辞職後の元老会議では、次期首相候補者の枯渇の中、徳川家達を後継首班として奏上することに決した。その背景には、山本内閣を倒閣させた貴族院には政友会の抑止が期待されるも、衆議院第一党の政友会を無視した内閣の誕生は期し難く、貴族院、政友会から協力を取り付けられる内閣を候補にする必要があったことが挙げられる。要は「種切れ状態」の候補の中から「徳川内閣」構想が浮上してきたわけである。しかし、それは突発的なものではなく、本章で明らかにしたごとく、家達が貴族院議長として実績を重ね、「公平」と評され、多くの貴族院議員からの支持に加え、さらに政友会との友好関係が評価されていた。大正三年政変期においてかかる政治的資産を有していたのは家達だけであり、それゆえ有力な首相候補として奏上された。また、家達の名を出したのは松方正義であって、山県有朋は家達の手腕を疑問視しながらも、松方の提案に乗り、政局の危機を打開する可能性を「徳川内閣」に賭けたのである。

一方、家達が組閣の大命を拝辞した理由は、行政に対する経験不足と時局の混乱を収拾させる自信がないこと、および「徳川内閣」が政治的に失敗した場合、「不忠不臣」となってしまうことを挙げた。前者は辞退の方便と言えるが、それは各種政治勢力から等しく距離を置いたものと解釈することもでき、議長・家達が院内に対して「公平」たる態度を採ったことと同様の構図であった。そのため、家達が大命を拝辞したことは「世人を失望せしめ」たが、同時に家達は「高潔にして賢明なる人物」と評された[139]。かかる評価は、家達がとりたてて政治的主張を叫ぶことなく、ある種の「公平」さを示したうえで、大命拝辞を遂行したことによるものに他ならないものであった。また、天皇に対する責任という後者については、序章で指摘したごとく、家達には皇室に背馳するような選択肢は有り得なかった。家達の死後、牧野伸顕の回想ではあるが、家達が拝辞したのは「叡慮に背き奉るやうな失政を演じては〔ならぬ〕といふ深き慮からではあるまいか」と推察していたことにも顕れていよう[140]。あわせて、桂、山本と連続して短期間で内閣が総辞職し、大隈重信内閣成立まで約三週間の空白が生じるといった政治的混乱が続く中、元老会議の有効性が改めて問われることになるが、これは第六章での検討に譲りたい。

四月三日、曽我祐準は河井弥八に向かい、「三十一議会ニ於ケル議長ノ行動ノ適正ナリシコト」を述べた[141]。家達の「公平」さと「院議」への従属は、確かに周囲に認められていたのである。村田保への対応など、その態度や資質が問われる場面が連続したが、家達は最終的に「院議」に従うことで自らの信念を保ったと言えよう。その後、家達は各派交渉会においても「内閣組織ノ大命ヲ拝辞シタル顛末ヲ報告」した[142]。家達は組閣に失敗して大命を拝辞したわけではなかったため、それが大きな政治的失点になることもなく、以後もその議長職を全うし続けることとなる。

◆註

（1）この時期の首相候補者（想定されうる内閣）は、各種政治勢力との親疎に基づく提携の観点から分析するものが多い。例えば、北岡伸一「政党政治確立過程における立憲同志会、憲政会――政権構想と政党指導（下）」（『立教法学』第二五号、一九八五年）、季武嘉也『大正期の政治構造』（吉川弘文館、一九九八年）、内藤一成『貴族院と立憲政治』（思文閣出版、二〇〇五年）など。

一方、山本四郎氏は、大隈内閣成立の事情を、「政治的ムード」を勘案すれば、後継首班の下馬評にのぼった人物は老朽、あるいは声望不足であったため、井上馨が民衆的人気のあった大隈重信を推挙したと評している（山本四郎「第二次大隈内閣の成立」〔『神戸女子大学紀要　文学部篇』第二〇編第一号、一九八七年〕）。

（2）山本四郎「清浦流産内閣の研究」（『史窓』第四三号、一九八六年）。また、元老制度消滅の危機から大正三年政変に言及したものとして、伊藤之雄『政党政治と天皇』（講談社、二〇一〇年〔原本二〇〇二年〕）。

（3）この時期に関する研究としては、山本四郎『山本内閣の基礎的研究』（京都女子大学、一九八二年）、前掲同「清浦流産内閣の研究」、前掲同「第二次大隈内閣の成立」、坂野潤治『大正政変――一九〇〇年体制の崩壊』（ミネルヴァ書房、一九八二年）など。

（4）前掲季武『大正期の政治構造』、前掲内藤『貴族院と立憲政治』。

（5）徳川家達「大命拝辞の心事　今一段と望ましかつた元老の考慮」（東京朝日新聞社政治部編『その頃を語る』〔東京朝日新聞発行所、一九二八年〕）、三一〇頁。

（6）大正三年三月三一日付山県有朋宛望月小太郎書翰控（国立国会図書館憲政資料室蔵「望月小太郎文書」三〇―一）。また、伊藤隆編『大正初期山県有朋談話筆記　政変思出草』（山川出版社、一九八一年）にも、三月三一日の情報として、政友会が山県攻撃のために、家達が拝辞することを知ったうえで奏薦し、しかも拝辞するより前に清浦の組閣を促したことを批判している話が記載されている（四九頁）。

（7）「近衛貴族院議長」『東京朝日新聞』明治三六年六月七日付朝刊、三頁など。

（8）「貴族院議長後任問題」『読売新聞』明治三六年九月四日付朝刊、二頁。

（9）「貴族院議長と西園寺侯」『読売新聞』明治三六年九月八日付朝刊、二頁。

（10）例えば近衛と谷が票を二分した第五議会では、全院委員長選挙が行われる議会開会時、近衛が所属する三曜会は二八名、谷が所属する懇話会は五三名の議員がいた（酒田正敏編『貴族院会派一覧――一八九〇～一九一九』〔日本近代史料研究会、一九七四年〕、二二一〜二二六頁）。しかし、得票数は谷が一三八票、近衛が二九票と彼らが所属する会派の人数以上の得票があったことがわかる。全院委員長選挙は無記名投票であり、会派の確立が進んでいない初期議会期では会派と得票の関係が不分明な点も多い。
(11)『貴族院職員懐旧談集』（霞会館、一九八七年）、八頁。
(12)「貴族院議長問題」『東京朝日新聞』明治三六年九月一〇日付朝刊、一頁。
(13)明治二六年五月一八日付伊藤博文宛蜂須賀茂韶書翰（伊藤博文関係文書研究会編『伊藤博文関係文書』六〔塙書房、一九七八年〕、三九三頁）。
(14)前掲「貴族院議長と西園寺侯」『読売新聞』明治三六年九月八日付朝刊、二頁
(15)明治三六年一一月二五日付桂太郎宛山県有朋書翰（千葉功編『桂太郎関係文書』〔東京大学出版会、二〇一〇年〕、三九五頁）。
(16)明治三六年一一月三〇日付伊藤博文宛桂太郎書翰（伊藤博文関係文書研究会編『伊藤博文関係文書』三〔塙書房、一九七五年〕、三六八頁）。
(17)「首相秘書の湘南行」『東京朝日新聞』明治三六年一二月二日付朝刊、一頁。
(18)明治三六年一二月二日付山県有朋宛桂太郎書翰（尚友倶楽部・山県有朋関係文書編纂委員会編『山県有朋関係文書』第一巻〔山川出版社、二〇〇五年〕、三三二一、三三三頁）。
(19)前掲徳川「大命拝辞の心事」、三一一頁。
(20)明治三六年一二月五日付桂太郎宛山県有朋書翰（『桂太郎関係文書』、三九六頁）。
(21)明治三六年一二月四日付松方正義宛桂太郎書翰（大久保達正監修・松方峰雄他編『松方正義関係文書』第七巻〔大東文化大学東洋研究所、一九八六年〕、一二〇頁）。
(22)「社説　両院新議長」『東京朝日新聞』明治三六年一二月七日付朝刊、二頁。
(23)「議員雑俎　旧大名議員の慶び」『東京朝日新聞』明治三六年一二月六日付朝刊、一頁。
(24)「議院雑俎　議長の風采」『東京朝日新聞』明治三六年一二月六日付朝刊、一頁。
(25)「〔五万円計上の件〕」（原敬文書研究会編『原敬関係文書』第七巻書類篇四〔日本放送出版協会、一九八七年〕）、二八一頁。
(26)以下、断りがない限り「両院議長交際費問題」（『政友』第八〇号、一九〇六年）、二九〜三一頁。この記事は、明治三九年一二月五日衆議院議員の午餐会において杉田議長が顛末を報告した大要である。なお、議長交際費問題のきっかけとなった列国議会同

盟に関する最新の知見として、伊東かおり「第一次世界大戦前における議員外交の萌芽と帝国議会――列国議会同盟（ＩＰＵ）日本議員団に関する基礎研究」（『九州史学』第一七三号、二〇一六年）。

(27) 原奎一郎編『原敬日記』第二巻（福村出版、一九六五年）、明治三九年一〇月八日条、二〇〇、二〇一頁。

(28)「日記」（国立国会図書館憲政資料室蔵「阪谷芳郎関係文書」六七一）、明治三九年一〇月一〇日条。以下、「阪谷芳郎日記」と表記する。

(29)「両院議長と首相会見」『読売新聞』明治三九年一〇月九日付朝刊、二頁。

(30)「両院議長の交際費に就て」『東京朝日新聞』明治三九年一〇月一〇日付朝刊、三頁。

(31)「両院議長交際費内定」『読売新聞』明治三九年一〇月一一日付朝刊、一頁。

(32)『原敬日記』第二巻、明治三九年一〇月一二日条、二〇一頁。

(33)「両院議長交際費問題」『東京朝日新聞』明治三九年一〇月三一日付朝刊、二頁。

(34)「議長交際費問題と貴族院」『東京朝日新聞』明治三九年一一月三日付朝刊、二頁。

(35)「議長交際費問題」『東京朝日新聞』明治三九年一一月一九日付朝刊、二頁。

(36)「両院議長の会見」『東京朝日新聞』明治三九年一一月二一日付朝刊、二頁、「両院議長の会見」『読売新聞』明治三九年一一月二一日付朝刊、二頁。

(37)「両院議長会見（交際費問題に就て）」『東京朝日新聞』明治三九年一一月二二日付朝刊、二頁。

(38) 例えば「議長交際費問題成行」『東京朝日新聞』明治三九年一一月二七日付朝刊、二頁、「議長交際費固執（衆議院各派領袖会）」『東京朝日新聞』明治三九年一一月二八日付朝刊、二頁など。

(39)「上院各派交渉会」『読売新聞』明治三九年一一月三〇日付朝刊、一頁。この時参加したのは議長・家達、副議長黒田の他、堀田正養、松平直平、浅田徳則、青山元、南岩倉具威、藤田四郎、二条基弘、有地品之允、高木兼寛、山川健次郎、黒岡帯刀、古市公威などの議員に加え、太田書記官長以下各書記官が出席したとされる。

(40)「議長交際費問題と貴族院」『東京朝日新聞』明治三九年一二月一日付朝刊、二頁。

(41)「議長交際費と上院各派」『東京朝日新聞』明治三九年一二月四日付朝刊、二頁。

(42)「貴衆両院事務局」『東京朝日新聞』明治三九年一二月七日付朝刊、二頁。

(43) 例えば、「両院議員反感」『東京朝日新聞』明治三九年一二月二日付朝刊、二頁、「両院翰長の確執（太田翰長の弁明）」『東京朝日新聞』明治三九年一二月四日付朝刊、二頁、「両院翰長の確執に就て（林田翰長談）」『東京朝日新聞』明治三九年一二月五日付朝刊、二頁など。

(44) 「徳川議長の位地」『東京朝日新聞』明治三九年一二月五日付朝刊、四頁。

(45) 「議長交際費反対の内情」『東京朝日新聞』明治三九年一二月一五日付朝刊、二頁。

(46) 前掲「貴衆両院事務局」『東京朝日新聞』明治三九年一二月七日付朝刊、二頁。

(47) 「徳川議長と首相」『東京朝日新聞』明治三九年一二月一一日付朝刊、二頁。

(48) 前掲「徳川議長と首相」『東京朝日新聞』明治三九年一二月一一日付朝刊、二頁。

(49) 「議長交際費と予算」『東京朝日新聞』明治三九年一二月一二日付朝刊、二頁。

(50) 「阪谷芳郎日記」、明治三九年一二月一二日条、「議長交際費消滅」『東京朝日新聞』明治三九年一二月一三日付朝刊、二頁。

(51) 前掲伊東「第一次世界大戦前における議員外交の萌芽と帝国議会」、三〇頁、「議長交際手当及議員海外派遣補助費予算年度別調書」（尚友倶楽部蔵「小林次郎関係資料」七―三三）。

(52) 「議長交際費及議員海外派遣補助費昭和七年度支出及現在高調書」（「小林次郎関係資料」七―二八）。

(53) 「昭和七年議長交際費残及支出見込」（「小林次郎関係資料」七―三一）。

(54) 『第二十回帝国議会貴族院議事速記録』、明治三七年三月二七日、六〇頁。

(55) 徳川家達「静岳公閑話録　星光会のことども」（『星岡』第八二号、一九三七年）、一三頁。

(56) 「両院議員の晩餐会」『東京朝日新聞』明治三八年二月九日付朝刊、三頁。

(57) 『原敬日記』第二巻、明治三八年二月八日条、一二五頁。

(58) 『原敬日記』第二巻、明治四〇年一月二九日条、二二五頁。

(59) 『原敬日記』第二巻、明治四一年二月二〇日条、二九一頁。

(60) 「河井弥八日記」（掛川市教育委員会蔵「河井家文書」二三―四八）、明治四三年一二月一六日条。

(61) 尚友倶楽部・広瀬順晧編『田健治郎日記』一（芙蓉書房出版、二〇〇八年）、明治四二年三月九日条、二三八頁。

(62) 「河井弥八日記」（「河井家文書」二三―五三）、明治四三年一月二七日条。

(63)「河井弥八日記」(「河井家文書」二三―四九)、明治四五年二月一日条。
(64) 原奎一郎編『原敬日記』第三巻(福村出版、一九六五年)、明治四五年二月一日条、二一五頁。
(65) 西尾林太郎『大正デモクラシーの時代と貴族院』(成文堂、二〇〇五年)、七〇～七四頁。
(66)「河井弥八日記」、明治四五年二月一五日条。
(67)「河井弥八日記」、明治四五年二月二三日条。また「河井弥八懐中手帳」(「河井家文書」二三―七)、大正二年巻末メモには第一回「懇話会」の出席メンバーが記載されている。
(68)『原敬日記』第三巻、明治四五年二月二三日条、二一八頁。
(69) 尚友倶楽部、櫻井良樹編『田健治郎日記』二(芙蓉書房出版、二〇〇九年)、明治四五年二月二三日条、一三八、一三九頁。
(70) 前掲『原敬日記』第三巻、明治四五年二月二三日条、二一八頁。
(71)『原敬日記』第三巻、明治四五年三月五日条、二二〇頁。
(72)「河井弥八日記」、明治四五年三月五日条、「河井弥八懐中手帳」(「河井家文書」二三―二三)、明治四五年三月五日条。この「懇話会」という名称は主に河井の日記にしか登場せず、貴族院事務局内でのみ呼称されていたのではないかと考えられる。かかる会合を評価していた原の日記中にもこの「懇話会」という語句は登場しない。
ちなみに、河井の日記によると名称を決定したのは三月五日の会合となっているが、河井の懐中手帳を見ると二月二三日が第一回「懇話会」となっていた(「河井弥八懐中手帳」、大正二年巻末メモ。よって三月五日の「懇話会」は「第二回」と記されている)。恐らく、三月五日の会合で「懇話会」と命名した時に、二月二三日に開催された同様の会合も「懇話会」としたのだろう。
(73)「現内閣の上院策　良好に発展せんか」『東京朝日新聞』明治四五年四月九日付朝刊、二頁。
(74) 原口大輔「桂園時代――議会政治の定着と「妥協」」(小林和幸編『明治史講義【テーマ篇】』〔筑摩書房、二〇一八年〕)。
(75)「対帝国議会所見　徳川上院議長談」『東京朝日新聞』明治四五年二月二六日付朝刊、四頁。
(76)『第十八回帝国議会貴族院議事速記録』、明治三六年六月三日、一〇二頁。曽我祐準(土曜会)の発言。
(77)『田健治郎日記』一、明治四三年三月七日条、三二四頁、「河井弥八日記」、明治四三年一二月二日条。
(78)『田健治郎日記』一、明治四二年二月一～四、一一日条、二三〇～二三二頁。
(79)「河井弥八日記」、明治四三年六月八、一三日条。

(80)『貴族院の会派研究会史　明治・大正篇』(尚友倶楽部、一九八〇年)、二三八、二三九頁。『貴族院の会派研究会史　明治・大正篇』には正確な日付が付されていないが、各派交渉会に参加していた田健治郎の日記から、規約が設けられた日が明治四四年一二月二四日であったことがわかる(『田健治郎日記』二、明治四四年一二月二四日条)。なお、院内会派が貴族院内で正式に認められるのは、大正九年六月二七日からである。これは、各派交渉委員より議長・家達に対して部属ごとに充てていた議員の控室を会派ごとに変更することを申し出たためであった(『貴族院先例録　自第一回議会至第五〇回議会』〔貴族院事務局、一九二五年〕、一〇頁)。

(81)以上の各派交渉会の内容は、前掲『貴族院の会派研究会史　明治・大正篇』、二三六～二四〇頁、衆議院・参議院編『議会制度百年史　議会制度編』(大蔵省印刷局、一九九〇年)、八七頁を参照。

(82)衆議院は貴族院より先行して制度化が進んでおり、第二一議会(明治三七年)から各派協議会(昭和一四年に各派交渉会と改称)が設置された(村瀬信一『帝国議会――〈戦前民主主義〉の五七年』〔講談社、二〇一五年〕、五二頁)。

(83)『第二十五回帝国議会貴族院議事速記録』、明治四二年二月一三日、四六、四七頁、貴族院事務局編『貴族院先例録　自第一回議会至第三七回議会』(貴族院事務局、一九一六年)、三五、三六頁。

(84)『中央公論』第二六巻第四号(中央公論社、一九一一年)。

(85)鵜崎熊吉『閥人と党人』(東亜堂書房、一九一三年)、一〇〇頁。

(86)「河井弥八日記」、大正二年二月二〇日条。

(87)「河井弥八日記」、大正二年二月二一日条、「河井弥八懐中手帳」(「河井家文書」二三―七)、大正二年二月二一日条、『田健治郎日記』二、大正二年二月二一日条、二六八頁。

(88)「河井弥八日記」、大正二年三月一日条、「河井弥八懐中手帳」、大正二年三月一日条。

(89)「河井弥八日記」、大正二年二月二四日条、「河井弥八懐中手帳」、大正二年二月二四日条、『田健治郎日記』二、大正二年二月二四日条、二六九、二七〇頁。

(90)大正三年二月一九日付上原勇作宛伊地知幸介書翰(上原勇作関係文書研究会編『上原勇作関係文書』〔東京大学出版会、一九七六年〕、三九頁)。

(91)「河井弥八日記」(「河井家文書」二三―五八)、大正三年二月二日条。

(92)「河井弥八日記」、大正三年二月一〇日条。
(93)『原敬日記』第三巻、大正三年二月一五日条、三九二頁。
(94)『第三十一回帝国議会貴族院議事速記録』、大正三年二月一六日、一一一頁。
(95)前掲徳川「大命拝辞の心事」、三〇八頁。
(96)例えば、『第三十一回帝国議会貴族院議事速記録』、大正三年三月七日、一八三頁、大正三年三月一三日、二三四頁など。
(97)『田健治郎日記』二、大正三年二月二〇日条、三九六、三九七頁、「上院各派交渉会」『東京朝日新聞』大正三年二月二一日付朝刊、四頁。
(98)『第三十一回帝国議会貴族院議事速記録』、大正三年二月二六日、一四八〜一五六頁。
(99)「河井弥八日記」、大正三年三月一三日条。
(100)『第三十一回帝国議会貴族院議事速記録』、大正三年三月一三日、二三四頁。
(101)「河井弥八日記」、大正三年三月一四日条。
(102)「徳川議長御召」『読売新聞』大正三年三月六日付朝刊、二頁。
(103)「上院各派交渉会召集」『東京朝日新聞』大正三年三月七日付朝刊、二頁。
(104)『田健治郎日記』二、大正三年三月七日条、四〇四頁。
(105)「貴族院各派交渉会　徳川議長の弁明」『東京朝日新聞』大正三年三月八日付朝刊、三頁。
(106)「河井弥八日記」、大正三年三月一四日条。
(107)坂野潤治・広瀬順晧・増田知子・渡辺恭夫編『財部彪日記　海軍次官時代』下（山川出版社、一九八三年）、大正三年三月一五日条、二六八頁。
(108)『田健治郎日記』二、大正三年三月一五日条、四〇九頁。
(109)『田健治郎日記』二、大正三年三月一六日条、四一〇頁。
(110)「貴族院動かず　協議会員議長指名」『東京朝日新聞』大正三年三月一六日付朝刊、二頁。
(111)『田健治郎日記』二、大正三年三月二三日条、四一四、四一五頁。
(112)「河井弥八日記」、大正三年三月二六日条。

(113)『第三十一回帝国議会貴族院議事速記録』、大正三年三月二六日、三九一頁。
(114)ちなみに、第三二議会は第三一議会と同様に「卿等励精ノ労ヲ嘉奨ス」であった。
(115)「山本首相の招宴」『東京朝日新聞』大正三年三月二七日付朝刊、二頁。ちなみに、同記事では衆議院議長奥繁三郎も家達の言葉に同意していたことが記されている。
(116)『財部彪日記』下、大正三年三月二六日条、二七一頁。
(117)『大正初期山県有朋談話筆記　政変思出草』、四二〜四五頁。
(118)『大正初期山県有朋談話筆記　政変思出草』、四五頁。
(119)大正三年三月二六日付大隈重信宛関義臣書翰（早稲田大学大学史資料センター編『大隈重信関係文書』七〔みすず書房、二〇一一年〕、四二、四三頁）。
(120)『田健治郎日記』二、大正三年三月二七日条、四一六、四一七頁。
(121)『原敬日記』第三巻、大正三年三月二八日条、四一二頁。
(122)「徳川内閣説」『読売新聞』大正三年二月一九日付朝刊、二頁。
(123)例えば、「朝野に人なし」『東京朝日新聞』大正三年三月二九日付朝刊、二頁。
(124)大正三年三月一七日付山県有朋宛望月小太郎書翰控（「望月小太郎文書」三〇―二）。
(125)『田健治郎日記』二、大正三年三月三一日条、四一八、四一九頁。
(126)保科順子『花葵――徳川邸おもいで話』（毎日新聞社、一九九八年）、五六頁。
(127)この点について若干の付言をしておく。近衛篤麿の議長就任（明治二九年）について、坂井雄吉氏は、松方が近衛を推選した理由の一つに旧藩主島津家との関係を示唆しているが、明確な根拠を示したわけではない（坂井雄吉「近衛篤磨と明治三十年代の対外硬派――「近衛篤麿日記」によせて」〔『国家学会雑誌』第八三編第三・四号、一九七〇年〕、六五頁）。ここでは、近代日本において旧藩主との関係が旧臣たちの政治活動に影響を及ぼす可能性があった一事例と理解したい。
(128)『大正初期山県有朋談話筆記　政変思出草』、四六、四七頁。
(129)「次は誰ぞ　御鉢の持廻り」『東京朝日新聞』大正三年三月三〇日付朝刊、二頁。
(130)『原敬日記』第三巻、大正三年三月二九日条、四一三頁。

(131)「政友会の態度」『東京朝日新聞』大正三年三月三〇日付朝刊、二頁。これは、二九日、家達に大命が降下されたのを受けて、政友会の一部有志が代議士会を開いて決議したものとされる。
(132)「河井弥八日記」、大正三年三月二八日条。
(133)「河井弥八日記」、大正三年三月二九日条。
(134)「徳川公語る」『読売新聞』大正三年三月三一日付朝刊、二頁。
(135)「徳川議長逗子行」『東京朝日新聞』大正三年四月二日付朝刊、三頁。
(136)大正三年五月一三日付西園寺公望宛徳川家達書翰（馬部隆弘「西園寺公望別邸清風荘の執事所蔵文書」（『ヒストリア』第二四二号、二〇一四年）、九〇頁）。大正三年五月、家達は済生会の用務で中国地方に出張し、その帰途京都に滞在中の西園寺を訪問せずに帰京したことを謝る書翰である。「過日来新聞紙上種々一読仕候得共、事実如何之事哉と存居候」と西園寺が総裁を辞任するかどうかを気にしていることから、家達は西園寺を訪問することで新聞紙上になにがしか書き立てられることを避けたものと考えられる。
(137)「此難局を奈何」『読売新聞』大正三年三月三〇日付朝刊、二頁。ただし、昭憲皇太后が四月九日に薨去し、大正天皇は諒闇の喪に服すこととなったため、大礼は翌年に延期となり、関連予算も翌年度に編入された。
(138)『原敬日記』第三巻、大正三年三月二八日条、四一二頁。
(139)「大隈内閣の出現」（『中央公論』第二九年第五号〔中央公論社、一九一四年〕）、六頁。
(140)牧野伸顕「六十年間の御交際」（『斯文』第二二編第八号、一九四〇年）、一九頁。
(141)「河井弥八日記」、大正三年四月三日条。
(142)「河井弥八日記」、大正三年四月一四日条。家達は東京市長・阪谷芳郎に対して「首相内命を辞したる話」をしていたが、詳しいことは不明である（尚友倶楽部・櫻井良樹編『阪谷芳郎　東京市長日記』〔芙蓉書房出版、二〇〇〇年〕、大正三年四月一日条、二四二頁）。

補論　柳田国男書記官長との確執——貴族院議長と貴族院事務局

帝国議会開幕時、初代貴族院議長となった伊藤博文が腹心の金子堅太郎を書記官長に据えたように、書記官長は議長の補佐として、また議会事務局のトップとして重責を担った。この貴族院書記官長は勅任高等官であり（議院法）、内閣の詮衡により決定される職位であった。そのためか、金子、中根重一、太田峰三郎、柳田国男と大正中期までの歴代書記官長は、他より転任した者が務めていた。それゆえ、議長と書記官長の折り合いがつくとは限らない、といったことも生じ得る。

今では民俗学の大家として知られる柳田国男。元々柳田は農商務省より官僚生活を出発し、法制局書記官や内閣書記官などを務めた後、大正三（一九一四）年四月、太田の死をうけてその職へと転任した。しかし、柳田は議長・徳川家達との確執を理由に、大正八年一二月、書記官長を辞職し学者の道へ進んだ。大正七年一〇月二日、貴族院書記官であった河井弥八の訪問を受けた柳田は、日記に次のように記した。

河井君来、明後日の首相招宴のこと相談、議長の機嫌を今少し考へるやうにといふ話、此事夜ねてから再考へる、永々と生きてはたらくつもりにて無理不自然なる言行をするのも考へものである　又よき頃に静かな生活

もせねばならず所謂配所の月を見ばやの考は自分にも既に起つてをる也[1]

柳田が官界を去る過程を語る際、必ずと言っていいほど引用されるこの記述は、柳田が研究に没頭するあまり書記官長としての職務を疎かにしたことに対する議長・家達の立腹だと理解されている。この柳田辞職問題については、史料的制約も相まって史料的根拠の乏しい推測や後年の柳田の談話・回想をもとに扱われてきた[2]。柳田は自らの書記官長時代を嫌悪し、自身の肖像画を貴族院事務局に飾ることを拒否し続けていたという[3]。一方、研究会の一部が協力したことを根拠に、柳田排斥は原敬内閣による貴衆縦断政策の一つと見る向きもあった[4]。その後、宮内官僚・倉富勇三郎の日記を用いて柳田の辞職問題を検討した永井和氏により、柳田の転任先の候補であった宮内省において、柳田の性格に対する評判が芳しくなく、また柳田も宮内省に転任することを希望していなかったことも明らかになった[5]。だが、柳田が勤務した貴族院事務局や対立した議長・家達の動向に関してはこれまで必ずしも十分な注意が払われていない[6]。

そこで、補論では既存の研究成果を取り入れつつ、河井の史料を用いることで柳田辞職問題を再検討する。河井は柳田問題に関して日記のみならず、各人と面会した際の会話内容などのメモも残しており、日記とあわせて検討することで貴族院事務局側や徳川宗家側の一連の動きを明らかにすることができる（後掲【表10】）。

また、柳田辞職問題を理解する前提として、貴族院事務局の組織・機構の特徴を理解することが必要となろう。議会運営を支える貴族院事務局については、大久保利謙氏を中心に史料発掘やオーラルヒストリーが進められてきたが[7]、その後、本格的な研究には至らなかった。近年、国会事務局など関係者のオーラルヒストリーや国会事務局、帝国議会事務局関係の史料発掘が相次いでいる[8]。かかる仕事を先頭に立って進める赤坂幸一氏、奈良岡聰智氏によれば、これらの成果は「議会制度の運営や法規・先例の形成過程における事務局関係者の衡量過程の存在を顕在化させ、公法学・政治学の研究者に新たな問題領域を提示するもの[9]」とその研究の意義を強調する。他方、帝国議会事務局に関する歴史学からのアプローチは十分に進展しているとは言い難く、基礎的な情報が十分に整理されていないきらいがある。

そこで、この補論では（一）貴族院書記官の史料や『貴族院事務局史』[10]といった貴族院事務局による刊行物などを用いて、明治・大正期[11]における事務局の組織構成の特徴を確認した後、（二）議長・家達と書記官長・柳田の対立を検討し、議長と議会事務局の関係を分析する。

第一節　貴族院事務局の組織

1　貴族院事務局の誕生

明治二二（一八八九）年一〇月一二日、臨時帝国議会事務局が内閣に設置され、議会開会に関する事務を掌ることとなった（勅令第一一三号）。これに伴い、井上毅（法制局長官）が総裁に、曾禰荒助（法制局書記官兼内閣記録局長）、山脇玄（法制局参事官）、渡辺廉吉（内閣総理大臣秘書官）、水野遵（法制局書記官）、中根重一（法制局参事官）、穂積八束（法制局参事官兼法科大学教授）、小池靖一（法制局参事官）、林田亀太郎（法制局参事官）、矢代操（元老院書記官）が書記官に勅任された。その後、亀井英三郎（法制局参事官試補）、永井久満次（法制局参事官試補）、有賀長文（元老院試補）の三名を試補に任じた。臨時帝国議会事務局は、同年六月に欧米各国の議会制度を調査するために派遣されていた金子堅太郎（枢密院書記官）、中橋徳五郎（法制局参事官）、太田峰三郎、斎藤浩躬、木内重四郎（以上、法制局参事官試補）と共に貴族院規則、衆議院規則など必要な諸規則の調査を行った。あわせて貴族院事務局官制も準備され、明治二三年八月三日に臨時帝国議会事務局は廃止された。[12]この欧米巡遊中、金子は書記官任用に関する外国の事例を聴取している。[13]

この貴族院事務局官制によって貴族院事務局は構成の大枠が定まったが、その設置根拠には議院法第一六条、第一七条による次の規定があった。

第一六条　各議院ニ書記官長一人書記官数人ヲ置ク

書記官長ハ勅任トシ書記官ハ奏任トス

第一七条　書記官長ハ議長ノ指揮ニ依リ書記官ノ事務ヲ提理シ公文ニ署名ス

書記官ハ議事録及其ノ他ノ文書案ヲ作リ事務ヲ掌理ス

書記官ノ外他ノ必要ナル職員中判任官以下ハ書記官長之ヲ任ス

すなわち、勅任官である書記官長一名と奏任官である書記官数名、そして書記官長が任じる判任官以下の職員が貴族院事務局の構成員であり、書記官長は議長の指揮のもと職員の仕事を「提理」するものとされた（衆議院事務局も同様）。その具体的な内容は井上毅帝国議会事務局総裁と両院書記官長（金子貴族院書記官長、曾禰衆議院書記官長）との協議のうえ官制を作成し、[14]明治二三年七月一〇日、貴族院事務局官制は勅令第一二一号として発布された。[15]

第一条　貴族院事務局ノ職員ハ左ノ如シ

書記官長	
書記官	十人
試補	二人
属	二十人

第二条　書記官長ハ議長ノ指揮ニ依リ局中一切ノ事務ヲ監督ス
　局中ノ分課及職員ノ配置ハ書記官長之ヲ定ム
第三条　書記官ハ書記官長ノ指揮監督ヲ承ケ議事記録筆記印刷処務会計等ニ関スル事務ヲ分掌ス
第四条　書記官長故障アルトキハ上席書記官其ノ職務ヲ代理ス
第五条　属ハ判任トス書記官長ノ定ムル所ニ依リ各其ノ事務ニ従フ

ここでは議院法第一六条で「数人」とされた書記官の定員を一〇人と定め、試補と属を置いた。第二条以下は議院法第一七条に対応したものであり、貴族院事務局内の分課や職員配置、職務を掌る書記官長の権限が記された。これは事務局の構成・人事に関して議長や書記官長の意向を反映しやすい状況を準備するものであった。なお、基本的に貴衆両院事務局の官制は同時に公布されていた（例外として、昭和八年は衆議院のみを対象）。

さて、書記官長一名と書記官一〇名を定員とした両院事務局だったが（【表7】）、書記官・属などその定数は次第に削減され、大正二（一九一三）年には書記官三名、属一〇名となった。大正七年以降定数は漸増となったが、大正期は少数の職員で議会事務を運営する必要に迫られた。ちなみに、この定員数は昭和六年まで両院とも同一であったものの、それ以後は衆議院事務局の守衛副長、速記技手などが貴族院より多く定められることとなった。

2　各課の変遷

次に、貴族院事務局の組織について検討する。明治二三年一一月一〇日、貴族院事務局官制第二条二項により貴族院事務局章程が定められ、貴族院事務局には議事課・庶務課・会計課・速記課・編纂課の五課が設けられることとなった（衆議院も同様）[16]。以下、この五課の変遷について確認する。

議会開幕に合わせて作成された貴族院事務局章程は、第一議会での事務フローに則して改正された（明治二四年

務局職員定員数一覧

15 勅 158	昭和 6 勅 73	7 勅 229	7 勅 319	／	9 勅 155	11 勅 362	11 勅 435	12 勅 215	13 勅 751	15 勅 465	17 勅 144	17 勅 767	22 政 4	備考
1	1	1	1	1	1	1	1	1	1	1	1	1		
4	4	4	4	4	4	4	4	6	6	6	6	6		
								3	3	3	7	3		
					1	1	1	1	1	1	1	1		
1	1	1	1	1	1	1	1	2	2	2	2	2		
1	1	1	1	1	1	1	1	2	2	2	2	2		
14	14	14	13	13	12	12	18	26	26	26	35	28		
						1	1	2	2	2	2	1		
56	56	60	60	60	60	60	65	69	73	75	75	62		
2	3	3	3	3	3	3	4	5	5	5	5	5		大正５年まで番長、以後副長
79	80	84	83	83	83	84	96	117	121	123	136	111	官制廃止	
1	1	1	1	1	1	1	1	1	1	1	1	1		
4	4	4	4	4	4	4	4	6	6	6	6	6		
								4	4	4	7	3		
					1	1	1	1	1	2	2	2		
1	1	1	1	1	1	1	1	2	2	2	2	2		
1	1	1	1	1	1	1	1	2	2	2	2	2		
14	14	14	13	13	12	12	18	29	29	29	38	31		
						1	1	2	2	1	1	1		
56	56	64	64	66	66	66	72	78	82	88	88	76		
2	4	4	4	4	4	4	6	7	7	7	7	7		大正５年まで番長、以後副長
79	81	89	88	90	90	91	105	132	136	142	154	131		
15 勅 159	昭和 6 勅 74	7 勅 230	7 勅 320	8 勅 303	9 勅 156	11 勅 363	11 勅 436	12 勅 216	13 勅 752	15 勅 557	17 勅 145	17 勅 767	22 政 4	備考

掲載した。
した。

【表 7】貴衆両院事

	勅令	明治23勅121	24勅99	24勅206	26勅165	30勅349	31勅307	36勅255	43勅132	大正2勅135	5勅148	7勅147	8勅178	9勅431	10勅211	12勅253	13勅390
貴族院	書記官長	1	1	1	1	1	1	1	1	1	1	1	1	1	1	1	1
	書記官	10	8	8	6	6	5	4	4	3	3	4	4	4	4	4	4
	試補	2															
	事務官																
	理事官																
	速記士												1	1	1	2	1
	守衛長			1	1	1	1	1	1	1	1	1	1	1	1	1	1
	属	20	15	15	15	15	12	12	11	10	10	12	12	12	17	15	14
	技手																
	速記技手					25	25	23	20	18	18	30	29	29	39	42	40
	守衛副長（番長）			3	3	3	3	3	2	1	1	1	1	2	2	2	2
	合計	33	24	28	26	51	47	44	39	34	34	49	49	50	65	67	63
衆議院	書記官長	1	1	1	1	1	1	1	1	1	1	1	1	1	1	1	1
	書記官	10	8	8	6	6	5	4	4	3	3	4	4	4	4	4	4
	試補	2															
	事務官																
	理事官																
	速記士												1	1	1	2	1
	守衛長			1	1	1	1	1	1	1	1	1	1	1	1	1	1
	属	20	15	15	15	15	12	12	11	10	10	12	12	12	17	15	14
	技手																
	速記技手					25	25	23	20	18	18	30	29	29	39	42	40
	守衛副長（番長）			3	3	3	3	3	2	1	1	1	1	2	2	2	2
	合計	33	24	28	26	51	47	44	39	34	34	49	49	50	65	67	63
	勅令	明治23勅122	24勅100	24勅207	26勅166	30勅350	31勅308	36勅256	43勅133	大正2勅136	5勅149	7勅148	8勅179	9勅432	10勅212	12勅254	13勅391

註：昭和 8 年第 303 号勅令は衆議院事務局のみ対象としており、貴族院の数値は参考として
典拠：『議会制度百年史　資料編』、390 ～ 392、399 ～ 401 頁より作成。合計値の誤りは修正

九月）[17]。事務局内における各課の一部職掌を変更し、また会計課が掌っていた守衛部門が守衛部として独立し、五課一部へと改編された（第七条第一項）[18]。同年一二月、衆議院も同じく五課一部へと改めたが、改組はそれぞれのタイミングで行われていた。その後、両院事務局が独自の課を設ける方向へ変化したのは明治二九年のことである。この時、衆議院事務局は五課から議事課、委員課、庶務課の三課に改めたが、貴族院側はこれに追従することはなかった。新聞紙上ではこの時の様子を次のように報じている。

衆議院事務局章程改正の際に於て貴族院に交渉したるも、同院ハ尠しく躊躇する処ありたるを以て衆議院ハ単独に之を断行したるが、貴族院ハ衆議院に比較して事務閑散なれバ局課を縮少するも格別差支なきを以て早晩改正するの見込にて目下夫々取調中なりと[19]

この記事によれば、衆議院側は貴族院と歩調を合わせるつもりだったものの、貴族院側はそれを受容せず衆議院単独の改正となった。しかし、貴族院事務局の事務は「閑散」としているので、事務局「縮少」について独自に検討中、ということになる。明治三一年の事例となるが、書記官の定員が六名から五名へと減少することについて、貴族院書記官・金山尚志が次のような所感を残している。

官制改革之結果トシテ書記官一員ヲ減セサルヘカラス、実ニ気ノ毒ナリシ、余ヲシテ之ヲ言ハシムレハ書記官ハ三人ヲ以テ美事事務ヲ整ヒ得ヘシ、五人ハ尚ホ贅沢ノ至ナリ[20]

金山は、貴族院事務局に勤務する書記官は三名で事足り、五名は「贅沢ノ至」とまで言い切っていた。貴族院事務局の局課縮小は、明治三二年一〇月四日に実行された。貴族院事務局章程は貴族院事務局分課規程へと名称が改められ、金山の起草により議事課・庶務課の二課体制となった[21]。ここでの変化を簡潔にまとめれば、編纂課・速記課に関する業務を議事課が、会計課・守衛部に関する業務を庶務課が吸収することとなった。

しかし、少数の課による業務に弊害があったのか、衆議院事務局は明治三三年三月に秘書課、速記課、警務課を加えた六課へとその組織を改めた。遅れることおよそ二年半、貴族院事務局も明治三五年一一月一四日の改正により議事課、委員課、速記課、庶務課の四課体制へ移行した。この経緯の詳細は不明だが、貴族院事務局は衆議院と同様に委員課を設置するも、秘書課や警務課は設置しないという判断をした。ちなみに、貴族院事務局において警務課は昭和一二年六月に設置されるが、秘書課は最後まで置かれることはなかった。その理由としては、後述する議長付書記官の存在が大きな要因と考えられる。今回設置された委員課は、委員会の会議に関する事項（第一項）、請願・資格審査・選挙争訟に関する事項（第二項）、委員会関係の文書編纂など（第三、四項）が主な任務であった。すなわち、議会において増加する委員会や貴族院議員の資格審査、選挙争訟に関する業務を担う課として議事課から独立させたのである。

大正二年勅令第一三五号により書記官の定員が三名へと減員となり、それにあわせて大正二年六月から大正七年六月の間は速記課が廃され、議事課が速記業務を取り扱う時期もあった。その後、昭和一二（一九三七）年六月に調査課・警務課ができるまでの間、貴族院事務局は書記官長一名と書記官四名による四課体制が続いた。判任官については、議会の繁忙を受けてか、大正期後半より属や速記技手の定員が増加し、速記課に速記士が設けられ、傍聴人や議場内外の混乱に備えて守衛副長も増員されていった。

3　職員配置の特徴

続いて、【表8】、【表9】をもとに職員配置の特徴を概観する。この二つの表は『貴族院事務局史』、および毎年通常議会開始直前に編纂される『貴族院要覧』に掲載された「現在職員一覧」などをもとに作成したものであり、書記官、試補および判任官である属を対象としている。各書記官はそれぞれの課に配属され、基本的に貴族院事務局以外の別機関に異動するか書記官長に昇任するまで一つの課を継続して務めることが多かった。

代の書記官配置

会計課				速記課				編纂課				
長	書記官	属	合計	長	書記官	属	合計	長	書記官	試補	属	合計
西山真平	0	6	7	河田烋	0	3(2)	4(2)	斎藤一馬	0	1	3	5
西山真平	0	4	5	河田烋	0	1	2	斎藤一馬	0	0	1	2
西山真平	0	4	5	河田烋	0	1	2	斎藤一馬	0	0	0	1
西山真平	0	4	5	河田烋	0	0	1	斎藤一馬	0	0	3(1)	4(1)
西山真平	0	4	5	河田烋	0	0	1	(河田烋)	0	0	2	3(1)
西山真平	0	4	5	河田烋	0	0	1	山本兼太郎	0	0	2(1)	3(1)
山本兼太郎	0	4	5	河田烋	0	0	1	(山本兼太郎)	0	0	3(2)	4(3)
阪本釤之助	0	4	5	河田烋	0	0	1	(阪本釤之助)	0	0	3(1)	4(2)
(河田烋)	1(1)	4	6(2)	河田烋	0	0	1	小原新三	0	0	2(2)	3(2)

以降の書記官配置

		速記課						庶務課			
属	計	長	書記官	速記士	属	速記技手	計	長	書記官	属	計
								金山尚志	1(1)	7(1)	9(2)
								金山尚志	1(1)	6(1)	9(3)
								金山尚志	2(2)	6	9(2)
1	2	仙石政敬	1	−	0	24	26	金山尚志	1	6	8
1	2	仙石政敬	1	−	0	23	25	金山尚志	1	5	7
*	*	仙石政敬	1(1)	−	*	*	*	金山尚志	1(1)	*	*
*	*	仙石政敬	0	−	*	*	*	金山尚志	1(1)	*	*
2	5(2)	東久世秀雄	1(1)	−	0	21	23(1)	仙石政敬	1(1)	6(2)	8(3)
2	5(2)	東久世秀雄	0	−	0	20	21	宮田光雄	1(1)	6(2)	8(3)
*	*	東久世秀雄	1(1)	−	*	*	*	宮田光雄	1(1)	*	*
*	*	東久世秀雄	1(1)	−	*	*	*	宮田光雄	1(1)	*	*
1	4(2)	東久世秀雄	1(1)	−	0	20	22(1)	宮田光雄	1(1)	7(2)	9(3)
2(1)	5(3)	東久世秀雄	1(1)	−	0	19	21(1)	宮田光雄	1(1)	7(2)	9(3)
2(1)	5(3)	東久世秀雄	1(1)	−	0	20	22(1)	宮田光雄	1(1)	7(2)	9(3)
2(1)	5(3)							宮田光雄	0	7(2)	8(2)
2(1)	5(3)							宮田光雄	0	6(2)	7(2)
2(1)	5(3)							宮田光雄	0	6(2)	7(2)
2(1)	6(3)							宮田光雄	0	6(2)	7(2)
4(1)	8(4)							宮田光雄	0	6(2)	7(2)
4(1)	9(5)	長谷川赳夫	0	−	0	20	21	宮田光雄	1	7(2)	9(2)
4(1)	8(4)	長谷川赳夫	3(3)	1	0	24	29(3)	長世吉	0	8(2)	9(2)
4(1)	6(2)	小林次郎	4(4)	1	0	27	33(4)	長世吉	1(1)	8(2)	10(3)
4(1)	6(2)	小林次郎	3(3)	1	0	31	36(3)	長世吉	1(1)	8(2)	10(3)
5(1)	7(2)	小林次郎	3(3)	1	1	31	37(3)	長世吉	1(1)	8(2)	10(3)
5	7(1)	小林次郎	3(3)	1	1	30	37(3)	長世吉	1(1)	7(1)	9(2)
5	7(1)	小林次郎	3(3)	1	1	33	39(3)	長世吉	1(1)	6(1)	8(2)
4	6(1)	小林次郎	3(3)	1	1	33	39(3)	長世吉	1(1)	6(1)	8(2)
4	7(1)	小林次郎	3(3)	1	1	38	44(2)	長世吉	1(1)	5(2)	7(3)
4(1)	8(4)	小林次郎	4(4)	1	1	42	49(4)	長世吉	2(2)	8(2)	11(3)
4(1)	8(4)	小林次郎	4(4)	1	1	43	50(4)	長世吉	2(2)	8(2)	11(3)
4(1)	8(4)	小林次郎	4(4)	0	1	40	46(4)	長世吉	2(2)	8(2)	11(3)
3(1)	7(4)	小林次郎	4(4)	1	1	43	50(4)	長世吉	2(2)	7(2)	10(3)
3(1)	6(3)	(小林次郎)	3(3)	1	1	46	52(4)	小林次郎	1(1)	7(2)	9(3)
3(1)	8(5)	角倉志朗	3(3)	1	1	48	54(3)	小林次郎	1(1)	7(2)	9(3)
3(1)	8(5)	角倉志朗	3(3)	0	1	50	55(3)	小林次郎	1(1)	7(2)	9(3)

【表 8】五課時

	書記官長	議事課					庶務課			
		長	書記官	試補	属	合計	長	書記官	属	合計
明治 23 年 12 月	金子堅太郎	矢代操	6(1)	1(1)	6(1)	14(3)	金山尚志	0	6(1)	7(1)
明治 24 年 12 月	金子堅太郎	太田峰三郎	3	0	5(1)	9(1)	金山尚志	0	5(1)	6(1)
明治 25 年 12 月	金子堅太郎	太田峰三郎	3	0	6(1)	10(1)	金山尚志	0	5(1)	6(1)
明治 26 年 12 月	金子堅太郎	太田峰三郎	3	0	8(2)	12(2)	金山尚志	0	4(1)	5(1)
明治 27 年 12 月	中根重一	太田峰三郎	4	0	6(2)	11(2)	金山尚志	0	5(1)	6(1)
明治 28 年 12 月	中根重一	太田峰三郎	4(1)	0	7(2)	12(3)	金山尚志	0	4(1)	5(1)
明治 29 年 12 月	中根重一	太田峰三郎	4(1)	0	5	10(1)	金山尚志	0	4(1)	5(1)
明治 30 年 12 月	中根重一	太田峰三郎	4(1)	0	4	9(1)	金山尚志	0	3	4
明治 31 年 11 月	中根重一	浅田知定	5(4)	0	5	11(4)	金山尚志	0	2	3

註：各課の合計は課長を含んだ人数であり、(　) 内は兼任数を示す。
典拠：明治 23 年～明治 30 年までは『貴族院事務局史』、明治 31 年は『貴族院要覧』より作成。

【表 9】二課時代

	書記官長	議事課						委員課		
		長	書記官	試補	属	速記技手	計	長	書記官	試補
明治 32 年 11 月	太田峰三郎	河田烋	2	0	6	17	26			
明治 32 年 12 月	太田峰三郎	河田烋	3	0	6	21	31			
明治 34 年 11 月	太田峰三郎	小原駩吉	4	0	6	22	33			
明治 35 年 11 月	太田峰三郎	小原駩吉	2(2)	0	5		8(2)	小原新三	0	0
明治 36 年 12 月	太田峰三郎	小原駩吉	2(2)	0	5		8(2)	小原新三	0	0
明治 37 年(職員録)	太田峰三郎	小原新三	2(1)	0	*		*	猪木土彦	0	0
明治 38 年(職員録)	太田峰三郎	小原新三	1	0	*		*	猪木土彦	0	0
明治 39 年 12 月	太田峰三郎	小原新三	3(2)	0	5(1)		9(3)	宮田光雄	2(2)	0
明治 40 年 12 月	太田峰三郎	仙石政敬	3(3)	0	5(1)		9(4)	河井弥八	2(2)	0
明治 41 年(職員録)	太田峰三郎	仙石政敬	3(3)	0	*		*	河井弥八	2(2)	0
明治 42 年(職員録)	太田峰三郎	仙石政敬	3(3)	0	*		*	河井弥八	2(2)	0
明治 43 年 12 月	太田峰三郎	仙石政敬	3(3)	0	4(1)		8(4)	河井弥八	2(2)	0
明治 44 年 12 月	太田峰三郎	仙石政敬	3(3)	0	4(1)		8(4)	河井弥八	2(2)	0
大正元年 12 月	太田峰三郎	仙石政敬	3(3)	0	4		8(3)	河井弥八	2(2)	0
大正 2 年 12 月	太田峰三郎	東久世秀雄	3(3)	0	4(1)	18	26(4)	河井弥八	2(2)	0
大正 3 年 12 月	柳田国男	(河井弥八)	2(1)	0	4(1)	18	25(3)	河井弥八	2(2)	0
大正 4 年 11 月	柳田国男	成瀬達	2(2)	0	4(1)	18	25(3)	河井弥八	2(2)	0
大正 5 年 12 月	柳田国男	成瀬達	2(2)	1(1)	4(1)	16	24(4)	河井弥八	2(2)	1
大正 6 年 12 月	柳田国男	成瀬達	2(2)	0	3	18	24(2)	河井弥八	3(3)	0
大正 7 年 12 月	柳田国男	成瀬達	3(3)	0	3		7(3)	河井弥八	4(4)	0
大正 8 年 12 月	柳田国男	成瀬達	2(2)	0	3		6(2)	河井弥八	3(3)	0
大正 9 年 12 月	河井弥八	成瀬達	3(3)	0	3		7(3)	瀬古保次	1(1)	0
大正 10 年 12 月	河井弥八	成瀬達	3(3)	0	3		7(3)	瀬古保次	1(1)	0
大正 11 年 12 月	河井弥八	成瀬達	3(3)	0	3		7(3)	瀬古保次	1(1)	0
大正 12 年 12 月	河井弥八	成瀬達	3(3)	0	2		6(3)	瀬古保次	1(1)	0
大正 13 年 12 月	河井弥八	成瀬達	3(3)	0	2		6(3)	瀬古保次	1(1)	0
大正 14 年 12 月	河井弥八	成瀬達	3(3)	0	2		6(3)	瀬古保次	1(1)	0
大正 15 年 12 月	成瀬達	(長世吉)	2(2)	0	2		5(3)	瀬古保次	2(1)	0
昭和 2 年 12 月	成瀬達	瀬古保次	2(2)	0	2		5(2)	山本秋広	3(3)	0
昭和 3 年 12 月	成瀬達	瀬古保次	2(2)	0	2		5(2)	山本秋広	3(3)	0
昭和 4 年 12 月	成瀬達	瀬古保次	2(2)	0	2		5(2)	山本秋広	3(3)	0
昭和 5 年 12 月	成瀬達	瀬古保次	2(2)	0	2		5(2)	山本秋広	3(3)	0
昭和 6 年 12 月	長世吉	瀬古保次	1(1)	0	2		4(1)	山本秋広	2(2)	0
昭和 7 年 12 月	長世吉	瀬古保次	3(3)	0	2(1)		6(4)	近藤英明	4(4)	0
昭和 8 年 12 月	長世吉	瀬古保次	2(2)	0	2		5(2)	近藤英明	4(4)	0

註：各課の合計は課長を含んだ人数であり、(　) 内は兼任数を示す。
典拠：『貴族院要覧』各版。明治 37、38、41、42 年度は『職員録』(甲) のため属などは不明。

【表8】は五課時代の職員配置である。金子堅太郎や中根重一が書記官長として差配した初期議会期の特徴は、議事課に多くの書記官・属が配置され、その他は基本的に書記官が務める課長以外は属以下の職員を中心に運営していたことである。このことは、帝国議会黎明期において貴族院事務局が議事の遂行に苦心していたことを傍証するものであろう。この表では割愛したが、速記課は雇や臨時雇の職員を多く配置することで各会期の事務を遂行していた。

【表9】は二課時代以降の職員配置である。太田峰三郎が書記官長となった二課時代は、五課時代と同じく議事課に多くの職員を配していた。明治三五年より委員課・速記課が設けられても書記官や属の配置は最低限に留めた点に特徴がある。また、明治四〇年以降、議事課には他課（長）の書記官を兼任させ、全ての書記官が議事課に配属されるようになった。このことは、議会開会当初から引き続き、太田が議事課の職務を重視していたことが窺える。

大正二年の行政簡素化に伴い書記官、属が削減され、職員配置の妙が問われたのが柳田国男であった。就任当初は三課（議事課・委員課・庶務課）体制のため、速記業務は議事課が担っていたが、速記課復活後は委員課・速記課に兼任書記官を配置することへと動いた。かかる傾向の変化について柳田自身が言及していることはないが、当時委員課長であった河井弥八の日記には、「速記録印刷ニ付書記官長ニ対スル議員ノ不平ヲ耳ニス」[22]、と速記録業務に関して議員側から何らかの「不平」があったことが記されている。大正八年一二月、速記課を兼任する書記官を三名配置したことから、議員の意見や事務フローが組織再編に影響を与えた可能性も考えられる（ただし、柳田は議会開会直前に辞職）。

柳田の後を継いだ河井は初めて書記官から昇任した書記官長であった。河井の任官中は属と速記技手の定員増加が図られた時期であったが、河井は全ての書記官を速記課兼務とし、また速記技手を増員し速記業務の充実を試みる一方、委員課は課長・瀬古保次と兼任書記官一名の配置に留め、属中心の運用へと転換した点に特徴が見いだせる。この委員課縮小路線は河井独自のものであり、成瀬達がのちに書記官長になると、再び委員課に書記官を兼任させることになった。

このように、各課の職員配置には書記官長の意向に加え、事務局フローや議会政治の変化にある程度対応していたものと考えられる。

4　貴族院議長と議長付書記官

両院事務局の分課は先程確認した通りだが、そこには議長付書記官と呼ばれる書記官も存在した。これは貴族院書記官・寺光忠の回想[23]や衆議院議長付書記官に関する赤坂幸一氏の言及[24]があるものの不明な点も多い。寺光は、「私が貴族院におりました頃〔昭和一八年二月から昭和二二年五月〕、議事課長であると同時に議長秘書でもあったわけです。議事課長というのは同時に公の議長秘書官なんです。議長〔松平頼寿〕は私的の秘書もお持ちでしたけれど、私は公の方面の秘書官なんで、従つて議長が議長として行動される場合、お伴としてついて回っていたわけです。議長のまあ側近にいたわけです」、と議長付書記官は議長の公的秘書の役割を担ったと言及した[25]。この回想を手掛かりに、明治期の議長付書記官について整理したい。

各年刊行される『職員録』によれば、衆議院事務局では寺田栄（明治三〇年）、神山閏次（明治三二年）が議長付書記官務めた後（明治三一年は『職員録』（甲）欠本のため不明）、初代秘書課長に神山が就任し、議長付の任務は秘書課が担うこととなった。しかし、新聞では、第一議会より衆議院議長付書記官が設置されていたと報じられた[26]。さらに第二議会以降、斎藤浩躬[27]、佐脇安文、田中隆三が務めていたとされ[28]、『職員録』上では確認できない議長付書記官が存在していたことが窺える。

一方、貴族院には前述の通り最後まで秘書課は置かれず、最初期より議長付書記官が存在した。『職員録』上では小宮三保松が初代議長付書記官であり、明治三三年の小原駩吉が最後となっている。ただし、『貴族院要覧』（明治三二年一一月増訂）の現在職員一覧には議長付書記官の記載はない。時期は遡るが、議長が伊藤博文から蜂須賀茂韶に交替した際（明治二四年）には、「伊藤伯が貴族院議長なりし間ハ特に議長附書記官なるものを置しが、蜂須賀侯ハ別に之を置かず、若し専任者なくてハ不都合なるときハ臨時に設くる事にせり」と報じられ、常に設置されたわけではないことが示唆される。(29) また、明治三一年より貴族院事務局より刊行された『貴族院要覧』(30)をめぐると、明治三一年三月編の現在職員表には「議長附書記官室　書記官（兼）有賀長文」、明治三一年一一月編の現在職員表には、有賀に代わって小原の名前が記載されている。(31) なお、これら二冊の『貴族院要覧』に所収された議事堂の図面には「議長附書記官室」が確認できる。

第三代貴族院議長・近衛篤麿の日記を繙くと、有賀はたびたび「議院用」として近衛と用談を交わしていた。(32) 明治三一年九月一一日、有賀が辞任したことをうけて、小原は議長付書記官を拝命し、近衛に挨拶を述べ、(33) 同月一八日、小原は「午前中当邸〔近衛邸〕に詰居る事」となった。(34) しかし、小原が近衛邸に詰める勤務状況に不具合が生じたのか、小原は議長官舎に移る旨を告げ、近衛はそれを了承した。(35) 以後、近衛が小原と面会した回数は書記官長と同等かそれ以上に頻繁となったが、明治三四年後半以降、近衛は小原と議長官舎で面会した旨しか記さなくなった。明治三四年一一月、小原は河田烋の後任として議事課長に任命されたが、その際、議長付が免じられた形跡はない。しかし、前述の通り『職員録』上では議長付かどうか確認できなくなる。同様に、『貴族院要覧』明治三二年一一月増訂、明治三三年一二月増訂、明治三四年一一月増訂それぞれの現在職員一覧にも議長付書記官の項目は確認することはできない。さらに、先述の「議長附書記官室」は、明治三二年一一月増訂では空室、明治三三年一二月増訂以降は「議長室附属」となっていた。なお、明治四二年一二月増訂の『貴族院要覧』を見ると、議事堂内の部屋割が大幅に変更された。

その後、いつからか判然としないが、仙石政敬が議長付書記官を務め、明治四四年、河井が議長付書記官を命じられたのは序章で示した通りである。河井は明治四四年五月一日に議長付書記官を承諾し、以後、瀬古保次が後任の議長付書記官となる大正九年一一月一一日までその任を全うすることとなるが[36]、『職員録』、『貴族院事務局要覧』のどちらにもその情報は掲載されていない。

右の検討と【表8】、【表9】を併せると、先程紹介した寺光の回想――議事課長は同時に議長付書記官――は必ずしも明治・大正期には当てはまらないことがわかる。具体的に言えば、河井と瀬古は委員課長時に議長付書記官であった。しかし、貴族院が衆議院のように秘書課を置かず、議長付書記官が秘書的役割を担っていたことは、第二節で見ていくように家達と柳田の激しい対立につながることとなる。

第二節　徳川家達と柳田国男

1　不和の拡大

大正八（一九一九）年四月一六日、徳川家達貴族院議長は原敬首相に対し、文官任用令改正の話とあわせて、「貴族院書記官長の如き内閣の更迭毎に更迭ありては迷惑」であるが、「現任書記官長は事務に冷淡なるの傾ありて議員間の評判も宜しからざるに付一考を乞ふ」と要求した。これに対して原は、「両院書記官長の如きは典例に明かにして公正に事務を取るを要す」るので、更迭の話は勘考すると返答した[37]。

そこで、河井弥八の日記を遡ってみると、家達と柳田国男との齟齬は少なくとも大正七年五月には見いだせる。宮田光雄貴族院書記官を転出させることについて河井から依頼を受けた家達は、「翰長不在ニ不拘決然承諾を与へ」、自ら勝田主計大蔵大臣へと談判した[38]。河井から遅れて事情を聴いた柳田は家達や勝田や市来乙彦大蔵次官と意見の調整をすることとなった[39]。家達が柳田と相談せず「承諾」を与えたことで一連の人事は難航し、結局この時宮田の転任は見送られた。その後、柳田は家達を訪問し「意思疎通」を行ったと河井は記しているが[40]、書記官の人事権を持つ書記官長・柳田は家達の独断に振り回される形となり、そのプライドは大きく傷つけられる形となった。ちなみに、宮田が福島県知事となり転出するのは翌年六月である。

大正七年七月、家達は長男・家正が書記官として勤務する北京公使館を訪問した後、その足で中国視察を行うことを企図し、その計画作成を河井に命じた[41]。河井は関係各所を奔走し準備を整えるも、家達夫人・泰子の病気により訪中は中止となった[42]。柳田は河井に対して随行を命じるつもりであったが[43]、家達が渡航を見合わせた後、柳田は河井に単独での中国出張を命じた。しかし、家達はそれに承諾を与えなかったため、河井の出張は白紙となった[44]。これらの経緯に対して、柳田は家達が公務ではなく、自らの都合で書記官の出張を振り回したと判断し、「議長ノ態度ヲ快シトセス」と不快感を示し、これに対して河井も「結果面白カラス」と気分を害することとなった[45]。なお、この柳田の出張命令は先述した貴族院事務局官制に則ったものであることには留意したい。このように家達と柳田の間の行き違いが増していった頃、冒頭で引用した柳田に対する河井の忠告（一〇月二日）があった。なお、家達の中国旅行は、翌年三月、再び河井に計画作成を命じるも[46]、泰子の甥である津軽英麿が死去したため再び延期となった[47]。

家達が原に柳田の件を訴えた後の大正八年四月二八日、河井は家達から「柳田翰長進退問題ニ付議長ノ真意」を聞かされた。河井は「議長ノ好意ニハ翰長モ感謝スルナラン」と判断するも、柳田を訪問すると「未議長ノ真意ヲ伝フルニ至ラス、是レ両方ノ考ニ多大ノ距離アルヲ以テナリ、大ニ焦慮」することになってしまった。[48] これらの具体的な内容は不明だが、河井の想像を超える懸隔があったのだろう。その後、柳田は議会閉会中を利用して九州に出発した。[49] 河井は家達から「柳田翰長ニ対スル態度、原首相ニ対スル要求、後任者ノ物色」の相談を受けており、[50] 家達の柳田に対する感情は確実に悪化していく一途であった。その直後の五月一〇日、衆議院が火災に遭い、柳田は大分県より急遽帰京した。[51] この時、柳田が九州旅行のためすぐに駆けつけることができなかったことが、家達をはじめ、貴族院の人たちの柳田に対する心証を悪くしたと言われるが、[52] 少なくとも河井の日記にはそのような記述は見当たらない。

2　対立の激化と問題の波及

永井氏が指摘したごとく、倉富勇三郎の耳に家達と柳田の不仲の話が伝わるのは四月二一日であった。[53] 倉富の日記には、杉栄三郎（宮内大臣官房調査課長）が東久世秀雄（内蔵寮事務官・主計課長）から聞いた、「徳川には気に入る人か、又は嫌ひの人か二種あるのみにて中間の人はなく、柳田も近来は第二種となり、書記員某（宮田光雄なりしか、河井弥八なりしか）第一種となり居れり」との話も記述されていた。[54] 東久世は明治三九（一九〇六）年一二月から大正三年七月まで貴族院書記官を務めており、家達の性格を知悉していたのだろう。家達の性格をはっきりと言及しており興味深い。

旧幕臣の出で家達と近しい法制官僚・岡野敬次郎は、波多野敬直宮相に対して柳田を宮内省図書頭とすることを依頼するも、波多野は柳田の登用を渋った。[55] その後、倉富が柳田に問い質したところ、家達との不仲や岡野が自身の転任を画策していることを認めた。[56] そのうえで、柳田自身は辞職する決意はあるものの、しばらくは辞表を出さず家達を困惑させることを告げた。

【表10】河井弥八メモ

	日付	概要
①	9月3日	柳田面会メモ
②	9月15日	宮田光雄宛河井書翰（控）
③	9月23日	柳田面会メモ
④	9月30日	家達宛柳田書翰メモ
⑤	10月3日	岡野敬次郎面会メモ
⑥	10月8日	柳田面会メモ
⑦	10月9日	家達宛柳田書翰メモ
⑧	10月9日	某氏面会メモ
⑨	10月9日	石渡敏一面会メモ
⑩	10月10日	黒田長成面会メモ
⑪	10月12日	家達面会メモ
⑫	10月16日	長世吉面会メモ
⑬	10月21日	黒田面会メモ
⑭	10月29日	平山成信面会メモ
⑮	12月2日	宮田面会メモ
⑯	12月3日	宮田面会メモ
⑰	12月3日	山内長人面会メモ
⑱	12月5日	山内電話メモ
⑲	−	大正7年5月25日〜大正8年10月9日関連メモ
⑳	−	大正8年10月13日〜12月3日関連メモ

註：本表における①〜⑳の史料、および「概要」は筆者が行論の便宜上付し、時系列に並べたものである。同日のメモについては、河井日記の記述順に従った。
典拠：「メモ類」（「河井家文書」A－一括）より作成。

一方、家達は中国視察計画を再開し、再度河井に日程作成を命じた。(57) それと並行して河井は柳田と面会し「将来ノ進退」を聴取した。(58) そこで柳田から漏らされた不満のメモが①（①〜⑳は【表10】に対応）である。柳田は家達の「偏狭我侭ニシテ自ラ公明ヲ装フモ窃ニ陰険手段ヲ弄ス」点が我慢ならず、かつて書記官長であった太田峰三郎も家達の態度に「大ニ困惑」したという。柳田は近日中に辞職し、「従来ノ情弊ヲ一掃セム為一切ノ弊害ヲ公表」するつもりであり、他方、書記官長の後任は牛塚虎太郎内閣統計局長と予想されるため、河井も自身の進路を考慮するように促した。さらに、柳田は河井が家達に対して「君カ議長ニ対スル態度ハ余リニ自己ヲ没却ス、是レ宋襄ノ仁ナリ、最モ戒慎ヲ要ス」、と河井が献身的に家達を支え続けている態度に釘を刺し、家達の中国旅行に同伴することを禁止した（以上①）。柳田の眼には家達が議長付書記官を私的な活動にも随伴させていると映っており、公私を分別しない家達の態度が許せなかったのであろう。

その後、河井は旅程の打ち合わせの中で家達から柳田問題について「下問」を受け、(59) 一方、河井は①をもとに宮田に相談の手紙（②）を送った。その書翰では、柳田が九月末または一〇月上旬には「引退」するつもりだが、自ら辞表は提出するつもりはなく、「引退」時には「従来の情弊」を一切公表する予定という。加えて、家達は柳田よりも河井を「可愛く思ふ故畢竟自分〔柳田〕今日の境遇ニ臨む」ことになったが、家達の中国旅行に随従するような行為は「余りニ旧思想ニ囚はれたるの感」があり、謝絶すべしと述べていたことが記されている。河井は自身の処遇はともかく、柳田が家達との問題を公表することを強く危惧していた（②）。ちなみに、牛塚の件は南弘文部次官による画策とも言われていた[60]。

九月二三日、河井は再度柳田と対面し「身上ニ関スル件ヲ聴」いた[61]。柳田は今回の件について、河井に家達との談判の取次を頼むも河井はそれを拒否した。そこで柳田は自ら談判に赴くこととし、逆に河井に「結局迄中間ニ干入スルコトナカランコト」を望み、河井もそれを応諾した。柳田は岡野と同じく旧幕臣出身の石渡敏一にも同様に不介入を望む書翰を送付したという。そして、柳田は事後の証拠とするため、また直接対峙すると家達を罵倒するおそれがあるゆえ、家達との談判は文書で行うことを希望した（③）。両者の深甚な対立に直面した河井は「翰長問題ニ付熟思」せざるを得なくなり、「不眠甚シク頭痛」に悩まされることとなった[62]。

その後、家達の命により、成瀬達貴族院書記官は、柳田に対して河井の中国出張を要求し[63]、家達は河井に同伴を申し渡した[64]。だが、柳田は河井への出張命令を出すことを拒否したため、家達は河井を通じて柳田の意図を探るよう指示した。これに対して、柳田は河井の出張を認めると書記官が少数となるため事務に差し支えが出ると回答した[65]。ただし、それは表向きの理由で、前述したように柳田は家達が議長付書記官を私的目的のために働かせることを嫌っていた。それを裏付けるのが、九月三〇日付で家達に宛てた柳田書翰である。その柳田書翰を家達から見せられた河井が残したメモが④である。そのメモには、柳田が「陰ニ徳川公ヲ輔クル為」であった自らの功績を示したうえで、恩義のある柳田を「陰然排斥スルハ何事ソヤ」と訴えていたことが記されていた。また、柳田自身は宮田の転任問題が発生した昨年五月以来、退職する意思を有していたが、家達が書記官を「三太夫」のごとく使っているため、「真ニ之ヲ弁別シ得ルマテハ其職ニ留マルコトニ決心」したと述べている。無論、河井の中国出張は反対である。そして、かかる家達の言動を明確にするために文書を二部作成し、厳封のうえその一部を「親友一名ニ寄託」したという（以上④）。さらに、柳田は「議長支那へ出張不能ニ終ルヘシ」と家達の計画頓挫を図るような発言も行っていた[66]。

結局、柳田の「妨害」もあって河井は家達に随従することなく旅程の計画を立てるのみとなった。それと並行して、一〇月三日、河井は岡野と面会した。岡野は宮田の人事一件以来の家達の態度、柳田の宮内省への転任の可否、柳田への対応について河井と意見を交換した。両名は、柳田書翰に対して家達は「全然沈黙ヲ守ル」べきことを上策とし、柳田が談判に訪れた際には「沈黙シ且熟考」するとのみ答える方針を確認した（以上⑤）。

一〇月八日、河井と面会した柳田は、書記官長の後任は河井ではなく貴族院議員・山之内一次であること、家達が中国へ旅行に行けば「事件ヲ一層紛糾」させること、家達に対して書翰を送付したこと、および「一切ノ関係書類」はいずれの機会に発表するつもりで、その方法については黒田長成副議長へ詳細を報告することを告げた。河井は柳田に対して、手紙を送っても証拠とはならず、かかることは家達と直接面会して話し合うことを勧めるも、柳田は拒否した[67]（以上⑥）。なお、現職の議員が書記官長となることは官制上不可能ではない[68]が現実的には考えにくく、なぜ山之内の名前が登場したのかはわからない。

翌日、新たに家達のもとに届いた柳田の書翰を見せられた河井は、その内容に対して「言語道断」と憤怒した[69]。その理由は、家達が柳田問題の解決を他人に任せて中国に行くことは「不都合」であり、帰国時には「日本国ハ公爵ニ取リテ頗ル住ミ悪キ土地ト化」すと脅し、「他日世人ノ嗤笑ヲ招クニ至ラサルヤウ注意セラレヨ」と書き記されていたからであった（以上⑦）。右の状況を受け、河井は「某氏」と相談し、家達が柳田と対面して「真意」を告げることが家達の「公明」さを保証すると考えるに至った⑧。「議員トシテニ非ス公爵ノ為ニ同情アル人」と河井のメモに記されたこの「某氏」は、日記の記述から考えると平山成信を指すと思われる。[70]その後、河井は岡野と共に対策に苦慮していた石渡と面会し、家達が柳田から書翰を受け取ったこと、河井が柳田に対して直接談判することを勧めたこと、家達が柳田と話をしないことは「卑怯ト看做サレ且公明ヲ欠クノ虞」があることを告げ、石渡も河井の意見に同意した⑨。この間、事情を知った黒田は河井を呼び出して一連の経過を聴取し「将来ノ方針」について意見を交換するなど、貴族院事務局内でも混乱を来していた[71]⑩。

一〇月一〇日、中国旅行の暇乞いに原のもとを訪問した家達は、「貴族院書記官長には甚だ困却すとて彼の反抗的行為を物語り相当の配慮を望む」と善後策を要求し[72]、原も相応の対応を考慮することとなった。家達は一四日に中国へ出発したが、直前まで河井と「翰長事件」について対策を協議した。[73]そこで確認されたことは、（一）黒田に河井が状況説明を行ったこと、（二）加えて柳田に対する黒田の取るべき態度を進言したこと、（三）以後、黒田への説明は宮田が適任であること、（四）内閣より柳田の処遇が発表された場合、世間には家達の意向だと推断されるため、家達の中国旅行中には決着がないように政府に依頼すべきこと、（五）「公明ノ利」があるとして河井が勧説していた家達と柳田との面会について、家達は「熟考但大体不採用」との態度を表す一方、家達が柳田へ返書を送ることは不要であること、（六）高橋光威内閣書記官長には事情を伝えて置く必要はないが、家達が必要と認めた場合、高橋には河井を呼ぶように打ち合わせをしておくこと、（七）家達より柳田を排斥する運動を起こしたならばどうかという勧めに対して、直接辞職を勧告することは、「順序手続上」、および「事務局ノ威信上」最も不可であること、（八）家達の中国出張中における河井と柳田との関係、であった。

以上の諸点に対して、家達は、（一）高橋内閣書記官長より、河井を随伴しないことは「不便」であり、家達は「余リニ遠慮ニ過キ」ると指摘されたこと、（二）原より柳田書翰の照会を依頼されるも断ったこと、また後任の書記官長は牛塚ではないと言われたこと、(三)柳田は家達より返事があることを期待しているということを石渡に告げたこと、(四)山内長人が石渡から「河井ハ左程柳田氏ヲ悪シク思ヒ居ラス」との言を聞いたことを河井に述べた。当然、河井は石渡の話を否定した(以上⑪)。このやりとりから、柳田問題はすでに内閣レベルで議論が本格化していたこと、そして石渡のような家達の周囲にいる人物たちが柳田の扱いに極めて困却していたことが窺える。以上の確認を終えて、一〇月一四日、家達は中国へ出立した。

家達が出国したタイミングを見計らってか、一五日、倉富は再度柳田と会見する。そこで柳田は岡野と会談を拒否したこと、家達に書翰を送付したこと、そして家達の中国視察期間中は辞職することなく居座るつもりであることを告げた[74]。

一六日、黒田を訪問した長世吉貴族院書記官は、「議長カ今回ノ旅行ニ付事務局ヨリ書記官ヲ付セサルハ不可ナルヲ以テ黒田副議長ノ発意トシテ一人ヲ追派スルヤウ書記官長ニ命セラレタシ」と述べ、さらにその適任者は河井であることを進言した。黒田はこの問題は家達と柳田との「感情ノ衝突」にあるため慎重に取り扱う必要があるも、その提言は「最妥当」と認めた[75](⑫)。すでに紹介したとおり、柳田は黒田に辞職問題の裁断を乞うことを求めており(⑦)、黒田の指示ならば柳田も受け入れると長が判断したのだろう。そこで、一七日、黒田は柳田と会見する。だが、柳田は「既ニ一旦決定シタルコトニモアリ且対議長態度中重要ナル点ナルニ由リ今更決定ヲ翻ス能ハス」と回答した。これに対して、黒田は「冷静熟思」を促し、円満な解決を求めることを柳田に告げて会見を終えた(以上⑬)。柳田は一貫して「議長態度」、すなわち議長付書記官を私設秘書のごとく扱う家達の態度に嫌悪を示し続けていた。

さて、一〇月二九日、平山は河井に対して、徳川頼倫、達孝(両者とも家達の弟)が柳田問題を「容易ナラサル事件ト認メ」、原に早期解決を依頼した可能性があることを報告した。河井は、それが誰かの献策によるものではないかと訝しみ、両者の介入は「却テ有害ノ危険」があることを憂慮した（以上⑭）。原に加え、南も頼倫、達孝より柳田への対策を懇願され、西園寺公望にも相談していた。原は、「単純の事と思ひ居たるに随分込入りたる事にて迷惑の至りなれども徳川一族も気の毒に付何とかなさゞるべからず」[76]、と困惑しつつも家達との関係を踏まえて対処する必要を感じていた。徳川家側でも岡野を中心に対策に追われ[77]、達孝は直接原に対して家達と柳田の問題解決を望むなど[78]、事態は拡大していった。

3　柳田の辞職

しかし、一二月になっても状況は硬直したままであった。宮田と面会した高橋は、「案外ノ難問」で、内閣も「安易ニ手ヲ下シ難シ」とその対応に苦慮し、かつ「徳川家一門ノ大問題」ゆえ頼倫、達孝は原に対して「手荒キ処置」のないよう希望を述べたことを告げた。これに対して、宮田は家達の帰国後に内閣が断然たる処置に出ることを「至当」と答え、高橋も原にその旨を伝えると返答した（以上⑮）。一二月三日、宮田と会見した原は、柳田問題は家達の帰朝後、家達の意向を確認し、かつ家達の「強キ決心ヲ表明」することが必要と述べた。それを踏まえて、宮田は河井に向けて、議会開会が間近に迫っており、家達と柳田の関係は「相当ノ信認」を要さねば議会運営に差し支えが出るため、何とか解決方法を探る必要があると助言した（以上⑯）。河井は宮田の意見を確認した後、山内と会見する。山内は、頼倫、達孝は家達を「衷心心配」するゆえ政府に対応を依頼したと判断したものの、その頼倫らに何者かの進言者がいるかは不明であるとの見解を示した。また、今後は次の議会終了までは家達・柳田両者に「隠忍」させた後、柳田には「旨ヲ含」め政府より洋行を命じる算段を立てるも、柳田が受諾しない可能性は高いだろう、と告げた（以上⑰）。この段階では、家達の周囲は柳田を書記官長のままにして通常議会を乗り切るつもりであったことが窺える。

その後、事態は急激に動く。五日、岡野は山内を介し、「本件ノ解決近キニ在ルヲ信スルヲ以テ他人ノ盲動ヲ警シム」と河井の動きを牽制し、河井には家達の早期帰国を促す電報を発することを指示した[79]（⑱）。そして、柳田が辞職するとの報道が新聞記事に掲載された[80]。すぐさま河井は「進退問題」について柳田に確認をとった[81]。さらに、一五日、『万朝報』に柳田辞職問題の一端を暴露する記事が記載された。その記事では、「柳田貴族院翰長更迭問題も、マンザラ嘘ではないらしい、徳川議長との折合の面白くないのが原因で、翰長自身は其直言硬論が、御気に逆らつたと言つて居るやうだが、其外にも色々の経緯があつて、何とか鳧《けり》がつかねば、益す溝渠を深くするやうになるので政府でも大に考慮して居るとの消息がある、尤も一方河井次席書記官との折合問題も挟まつて居るらしいので、事実問題になると喧嘩両成敗で、河井の昇格は六ヶ敷いかも知れぬ形勢ださうな」、と述べられていた[82]。

記事としては噂話程度の扱いで分量も微々たるものであったが、これまで検討してきた柳田問題の裏面を要約し、かつ河井の進退にも言及されたものであった。河井は「万朝報ノ記事ハ翰長ヨリ出テシモノナラム」と判断し、「不快」と書き記した[83]。一七日、家達は帰京したが、この記事はそのタイミングに合わせたものであったと考えられる。これは、柳田が「日本国ハ公爵ニ取リテ頗ル住ミ悪キ土地」とさせるはじめの一手だったのだろう（⑦）。

このような状況の中、研究会の幹部・水野直も動き、原に対して家達と柳田の問題を質問した。水野は研究会の総裁格であった頼倫から報告を受けていたものと思われる。原は柳田の辞職で落着する見込みを水野に語った[84]。家達と柳田の不和は、「其間には徳川の私行に関し種々の事情も之ありて柳田は頑として反抗の由」だったが、横田千之助法制局長官が介入した結果、一二月二一日、柳田の辞職と後任の書記官長は河井にすることが決定された[85]。この「私行」については、書記官の問題だけでなく「婦人問題」もあったとされるが、詳しいことは不明である（⑮）。

一二月二一日早朝、河井は柳田のもとを訪問し、（一）辞表提出の件、（二）辞任の理由公表および事務引き継ぎについて打ち合わせを行い、[86] 柳田は新聞記者に辞職の理由を公表した。柳田は自身の宮内省転任について、「自分は丸で其様な相談を受けたことがな」く、「誠に怪しい風説」であり、家達との不仲についても、「議長も必ず之を否認せらる、こと、思ふ」と述べるも、「此類の流言飛語」の結果、「議員諸君が当てにせられなくなるかと云ふ懸念」があり、「満足な御奉公は六かし」く、身体の不調もあるので辞職を決心したという。書記官長の後任については「人格なり経験なり他に河井君に亜ぐだけの人も一寸無い」と力説し、「従来〔内閣と〕因縁の有る者で無ければ〔書記官長に〕引立てぬと云ふやうな悪評も一掃するに足るであらう」、と内閣との関係が書記官長の任用に影響があると見做されていた点に触れた後、最後に家達との不仲説について、「徳川公の無私公平は既に年来の声明であるから自分が保障するにも及ぶまい」と皮肉交じりに述べた。[87] 柳田は以上のように家達との不仲説を打ち消すように努めたが、その真意が『万朝報』の記事内容にあったことは間違いなく、誰かしらの強い説得があったのだろう。翌日、河井は各書記官に柳田辞職の経過・伝言を通知した。[88] 二三日、河井は原より改めて貴族院書記官長任命を告げられ、家達、黒田両名の同意を得て承諾した。[89] 書記官長となった河井は柳田のもとを訪問し引き継ぎを行い、柳田へ「西洋菓子」を贈った。[90]

かかる経過によって書記官長となった河井に対して、岡野より「訓戒」があった。その内容は、（一）「予〔河井〕ハ柳田氏ノ意見ヲ排シテ議長ニ進言シタルニ一トシテ聴カレサルコトナシト某有力議員ハ直接岡野博士ニ語レリ」、（二）「予〔河井〕ノ選任ハ政府ニ於テモ最適任ト認メタルニ由ルニ非ス」の二点であった。[91] この「訓戒」の解釈は難しいところだが、（一）は家達が河井を極めて寵愛していることに対して、一部の議員に批判があったこと、（二）は河井の任官は家達の強い意向[92]によるものと思われ、河井の行為に釘を刺したごとく、岡野にとって河井の一連の言動が疎ましかった可能性も十二分にある。紆余曲折の末河井は書記官長に昇任したが、晴れて、とはとても言えない状況であったことは間違いない。

小括

帝国議会開幕に先立ち発足した貴族院事務局は、第一議会の実務を経て、事務フローに則した規程へと改編が行われた。そこには貴族院事務局独自の志向も蓄積された。すなわち、同時に成立した衆議院事務局とは徐々にその構成を異にし、両院それぞれの組織へと展開していった。河井弥八が議長付書記官となった明治末から大正中期は、官制改革に伴い書記官が削減され、否応なく書記官たちの職務は増大していた。

貴族院書記官は貴族院事務局での各種事務を行うことがその本務であるが、議長の秘書的な役割を担う議長付書記官も存在した。また、書記官たちは議員の大半を占める華族との付き合いも多く、貴族院事務局はある種華族社会の一部であった。このように多忙な書記官に対して、議長・家達がそれに対して盲目だったわけではない。例えば、各会期終了後には書記官をはじめとする貴族院事務局職員に対して、家達の「御手元」より「手当」が支給されており、家達は彼らを労うことを厭わなかった[93]。

しかし、貴族院事務局が秘書課を置かず、議長付書記官で運用し続けたことは、柳田国男のような人物にとって議長・家達の振る舞いは公私を混同する堪え難いものと映っていたのだろう。また、柳田は宮田光雄の転任問題を引き金に、次第に家達との不和を拡大していった。家達と柳田との間に横たわる感情的な対立は修復の余地もなく、柳田も早い段階から辞意を有していたのだが、家達に対して一矢を報いんがために暴露を企図したり、河井の中国派遣を止めたりと家達への「嫌がらせ」を敢行し、家達側も柳田の執拗な「嫌がらせ」に困惑しきりであった。とはいえ、簡単に柳田の更迭が行われなかった理由の一つとして、内閣が書記官長の人事権を握っていたことを忘れてはなるまい。議長との不仲を理由に書記官長を異動させる、というのは世間からは恣意的な詮衡と映ってしまい、

「事務局ノ威信」(⑪)や原内閣にとっても憂慮すべき人事であった。そのため、決着に時間を要してしまい、徳川家関係者や研究会が原内閣に働きかける事態へと問題は拡大し、しかし内閣にとって事務局の混乱から議会運営に影響が出ては困る、というところで終局を見たのである。

辞職問題に関する柳田の態度について、間に入ることになった河井もたびたび不快感を示していたのは補論で示した通りである。特に議長付書記官となっていた河井は、書記官としての職務に留まらず、公私にわたって家達の活動を支えていた。河井は柳田から「余りニ旧思想ニ囚はれたるの感」(②)、「三太夫」(④)と言われながらも解決に向けて尽力し、そして家達も河井を信頼することでそれに応えた。そして、岡野敬次郎が示唆したように、柳田辞職後の書記官長を選定する際、内閣側と家達側の希望に齟齬があったことが観取される。また、家達が河井を重用し、それに対する少なからぬ反発があったことは間違いなく、家達の寵愛を受ける河井に対する「旧幕臣」岡野や石渡敏一のプライドが透けてみえる。

ただし、柳田は家達が推進する「懇話会」について、「まことに形式ばかりのものなれども先方にも多少の安心が出来、此方も蕎麦をくばられたような感じがある」(94)と日記に記すなど、議長・家達の為すこと全てを否定したわけではなかった。また、家達と柳田の板挟みとなった河井だが、柳田との関係はその後も継続した。(95)大正一〇(一九二一)年になると、河井は貴族院議員より柳田への贈品の取りまとめや勅選議員選出計画を立てるなど、関係修復を図っていた。(96)その過程で河井は家達の諒解も取り付け、(97)家達は原に打診するも柳田の意志もあってか実現には至らなかった。(98)その後も勅選議員選出や肖像画設置の件で柳田に打診を続けていた。(99)結局どちらも実現することはなく、柳田が貴族院とは距離を置き、学問の世界へと没頭していったことは周知の通りである。とはいえ、昭和二九(一九五四)年、参議院議長となった河井が議長公邸で旧貴族院書記官と新旧参議院書記官などを招いた懇親会を開いた際、そこに参加した柳田は「嘉悦満面」であったこともここでは紹介しておきたい。(100)

河井以後、貴族院書記官長の人事は外部からの転任ではなく全て書記官からの昇格人事となった。勅任高等官で内閣により銓衡された貴族院書記官長のポストは、柳田辞職問題を契機に、議長の意向が強く反映される人事となったのではなかろうか。

◆註

(1)「大正七年日記」(柳田国男『定本　柳田国男集』別巻第四〔筑摩書房、一九六四年〕)、大正七年一〇月二日条、三〇五頁。ちなみに、河井の日記には柳田を訪問したとしか記載がない(「河井弥八日記」〔掛川市教育委員会蔵「河井家文書」一三一―一二〕、大正七年一〇月二日条)。

(2) 代表的なものとして、岡谷公二『貴族院書記官長柳田国男』(筑摩書房、一九八五年)、柳田国男研究会編『柳田国男伝』(三一書房、一九八八年)など。

(3) 前掲岡谷『貴族院書記官長柳田国男』、一八五、一八六頁。

(4) 例えば、川田稔『柳田国男――その生涯と思想』(吉川弘文館、一九九七年)。

(5) 永井和「柳田国男、官界を去る」(『立命館文学』第五七八号、二〇〇三年)。

(6) 樋口雄彦『第十六代徳川家達――その後の徳川家と近代日本』(祥伝社、二〇一二年)では岡谷、川田、永井各氏の論考が参考にされている。

(7) 例えば、「貴族院五十年史編纂収集文書」(国立国会図書館憲政資料室蔵)。詳細は大久保利謙『日本近代史学事始め――一歴史家の回想』(岩波書店、一九九六年)を参照。また、オーラルヒストリーとしては『貴族院職員懐旧談集』(霞会館、一九八七年)など。

(8) 例えば、赤坂幸一・奈良岡聰智編『近藤誠治オーラルヒストリー　立法過程と議事運営――衆議院事務局の三十五年』(信山社、二〇一一年)、平野貞夫著、赤坂幸一・奈良岡聰智校訂『消費税国会の攻防一九八七―八八――平野貞夫衆議院事務局日記』(千倉書房、二〇一二年)など。衆議院事務局に関しては、渡邊行男『守衛長の見た帝国議会』(文藝春秋、二〇〇一年)を挙げておく。

（9）前掲『立法過程と議事運営』、v頁。

（10）『貴族院事務局史』は、明治三一年に貴族院事務局から発行された非売品である（以下、『事務局史』と略記）。阪本釤之助（貴族院書記官）を編集長とし、大原光、井上文司（貴族院属）の両名を主任とし、川村種次、辻治太郎、小原新三、人見宜智（貴族院属）、新居敦二郎（貴族院雇）が編纂に携わった。九〇〇頁を超えるこの本は貴族院事務局内の各種規程やその運用例が細かく紹介され、実質的には先例集となっている。この『事務局史』を用いて事務局発行の文書・刊行物などを分析した成果として、葦名ふみ「「国会会議録」前史――帝国議会　議事録・委員会の会議録・速記録・決議録の成立と展開」（『レファレンス』第七四四号、二〇一三年）がある。

（11）なお、明治から大正期に限定する理由は、昭和期に設置される調査課については改めて検討することが必要と判断したからである。

（12）前掲『事務局史』、一～三頁、衆議院・参議院編『議会制度百年史　資料編』（大蔵省印刷局、一九九〇年）、三七九頁。

（13）「議院ニ関スル雑意見書綴（御料地選定ニ関スル議他）」（東京大学大学院法学政治学研究科附属近代日本法制史料センター原資料部蔵「太田峰三郎関係文書」二九）。明治二三年一月二五日、フランス上院議長秘書官アンドレ・J・L・ルボン（André Jean. Louis Lebon）に「英国と大陸諸国と議院書記官の性質を異にせる理由如何」と質問を行っている。

（14）「貴族院事務局衆議院事務局官制ヲ定ム」（国立公文書館蔵「公文類聚・第十四編・明治二十三年・第六巻・官職三・職制章程三」所収、本館–2A–011–00・類00452100）。

（15）なお、衆議院事務局官制（勅令第一二二号）も同内容である。

（16）「貴族院事務局分課ヲ定ム」（国立公文書館蔵「公文類聚・第十四編・明治二十三年・第六巻・官職三・職制章程三」本館–2A–011–00・類00452100）。貴族院書記官長金子堅太郎が内閣総理大臣山県有朋に明治二三年九月一一日付で上申したもの。

（17）明治二四年五月五日、「従来ノ各課諸則ハ議会開会前ノ制定ニ係リ不完全ナルヲ以テ之ヲ更生スルカ為各課長ニ達シ」があったとされる（前掲『事務局史』、九三、九四頁）。

（18）「貴族院事務局ニ守衛部ヲ設ク」（国立公文書館蔵「公文類聚・第十五編・明治二十四年・第六巻・官職二・官制二・官制二（司法省～府庁県）」本館–2A–011–00・類00547100）、明治二四年九月二一日付で貴族院書記官長金子堅太郎が内閣総理大臣松方正義に宛てた上申。

(19)「貴族院事務局章程の改正」『読売新聞』明治二九年九月二九日付朝刊、五頁。
(20)「華南日誌(2)」(福岡市総合図書館蔵「金山尚志資料」二一―一)、明治三一年一〇月二五日条。
(21)「華南日誌(2)」、明治三一年九月一二日条。
(22)「河井弥八日記」(掛川市教育委員会蔵「河井家文書」一三一―一一)、大正八年四月一日条。
(23)前掲『貴族院職員懐旧談集』、二四八、二四九頁。
(24)赤坂幸一「統治システムの運用の記憶――議会先例の形成」(『リヴァイアサン』第四八号、二〇一一年)。赤坂氏は斎藤(水上)浩躬の回想をもとに衆議院議長付書記官について言及している。
(25)前掲『貴族院職員懐旧談集』、二四八、二四九頁。
(26)「衆議院議長附書記官」『東京朝日新聞』明治二四年一〇月一日付朝刊、一頁。
(27)「衆議院議長附書記官」『東京朝日新聞』明治二五年二月六日付朝刊、一頁。
(28)「議長附書記官の後任」『東京朝日新聞』明治二九年一〇月一〇日付朝刊、一頁。
(29)「貴族院の議長附書記官」『東京朝日新聞』明治二四年九月二九日付朝刊、一頁。
(30)『貴族院要覧』各編は国立国会図書館デジタルコレクションで閲覧した。
(31)なお、雇二名(峯源太郎、渡邊常太郎)の名前も併記されている。
(32)例えば、近衛篤麿日記刊行会編『近衛篤麿日記』第一巻(鹿島研究所出版会、一九六八年)、明治二九年一〇月九日条、七三頁など。
(33)近衛篤麿日記刊行会編『近衛篤麿日記』第二巻(鹿島研究所出版会、一九六八年)、明治三一年九月一一日条、一四七頁。
(34)『近衛篤麿日記』第二巻、明治三一年九月一八日条、一四九頁。
(35)『近衛篤麿日記』第二巻、明治三一年一〇月七日条、一六一頁。
(36)「河井弥八日記」(「河井家文書」一三一―一五)、大正九年一一月一一日条。なお、議長付書記官と書記官長の任期が重複している点にも注意したい。
(37)原奎一郎編『原敬日記』第五巻(福村出版、一九六五年)、大正八年四月一六日条、八五頁。
(38)「河井弥八日記」、大正七年五月二五日条。

(39)「河井弥八日記」、大正七年五月二六、二七日条。
(40)「河井弥八日記」、大正七年六月八日条。
(41)「河井弥八日記」、大正七年七月二五日条。
(42)「河井弥八日記」、大正七年九月八日条。
(43)「河井弥八日記」、大正七年七月二六日条。
(44)「河井弥八日記」、大正七年九月一〇日条。
(45)「河井弥八日記」、大正七年九月一一日条。
(46)「河井弥八日記」、大正八年三月七日条。
(47)「河井弥八日記」、大正八年四月五日条。
(48)「河井弥八日記」、大正八年四月二八日条。
(49)「河井弥八日記」、大正八年五月一日条。
(50)「河井弥八日記」、大正八年五月二、六日条。
(51)「河井弥八日記」、大正八年五月一二日条。
(52)例えば、前掲岡谷『貴族院書記官長柳田国男』、一七三、一七四頁。
(53)倉富勇三郎日記研究会編『倉富勇三郎日記』第一巻（国書刊行会、二〇一〇年）、大正八年四月二一日条、一一六頁。
(54)『倉富勇三郎日記』第一巻、大正八年四月二四日条、一二五頁。
(55)『倉富勇三郎日記』第一巻、大正八年六月一六日条、二一三頁、六月二六日条、二三六頁。
(56)『倉富勇三郎日記』第一巻、大正八年七月七日条、二六一～二六三頁。
(57)「河井弥八日記」、大正八年八月三〇日条など。
(58)「河井弥八日記」、大正八年九月三日条。
(59)「河井弥八日記」、大正八年九月一〇日条。
(60)『倉富勇三郎日記』第一巻、大正八年七月七日条、二六三頁。
(61)「河井弥八日記」、大正八年九月二三日条。

(62)「河井弥八日記」、大正八年九月二四日条。
(63)「河井弥八日記」、大正八年九月二五日条。
(64)「河井弥八日記」、大正八年九月二七日条。
(65)「河井弥八日記」、大正八年一〇月一日条。
(66)「河井弥八日記」、大正八年一〇月四日条。
(67)「河井弥八日記」、大正八年一〇月八日条。
(68)昭和二〇年一一月、小林次郎貴族院書記官長は在職のまま勅選議員となった。小林については、尚友倶楽部史料調査室・今津敏晃編『最後の貴族院書記官長　小林次郎日記——昭和二〇年一月一日〜一二月三一日』(芙蓉書房出版、二〇一六年)を参照のこと。
(69)「河井弥八日記」、大正八年一〇月九日条。
(70)「河井弥八日記」、大正八年一〇月九日条。
(71)「河井弥八日記」、大正八年一〇月一〇日条。
(72)『原敬日記』第五巻、大正八年一〇月一〇日条、一五二頁。
(73)「河井弥八日記」、大正八年一〇月一二日条。
(74)『倉富勇三郎日記』第一巻、大正八年一〇月一五日条、三七五、三七六頁。
(75)「河井弥八日記」、大正八年一〇月一六日条。
(76)『原敬日記』第五巻、大正八年一一月二〇日条、一七三頁。
(77)「河井弥八日記」、大正八年一一月四日条。
(78)『原敬日記』第五巻、大正八年一一月二五日条、一七六頁。
(79)「河井弥八日記」、大正八年一二月五日条。
(80)例えば、「上院翰長更迭　近く実現せん」『読売新聞』大正八年一二月六日付朝刊、二頁など。「河井弥八日記」、大正八年一二月八日条。
(81)「河井弥八日記」、大正八年一二月一〇日条。

(82)「机の塵」『万朝報』大正八年一二月一五日付朝刊、二頁。
(83)「河井弥八日記」、大正八年一二月一五日条。
(84)『原敬日記』第五巻、大正八年一二月一二日条、一八九頁。
(85)『原敬日記』第五巻、大正八年一二月二三日条、一九二頁。
(86)「河井弥八日記」、大正八年一二月一一日条。
(87)「柳田翰長辞職　後任は河井書記官」『東京朝日新聞』大正八年一二月二二日付朝刊、二頁。
(88)「河井弥八日記」、大正八年一二月二二日条。
(89)「河井弥八日記」、大正八年一二月二三日条。
(90)「河井弥八日記」、大正八年一二月二八日条。
(91)「河井弥八日記」、大正八年一二月三〇日条。
(92)なお、柳田も原に辞意を申し出た際、後任に河井を推挙している（『原敬日記』第五巻、大正八年一二月二三日条、一九二頁）。
(93)例えば、「河井弥八日記」、大正七年三月二九日条など。
(94)「大正七年日記」『定本　柳田国男集』別巻第四、大正七年一〇月四日条、三〇七頁。
(95)柳田は家達がワシントン会議全権委員として渡米中、河井のもとを訪れ、エスペラントに関する請願書について相談している（「大正十一年日記」『定本　柳田国男集』別巻第四、大正一一年一月七日条、三四九頁、「河井弥八日記」、大正一一年一月七日条）。
(96)「河井弥八日記」（「河井家文書」一―三―八）、大正一〇年四月四日、五月四日条など。
(97)「河井弥八日記」、大正一〇年四月一七日、五月四日条など。
(98)「河井弥八日記」、大正一〇年五月一〇日条。
(99)「河井弥八日記」（「河井家文書」一―三―一三）、大正一一年五月四、五、九日条、「大正十一年日記」（『定本　柳田国男集』別巻第四）、五月五日条、三八五頁。
(100)「河井弥八日記」（「河井家文書」一―三―六三）、昭和二九年一〇月九日条。

第四章　ワシントン会議全権委員への選出とその影響

大正一〇（一九二一）年一〇月、原敬内閣はワシントン会議の全権委員として加藤友三郎海軍大臣、幣原喜重郎駐米大使に加え、徳川家達を派遣した（のちに埴原正直外務次官も追加）。海軍軍縮問題、極東問題、日英同盟問題といった議題が扱われたこの会議において、海相の加藤や駐米大使であった幣原が全権として赴くことは同時代的にも容易に想定されていたが、貴族院議長の家達が全権委員になったことは非常な驚きをもって迎えられた。では、軍人でも外交官でもない華族政治家である家達が全権として有した役割・行動とはどのようなもので、さらには、時の原内閣は、そのような全権・家達に何を期待したのだろうか。本章では、当該期の全権・家達の言動を分析することで、家達がこれまで信条としてきた「公平」がどのように変化していくのか、また家達自身の政治的位置付けを明らかにしたい。

これまで全権・家達の評価は、留学経験による語学力の発揮と、公爵、貴族院議長たる社会的地位を利用した樽《そん》俎《そ》折衝が主な役割であったと述べられてきたに過ぎなかった。(1) 家達の評伝を記した樋口雄彦氏もこの評価に則り、家達が全権委員として発表された時の反応、および旧幕臣らによる送別会の一風景を描写した。(2) 一方、徳川家広氏は、家達は日英同盟廃止論者であり、ワシントン会議全権となったのは同盟を廃止し、アメリカを含めた広域な同盟（四国条約）へと発展させる意図があったと指摘している。[3]

では、同時代の人たちの評価を確認してみたい。当時、貴族院書記官長だった河井弥八は、家達が全権となったことを「政治の当局となった唯一の事歴」と回想した。[4] 同じく全権となった加藤、幣原も家達に好感を持っていたことを回想している。[5] ただし、これらは家達の死去時に述べられたものであり、会議前後の評価と同様とは断言できず、多少なりとも割り引いて考えなければなるまい。

「公平」、「院議」尊重を貫いてきた議長・家達が、ワシントン会議の全権委員となったことは、原内閣の外交・軍縮の方向性を理解し、協力することを意味し、全権として政治的な言動を行うことも義務付けられた。それは、全権・家達の言動に対する毀誉褒貶、すなわち政治的評価が付されることへと直接的に結びつくこととなった。これらは家達の全権としての資質や態度であったり、家達と原内閣の関係への評価と換言できる。

公爵、貴族院議長たる家達が全権となったこと、また、それが原内閣による選出だったことは、必ずしも称賛一辺倒だったわけではなく、家達には原内閣と政治的に対立している人物たちから多くの批判が寄せられることとなった。とりわけ、海軍軍縮に関する家達の「失言」は全権団および国内輿論の混乱を惹起し、一部から家達に対する強い批判が登場した。家達への批判は貴族院の内部からも登場し、帰国時には河井が対策に奔走することとなる。

以上をもとに、本章ではワシントン会議での全権・家達の役割や動向に対する周囲の反応を検討したうえで、この時期の家達の政治的位置付けと、議長・家達の自負する「公平」、「院議」との関係について言及する。具体的には、（一）原内閣が家達を選出する過程と発表後の反応、（二）ワシントンでの家達の言動と海軍軍縮問題における「失言」問題、（三）帰国後の家達の評価を検討する。

第一節　全権委員選出経緯

1　原敬内閣の意図

大正一〇（一九二一）年夏、ワシントン会議の招待を受けた原敬内閣は全権委員の選定を開始した。会議に際して、「目下世間には今回の会議を国難なりとか、危急存亡の秋なりなど論じ、殆んど狼狽の情況を呈したる者」[6]もいる状況の中、全権委員選出は混迷を極めた。例えば、山県有朋、田中義一前陸相、平田東助は外交調査会の一員でもある伊東巳代治を推し、外務省の相談相手にすべきと説くも原敬首相は拒絶していた。[7]また、三浦梧楼は高橋是清蔵相を推すも、原は特に言及せずといったこともあった。[8]

閣外から頻繁に全権人事への介入が行われる中、原は内田康哉外相と相談する。原は「議院関係、殊に貴族院関係に於て日本を離るゝは不可能」であり、内田が渡米できないならば加藤友三郎海相が全権として適任と主張した。これに対して、内田は加藤を正使、幣原喜重郎駐米大使を副使としてさらに陸海軍より一人ずつ、外務省より埴原正直次官、経済界から井上準之助日銀総裁の六名を全権とすることを提案した。[9]なぜ原は自らが全権となることに躊躇したのだろうか。内田の記録には、原の心境が残されている。そこでは、原が自ら渡米すると「今政友会中到底統禦ノ任ニ当リ得ルモノ残念ナガラ皆無」であり、かつ原の不在では「貴族院ニ対シテハ望ナ」く、しかしながら、「此ノ事ヲ口外」できないと悩んでいた。[10]これが原の心の内のようである。

内田との相談をもとに、原は加藤を招き全権委員への就任を説得した。しかし、加藤は斎藤実朝鮮総督を推薦し、自らは断る姿勢を見せた。これに対して原は、斎藤は「従来の事情及び関係も知らざる」人なので全権にはできないと応答し、加藤に再考を求めた[11]。翌日、加藤は原を往訪し全権となることを承諾するも、「英語も十分ならず、且外交上には全く無知識」ゆえ、幣原と「表面は同等」たることを望むと要求した。さらに、「八八艦隊の原則は破りたくなきも、英米との権衡にて如何様にもなすべく考慮」するなど、海軍軍備問題については柔軟な対応を行う見込みを語った[12]。原は「一昨年西園寺〔公望〕も珍田〔捨巳〕牧野〔伸顕〕等と同様にて実際は委員長」であったことを引き合いに[13]、一連の加藤の提案を受け入れ、その後、山県に加藤を全権としたことを報告した。原の報告を受けた山県は、加藤の選出に異存はないが、内田が全権となることが適当ではないか、と再考を迫った。しかし、原は、内田がアメリカに赴けば原自身が外相代理を担うこととなり、「繁忙極まり到底不可能」としてその提案を拒否した[14]。

以上をもとに、原は大正天皇にも加藤を全権とすることを上奏し、残りは幣原に加えて陸・海・外務からそれぞれ選ぶことを報告した[15]。

2　徳川家達の説得

ところが、九月になると他国全権の顔ぶれが判明してきたことで、日本全権の人選にも対応が求められた。内田は「米国に赴く全権加藤幣原のみにて他は専門委員とするも軍人多き感」があるので、「誰か貴族院辺の巨頭を全権の一人となしては如何」と原に提案する。原は、加藤に異議がなければ貴族院議長である家達を選ぶことを告げ[16]、まずは内田から加藤を説得することとなった[17]。この背景には、原が渋沢栄一を全権の一人にしようとしていたが、内田が渋沢は顧問ならばよいと賛成しなかったため、家達が候補に挙がったという経緯があった。内田との協議の結果、原は徳川頼倫（家達の異母弟・紀伊徳川家当主）、慶久（徳川慶喜家当主）と協議したうえで家達の説得にあたった[18]。家達が候補となったのは、アメリカがロッジ（Henry Cabot Lodge）、アンダーウッド（Oscar W.

Underwood）といった上院議員を全権に選んだことが影響していると思われる。

原は青木信光、水野直、黒田清輝といった研究会の幹部と協議し、研究会の総裁格であった頼倫を通して家達を説得する段取りを定めた。[19] この提案に頼倫も同意し、早速家達の説得へと向かった。[20] 九月一五日、頼倫から話のあった家達は原と会談することとなり、家達は家政相談人と協議したうえで返事をすると答えた。この日、原は「大概承諾する事と思はるゝが、果して承諾せば政府の為めにも好都合なれども、徳川一門の為めにも幸福の事」と日記に書き残した。[21] さらに、原は徳川宗家の家政相談人でもある岡野敬次郎にも家達の説得を依頼し、[22] 岡野に加え渋沢、水野も説得に当たった。[23] その甲斐もあり、家達は受諾の意志を見せた。[24] 九月一九日、家達は全権委員承諾の旨を原に報告し、貴族院書記官一名と神田乃武を随員として同伴することを希望した。原は、家達の要望については外務省と協議したうえで返事をすると告げた。[25] その後、原は家達の件を元老に報告した。西園寺は「其手腕を必要とするに非ざれば」異議なしと言い、[26] 山県も「大なる賛成はなけれども異議なし」と返答した。[27] 両元老は手放しで賛成、といったわけではなかったが、海軍や外交といった具体的な専門を有する加藤や幣原のような役割がなく、かつ他国全権団の兼ね合いを考慮すれば特に問題はないと判断したものと思われる。また、先述の原と内田の協議を踏まえると、この家達の選出は、研究会と提携することで実現を企図した貴衆縦断[28]の一環として捉えるべきであり、あわせて、これまで築いてきた原と家達の関係も重要な要因となった。[29]

家達は側近の河井にも全権受諾の件を漏らしていなかったようで、河井は九月二六日になって家達から告げられ、すぐさま渡米の打ち合わせに入った。家達は、貴族院事務局から瀬古保次議長付書記官などを随員とすることを希望し、神田にはすでに随員となることの了解を得たことを河井と確認した。[30]

第二節　全権・徳川家達への反応と期待

1　称賛と批判

大正一〇（一九二一）年九月二七日、原敬内閣は三名の全権および随員を発表した。この日、原敬首相は日記に「世間では徳川の任命を以て頗る意外となしたり、乍去大体好評」と記した[31]。ただし、加藤友三郎と幣原喜重郎とは異なり、「頗る意外」とされた全権・徳川家達に対して賛否両論が発生した。まず、これらを分析することで家達の評価と期待を見ていく。

賛成意見として目立ったのは、「徳川公は貴族院議長として其手腕、経歴、人望共に申分な」しという家達の政治・社会的地位からの評価であった[32]。例えば、松田源治（政友会）は、家達の人格は申し分なく、かつて組閣の大命を降下されたこともあり、「政治家としても正に一流の貫禄を備へて居る」と評した[33]。また、アメリカとの関係から家達の選出に賛成する意見も登場する。例えば、「徳川家と米国外交とは深き因縁を有し米国民一般の気受け好く且つ公は汎太平洋会議会長として太平洋問題にも深き関係を有し居」といった評価に加え[34]、アメリカではタコマ（Tacoma）のように家達を招待したいと外務省に希望していた都市もあった[35]。

次に、政友会内閣が貴族院議長を全権に選んだという視点からの賛成意見を見てみたい。大岡育造（政友会）は、「国民外交の声盛んなる時、政府が深く此点に留意し貴族院側より徳川家達公を選び、衆議院側より横田千之助、林毅陸両君を選びたるは国民外交の実を挙ぐる上に於て確かに其の効大」と述べ、家達が「貴族院議長の要職に在り、又十六代将軍たるべき名門の出」であることは、会議を中心とした「一般社会方面」に対して十分使命を全う

ワシントン軍縮会議に臨む三人の全権。左から幣原喜重郎、加藤友三郎、徳川家達。

し、「多大の好感を以て迎へらるべき」と指摘した(36)。ここで名前の挙がった横田千之助は原内閣の法制局長官であり今回の筆頭随員であった。大岡は貴衆両院議員が全権団に加わることを「国民外交」と位置付けた(37)。

また、研究会の酒井忠亮は、原が家達の出馬を懇請したのは、「貴族院代表の意味に於ては為さゞりしならんも、其影響や結果が事実上に於て貴族院の代表者とも見ゆることが、華府会議に対する国民的の誠意を表示する上に〔於て〕最も可なり、と思考したるにはあらざるか」と推測した。酒井は、家達が「個人」の資格で行くものと理解しながらも、その活動が「貴族院の代表者」として受け止められることを原が重視したものと理解した。さらに、酒井は「徳川議長を海外使節の重任に推薦したるは、国家の重大事に付き貴族院の意志を尊重する意向」と解釈し、「我貴族院の実質的代表的代表者と見做される人物を全権に加ふることは、国民の華府会議に対する誠意を表示するに好都合」であると位置付けた(38)。大岡や酒井のごとく、「貴族院の実質的代表者」である家達が全権に加わることで、「国民的の誠意」を評することができると位置付けたことは、家達の選出に賛成を寄せる議論の特徴である。かかる見方は日本国内に限ったものではなかった。ニューヨークタイムズでも、家達が貴族院議長、すなわち貴族院の代表であるがゆえに帝国議会の態度が看取できるとし、ワシントン会議全権に貴族院議長・徳川家達の名があることは帝国議会の意を汲んだものであると好意的に捉えられていた[39]。

枢密顧問官の一木喜徳郎は、「外交と云へば権謀術数を弄するものと云ふが如き観念は今は時勢後れで公明正大こそ最後の勝利」であり、「公の如き人格者が代表使節たることを引受けられたことは我国の幸福」と述べた[40]。のちに検討するように、家達が「パーティ外交」や新聞記者との会見を重要な役割として課せられていたことを的確に見抜いた人物がいたこともここでは確認しておきたい。

続いて、家達の選出に反対する人物、意見を見ていく。野党・憲政会の関和知は次のように批判する。家達は「国際関係の事情に通じ外交上の経験を有する者とは信ずることが出来ない」ので、「民衆的政治を背景として折衝の局に当るべき現時の外交舞台に於て、貴族院の議長たる徳川公を表面に押立て大共和国の中心たる華府会議に臨ましめ、帝国の権利利益を維持し其の難局を切抜けんことは果して妥当であらうか」と述べた[41]。続いて、同成会（憲政会系）のある勅選議員は、家達が「頃日斯る外交問題を十分に講究されて居たかは疑問」であり、パリ講和会議の西園寺のごとく、全権委員の人選を「実質主義よりも形式に囚はれて銓衡」したとすればそれは失敗に帰するだろうと予想した[42]。これらの意見は、家達に留学経験があるとはいえ外交官としての経験を有さず、また自らの政治的主張を表に出さない家達が全権の任務を全うできるのかという疑義であり、家達批判の中心を占めていた。

賛成意見に登場した家達の出自もここでは問題視された。『読売新聞』社説は、「十六代将軍は何であるか。其の職責を問へば貴族院の代表者である。其の思想を問へば疑ひもなくアリストクラチックである。国民は其の如何なる部分に向つて彼に後援を与ふべきか」、「歴史的門閥の最高位者」ではなく、「別に国民的代表者」を派遣すべきと説き[43]、賛成意見にも出た「国民」の代表が論点として浮上した。出自の点からは島田三郎の指摘もあった。島田は野党・憲政会の一員であり、かつ旧幕臣でもあるため、一個人として言えば「徳川議長は此の任命を辞退すべきではなかったろうかと思ふ」と複雑な心境を吐露した。(44) 島田は、これまで政治の表舞台に登場しなかった家達が突如全権として政治的責任を負う立場になったことに戸惑いを隠し切れなかった。島田と同様の思いを抱いた旧幕臣は多数いたと思われる。

さらに、原内閣による貴族院対策という推測も広がり、それに関する貴族院側からの批判も飛び交った。幸倶楽部のある議員は、貴族院議員の大多数が「何となしに遠慮して大抵の事は議長様の云ふなり次第」なので、原がそこに着眼したのではないかと思考し、議長・家達が全権であるため、貴族院議員はワシントン会議について「嵌口令」を施されたと述べた。そのうえで、全権・家達は「対外的には単に立看板」に過ぎないが、会議終了後、「対内的に其の責任の一半を負はされる」のではないかと予想した。(45) この議論に集約されているように、一部貴族院議員には、家達の選出が原内閣と研究会による貴族院操縦の一端と映ったのである。

ここでは、全権・家達は原内閣による選出であるがゆえ、内閣を支持する政友会や研究会からは高評価で受け入れられ、それに対峙する野党憲政会や、研究会の勢力に押されていた幸倶楽部の議員などが反発した、といった構図が読み取れる。家達の選出が貴族院対策といった見方について、内閣側は新聞紙上でそれを否定していたものの、先述の検討のごとく、原は貴族院対策が必要であることを内田と相談していたことを想起しなければならない。家達が全権となることで政治的な賛否両論を招くことを避けたかった島田の憂慮はすでに現実のものになりつつあった。

以上のような全権・家達への賛否は、これまで「公平」と称されてきた議長・家達への評価とは全く異なる様相を示すこととなった。家達は全権を引き受けたことで原内閣の外交方針に従うこととなり、少なくとも全権・家達には「公平」たる評価が付され得ない状況が登場したのである。しかし、家達はこれまで友好関係を築いてきた原

（政友会）の頼みや頼倫を介した研究会の説得もあり、全権となることを承諾した。交渉の過程を示す具体的な史料こそないものの、議長としてではなく外交の任務であること、および政友会と研究会の支持があれば批判もかわすことができると周囲は説得し、家達もそれに同意したのであろう。また、補論で検討したように、貴族院書記官長・柳田国男との確執を原内閣と研究会の助力をもって解決したことも、今回、家達が受諾した遠因になっていると思われる。

他方、全権・家達は後継首班としての腕試しという見方もあった。例えば三宅雪嶺は、「徳川公は西園寺公の様に期待されてないだけに失敗しても差支ないが、成功すれば期待されてないだけに一層認められ首相の貫目あり」とされ、つまり「徳川公の今度の代表は首相の資格ありや否やの試金石であり、原はそれに依りて後継者を決めやうとする魂胆も含まれて居るもの」との見立てを示した[46]。また、東京商科大学教授で紀伊徳川家の家政相談人でもあった上田貞次郎も、原内閣の後には研究会を中心とした中間内閣たる「徳川内閣」成立を予想していた[47]。

この問題については原の死去もあり、結局のところ原自身がどのように考慮していたかは不明のままに終わった[48]。もちろん新聞の観測記事として信憑性の低いものと理解してもよいが、それだけ家達が全権に選出されたことが想定外だったということの裏返しであり、また、家達が長く貴族院議長の椅子に座っていることによる不満が政界の一部に燻っていたことが看取できるのである[49]。

2　抱負と期待

このように「頗る意外」とされ、賛否両論が発生した全権・家達だったが、本人はどのように受け止めていたのだろうか。家達にとって、自らが全権となることで先述のような批判が生じることは予想の範囲内だったであろう。新聞報道では、家達が「内閣組織のこととは性質も違ふし、もつと国家的であるから実際御奉公するのがよからう」と判断したという。[50]そこで、家達の言葉に耳を傾けてみたい。

表明された家達の決意は「貴族院議長として働くも海外に使節たるも其国家に尽す誠意に於ては何等の渝るところな」い、[51]とこれまでの報道と同様なものであり、かつての大命降下とは異なり、家達にとって受容可能なものと言及した。しかし、家達の「国家に尽す誠意」を実現させるためには、それを支えるスタッフの協力が必要不可欠であった。書記官長の河井弥八は、（一）家達の身辺警備、（二）随員の選定、（三）家達の評判低下への危惧を深めていた。[52]特に、これまで「公平」で「院議」尊重を貫いてきた議長・家達が、全権として会議に関する批判を浴びることで、議会運営に影響を及ぼす可能性を河井は憂慮していた。以後、河井は山内長人と相談して家達の準備を整えることとなる。家達が出発する一〇月一五日の朝、河井は日枝神社で「徳川公爵カ国家ノ為大任ヲ全フシテ無事帰朝セラレムコトヲ祈願」し、家達を見送った。[53]

もちろん、家達自身も周囲の理解と支持を得るため、貴衆両院事務局、各派交渉委員、内閣各大臣、米国大使館員などの挨拶回りを欠かさなかった。[54]そのような中、家達は全権として自らの決心を河井に告げ、新聞記者クラブの招待会でそれを披露する計画を立てた。[55]一〇月三日、家達は帝国ホテルで行われた送別会の場で、記者団に向けて、今回の全権受諾は「明治維新以来徳川家に対し言葉を以て表することの出来ない程」の「皇恩の万分の一たりとも酬い奉るべき機会」であると明言した。加えて、「過日来我が全権の任命発表されたのに対し早くも華府会議の結果が失敗に終るだらうと予断的批評を試みて居られる方」を「聊か御軽率の沙汰」ではないか、と反論したうえで、日本全権がワシントン会議で成功するか否かは「同胞諸君の声援に俟つの外」はなく、特に「言論界」の「御同情を乞ふ」と述べた。[56]この家達の発言は、「今や欧米の外交は輿論の外交」となってきたため、国際会議においては、会議参列者の「専断的な独裁的意向」ではなく、「半ば以上外部の民論の調子に動かさ」れると指摘されていたことと符合するものであった。[57]家達は、会議の成否を大きく担う「輿論」の援護を期待し、国民の一致した「輿論」が会議の成功を導くと論じたのである。また、家達は今回自らが全権を務めることは、徳川宗家家名相続をはじめとする「皇恩」に報いるためという点を強調し続けた。家達にとってこの理由は偽らざるものであることは間違いないが、それだけでなく、全権・家達選出への批判に対して、自らは「誠意」をもって国家のために尽くすつもりであり、周囲の政争とは関係ないことを主張した。そのことは、議長・家達として継続してきた「公平」、「院議」尊重とは何ら変わることはなく両立可能、と理解を求めたのである。

先程家達が述べた決意は、家達に託した原の期待に沿うものであった。原は家達に「可成一行と調和を必要」と注意を与え[58]、「米国人に対しては単に会議席上議論のみにては同情を得がたきに付、交際上特に注意あるべく、且つ可成夫等の事には議長之に当らるゝ事適当」と打ち合わせを行う一方、原は加藤や埴原に「外人交際向には徳川適当」と家達が担う役割の確認を行っていた[59]。つまり、原が家達に期待したのはいわゆる「パーティ外交」であり、それは交流の「場」を通した「無形」の成果への期待であった。この点は加藤や幣原が担った役割と大きく異なるところであり、そのわかりにくさがのちに非難を集める原因となる。

第三節　海軍軍縮問題における「失言」

1　全権としての活動とその特徴

大正一〇（一九二一）年一〇月一五日、徳川家達、加藤友三郎両全権は横浜を出発し、一一月二日にワシントンに到着した。その間、家達一行が乗船した鹿島丸が無線電信の圏外へ出航したのを機に、河井弥八は家達と加藤の陳述書を新聞に発表した[60]。また、家達はシカゴで「吾々は世界に於ける軍備縮小の目的を達する為め吾々の最善を努めたい覚悟である、そしてそれは独り吾々の本国たる日本の為と云ふ許ではなく又同時に世界の平和を保障するものであると信ずる」と述べ、軍縮問題に尽力することを約束した[61]。

外務省や日本全権団はワシントン会議の動向を報じる各国新聞記事の論調を注視していた。日本全権団は家達を中心に新聞記者を対象としたレセプションを開催するなど[62]、各国報道陣への対応に注意を払っていた。そのような中、家達は共同通信の記者に対して、日米両国間に横たわる誤解の原因を払拭することに専念するつもりであり、日米がお互いによりよく理解し協力すべきと日米関係改善を試みる旨を発言し[63]、会議開会式でも「吾人ハ真面目ニ各国民間ニ真正ナル親善ノ関係ヲ増進セントスルモノニシテ之ヲ阻害セントスルモノニ非ズ」と会議の方針に賛同する演説を行った[64]。家達は原からの指示通り、会議への賛意を発信し続けた。ここで言及されている「日米関係」とは、第一次世界大戦後、極東の勢力均衡に関してアメリカとの間に軋轢が生じていたことを指している。

開会式の翌日、加藤と共に記者団に応じた家達は、日本を出立する前は会議の失敗を危惧する日本人が何人かいたが、ワシントンに到着以来かかる不安は払拭され、会議の成功を疑わないと述べた[65]。少し後の話となるが、大正一一年正月、家達の声明は各国全権と並んで新聞紙上に掲載され、家達は「正義と協調の精神」によって「世界人類の戦争」の危機を避けねばならないと改めて強調した[66]。これらは特段目立った内容ではないが、全権の一人として繰り返し会議への協力を主唱し、輿論の喚起と他国とのコミュニケーションに尽力していたことをここでは確認しておきたい。

ちなみに、家達の演説の中にはペリー来航時の話を導入として含ませており[67]、日米外交を開始した江戸幕府の将軍の子孫がさらなる日米友好の発展を期すといった演説を行っていた。まさに徳川宗家当主の面目躍如だったと言えよう。

2　海軍軍縮問題における「失言」とその対応

海軍軍縮問題はワシントン会議の成否を分ける重要な課題であった[68]。これは、日本海軍の主力艦の比率を対米英七割にするか六割にするかという問題であり、国防と財政の両方に関連するものであった。先述のごとく加藤は全権承諾時、米英との交渉次第ではその比率を柔軟に対応する意向を示していたが[69]、国防問題に直結するため新聞論調も揺れ動いていた。全権団内には、会議に臨んで「所掌に属する limitation 問題に関しては率直に自己一個人の見解を述ぶべし[70]」と固く決意していた加藤寛治海軍随員のような強硬派も存在していた。

さて、会議開会後、アメリカ首席全権ヒューズは日本の海軍主力艦を対米英六割にすべきと主張した（いわゆる爆弾演説）。日本は対米英七割を検討している最中であり[71]、いきなり対応に追われることとなった。日本側は、加藤が柔軟に対応する予定であったこと、およびアメリカをはじめ各国の新聞論調は日本が対米英七割の方針を採用することに反対していたことを考慮し、「国家ノ将来ト大局ノ上ヨリ観察スルトキハ我全権ニ信頼シ海軍勢力比ハ七割以下ニ決セラルルモ已ムヲ得サルモノト認ム」と再検討を始めた[72]。日本国内の輿論に目を向けると、有力紙は国際協調、財政負担の軽減といった観点から軍縮を促す論調を発表し続ける[73]一方、対米英七割を主張する強硬論もあった[74]。

しかし、アメリカと日本の交渉は海軍軍縮専門委員会でも妥協点が見いだせず、その協議は難航した。そのような中、一一月二八日（現地時刻）の記者会見の場で、家達は、対米英七割は加藤寛治個人の意見であり、「日本海軍問題に関しては日本代表は海軍力比率に関して執るべき最も賢明な方策につき目下審議中であるから未だ其の態度を声明する迄には運んでゐない」と述べ、日本としては正式に対米英七割を主張したわけではない、と記者団の前で発言したことが一二月二日に日本で報じられた[75]。この背景には、海軍軍縮の会議が停滞している現状や、家達の有する親米英路線の推進に加え、家達に全権を受諾するよう説得に当たった一人で、この時期、実業団を率いて渡米していた渋沢栄一の影響があったと思われる。[76] 渋沢は、「今回ノ華盛頓会議ハ帝国ノ将来極東ノ平和ニ至大ノ関係アリト考ヘ」ており、「日本ヨリ先ツ進ンテ軍備縮少ニ賛成」することが最善であると信じ、日本全権三人にも説いていた。[77] しかし、家達が問題視した加藤寛治は、「日本ハ飽ク迄国家安全主義上七割ヲ要求」する意思を海軍次官井出謙治や軍令部次長安保清種に主張し続けていた。[78] 家達の発言は加藤寛治の意見をクローズアップさせると同時に、日本全権団の不統一を期せずして露呈させることになった。[79] とりわけ、家達の発言は会議全体の成否と国防方針に関わる問題であったがゆえに、種々の憶測と混乱を惹起した。

一二月一日（現地時刻）、報道が拡散し事態が混迷したことを受けて、家達は再度会見を開いた。家達は、「余は加藤中将の陳述に関して余に質問を発した一新聞記者に対し、右陳述は単に海軍専門家等の意見であるといふ意味を伝へる積りであつたのである、余は加藤中将の意見を反駁する意向は無かつたのである、然るに余の言を以て加藤中将の意見の反駁若しくは否認と解する人々があるらしい、然し余は毫も此種の観念又は印象を伝へやうとは欲しなかったのである」と弁明した。[80] 一方、加藤寛治は自らの主張を引き金とした混乱によって全権団内で孤立し、「終日大苦悶」することとなった。[81]

かかる混乱の中、海軍軍縮比率問題ては、「若シ帝国全権ニシテ六割案ヲ承諾シテ帰朝スルカ如キコトアラハ吾人ハ陛下ニ御批准在ラレサル様奏請ス」[82]と主張する一派が国内に存在しており、その情報は外務省からだけではなく、貴族院議員で渋沢の娘婿である阪谷芳郎からも渋沢を通じて家達や加藤に届いていた。阪谷は、「米国軍備縮少案ハ其儘ニテ同意可然トノ意見当方識者間ニアリシモ、加藤全権ヨリ修正案提出ノ上ハ茲ニ一ツの行掛リヲ生シ、修正案ニシテ容ラレサルトキハ日本面目上米国案ニ服従ハ屈辱トナリ当方輿論沸涌スヘキ模様アリ、為メニ縮少案ハ不成立トナルヘク真ニ憂慮ニ堪ヘス」と報告し、国内の強硬派の動向を気にかけていた。[83] 報道の当初、家達の発言は米英との「懸引」と見做されていたが[84]、七割案を米英の意向に配慮して六割案に譲った、と全権の弱腰を非難する論調が徐々に増加していった[85]。この家達の「失言」前より海軍軍縮専門委員会は停滞しており、また全権と外務省との間でも方針が定まらなかったため、以後、この問題は加藤友三郎の手に委ねられることとなった。

全権団内の混乱と国内の強硬論との間に板挟みとなった全権は、内田康哉外相に対して「日本側ニ於テ尚七割ヲ固執シ殊ニ我新聞言論界ニ於テ之カ為各種ノ宣伝盛ニ行」われると、「米国官民ハ失望」し、また「友好的態度ヲ変シテ我ニ不利ナル形勢ヲ惹起」し、イギリスもまたアメリカに同調する恐れがあると指摘した。そのうえで、会議が失敗し、軍縮ではなく建艦競争が始まったらならばなおさら「国際上全ク孤立ノ地位」となり、「帝国政府ハ内外極メテ困難ナル立場ニ陥」る可能性があるので、「輿論ノ指導上特ニ此点御留意ヲ仰キ度」いと要請した[86]。これに対して、内田は「適宜指導ヲ与ヘ居ル次第」であるが、輿論の沸騰に内閣が困惑していること、また「貴地特派員ハ各種ノ問題ニ関シ余リニ立チ入リタル電報ヲ送リ来ル為メ本邦新聞ノ操縦上大ニ困難ヲ感シ居レリ」と、各新聞社の特派員による報道といった情報ルートの多様化が輿論の激化と混乱を招き、ひいては全権団および内閣にも影響を及ぼしていると返答した[87]。

しかしながら、内田は家達の「失言」問題について、九日付の電報で全権に「為念」事情を確認したのみであった[88]。家達の「失言」は日本で大きく取り上げられた反面、その後処理は済《な》し崩しとなり、外務省は特に介入せず、全権団内で処理されることとなった。このような全権団や輿論の混乱を見た阪谷は、「徳川全権ハ当方新聞紙上至テ不評判ナリ」と渋沢に報告せざるを得なかった[89]。渋沢からそれを伝えられたのであろう、家達は阪谷に対して「小子乍不及邦家ノ為メ且世界平和ノ為メ最善ノ努力仕居候積」と自らの苦しい心境を吐露したのである[90]。だが、家達の海軍比率問題における「失言」は、対米英と協調することを重視したことの裏返しでもあった。そのような家達の態度は図らずも全権団内の意見の齟齬を露見させ、それは全権団内に留まらず、国内輿論にも波紋を呼んでいった。それでも、家達は再び自身の役割である「演説」に尽力することをやめなかった[91]。

なお、海軍軍縮問題は、一二月一〇日、加藤友三郎の尽力により対米英六割の受諾を閣議決定した。加藤は米英に対し、太平洋島嶼における海軍基地の増強を禁止することを提案し、認められた。こうして翌年二月六日、ワシントン海軍軍縮条約は調印された。

第四節　帰国時の反応と評価

1　早期帰国の決断

徳川家達が全権としてワシントンに滞在中、貴族院では院内会派・無所属（第二次）が成立し、会派の勢力争いが活発化していた[92]。この団体は、細川護立、佐佐木行忠両侯爵をはじめとする研究会内の反幹部派一〇名の議員が中心となって組織された[93]。この動きを受けて、研究会の松平頼寿は河井弥八に対し、（一）貴族院事務局は無所属を交渉団体と認めるか、（二）なぜ他の各派に退会者の通知をしなかったかを詰問した[94]。研究会の動揺が見て取れる。この無所属は大正一〇（一九二一）年一二月二五日に交渉団体の資格を得た。その後、河井は家達に対し、新団体の成立、全院委員長候補者の決定、仮議長選定の件を報告したうえで、「華府用件差支ナキ限リ速ニ帰国ヲ乞フ」と電報を発した[95]。一方、各派交渉会では黒田長成副議長と河井に対し、来る本会議では速記録の作成と政府の議案提出をなるべく速やかに行う希望を通告するなど[96]、高橋是清内閣の成立や新団体設立の影響もあってか、議長・家達のいない貴族院において各派はいきり立っていた。

一二月下旬、他国全権の一部が帰国していることや河井の提案もあり、日本側も家達の早期帰国を決定した。全権から内田康哉外相に対して、「我方ニ於テモ会議全部ノ終了迄四全権悉ク当地ニ留マル必要ナカルヘク且貴族院ノ形勢ハ徳川議長ノ成ル可ク速ニ帰朝スルコトヲ必要トスルヤニモ察セラル」[97]と打診した。河井の打電が二一日であることを踏まえると、それを受けて家達が他の全権に帰国を申し出たものと思われる。河井には、これ以上全権・家達がワシントンで政治的に失点することを避けるだけでなく、貴族院に生じた漣《さざなみ》が大波となる前に手を打つ必要を感じていたのだろう。原敬内閣による貴族院対策として全権となったと指摘された家達は、原内閣を継いだ高橋内閣下で、不穏な状況が生じている貴族院対策のために帰国することとなった。

大正一一年一月一三日、サンフランシスコを出発した家達は渋沢栄一と合流し、三〇日に横浜に帰港する予定となった。だが、家達が会議の終了を見届けることなく早期に帰国することへの疑念は拭えなかったようで、貴族院本会議でも質問が生じる。例えば仲小路廉は、家達が帰国する理由を、「米国ニ於テ重要ナル任務ハ最早御済ミニナッタモノデアルカ、若クハ他ニ都合ガアッテ政府ヨリ召還デモサレタノデアリマスルカ」と問い、これに対し高橋首相は、他国の全権の一部が帰国したことに触れ、「彼地ニ於テ全権ガ尽ク最後マデ、揃ッテ滞在セズトモ宜イト云フコトニナッテ、全権カラ其意味ニ於テ、徳川公爵ハ帰朝シテモ向フニハ差支ヘナイ」と答えた[98]。このような議場での応答は全権にも電報で伝えられており[99]、外務省および全権団も家達帰国の反応を気にしていたことが窺える。アメリカでも家達の帰国発表当初は特段の理由が述べられてはいなかったが[100]、年が明けると、家達が通常議会で貴族院議長の職務を行うために帰国する予定である、と報じられていた[101]。他国全権の一部が帰国しているので家達も帰朝して差し支えないという高橋の答弁は、加藤友三郎や幣原喜重郎、埴原正直といった他の全権と異なり、家達が全権としてワシントンで遂行する任務がなくなったことを証明するものでもあった。一方、日本では「失言」で傷ついた家達を迎え入れるため、河井がその準備を整えることとなる。

2　河井弥八の奔走

家達が早期帰国することを知った河井は、黒田をはじめ関係者に内報し、[102]「議長ノ帰国動機調査及議場ニ於ケル整理問題」に着手する。[103]その背景には、家達の「失言」報道以後、研究会に対峙する茶話会、同成会、公正会といった各派が家達の言動を批判しているのではないか、との観測記事が登場したことにもあった。[104]

そこで、河井は全権・家達に対する批評を調査する。意見を徴した相手は、伊沢多喜男、[105]阪谷芳郎、[106]近衛文麿、[107]加藤恒忠、[108]平山成信、[109]金子堅太郎[110]などであった。例えば、河井は阪谷を訪問し「徳川議長ニ対スル議員ノ忌憚ナキ批評」を聴取する。阪谷は、（一）「華府会議ノ結果ニ対スル国家本位ノ公正ナル批評ノ発表ヲ要スルコト」、（二）「議長辞任ハ此場合不可ナルヲ以テ議長ノ態度ヲ開放的トシテ洽ク天下ノ士ニ下リ議場ノ整理ニ付テモ大ニ注意シ且議員等トノ了解ノ途ヲ講スルコト」が必要と告げた。[111]後述するように、一部では全権としての評価は議長の進退問題とあわせて論じられていたが、議長職退任の必要はなしというのが大方の意見であった。とはいえ、阪谷が述べた「公正ナル批評」、「議長ノ態度ヲ開放的」といった文言は、ワシントン会議に関する直截な批判に対して、家達が議長として正面から向き合うことを要求する意味合いを含んでいた。

その後、河井は議員への聴取などの結果を「覚書」として残した。[112]この「覚書」は、家達に対する議員の評価がまとめられた貴重な史料であり、以下、順次検討していく。

貴族院議員は、全権・家達に対して「多大ノ労ヲ深謝スヘシトナス者固ヨリ大多数」であるが、「会議ノ結果ニ付テハ十分ナル成功ナリトハ認メサルモノ」もおり、しかし、「是等多数ハ未真相ヲ知ラス漠然タル批評ヲナスコトヲ慎」んでいるとする。また、家達が全権委員となったことを遺憾とする議員は相当おり、特に幸倶楽部が顕著であった。その理由は次の通りである。

（一）「議長ノ地位ハ議会ノ独立ノ為ニ神聖」であるため、「政府ノ政策ヲ奉シテ会議ニ出席スルハ議会ノ独立ノ機能ニ妨アルノミナラス議長ノ職務ヲ公正ニ執行スル上ニ於テ害」が生じ得ることを鑑みれば、「全権ノ命ヲ受クルト同時ニ議長ノ職ヲ辞スヘ」きであること。確かに、家達が全権に選出されたことは、原内閣が家達を介して貴族院に「箝口令」を敷いたという批判を生じさせた。家達が原内閣の方針に則ったことによって、議長としての議会運営が「公正」たり得るのかといった疑義は、議長・家達がこれまで築き上げてきた「公平」を左右する重大事であった。そのため、議長辞任論も生じることとなる。

（二）家達が「国家ノ大事ニ臨ミ至誠奉公ノ挙」に出たことは認めるが、議員にとってそれは原の計略に乗せられた感が拭えなかった。すなわち、原は家達に対して「大ニ誠意ヲ欠」いており、また「公爵ヲ全権ニ推挙セルハ公爵成功ノ場合ハ首相ノ功トナリ失敗ノ場合ハ罪ヲ公爵ニ皈セシムルノ魂胆」を有している、という反発が議員の中にあった。これは島田三郎の危惧と通じる点であり、実際に「失言」問題でそれは露呈した。原にそのような「魂胆」があったかは不明だが、「失言」問題は家達批判を顕在化させた一方、選出した内閣の責任を問う議論が登場しなかったことはこれまで見てきた通りである。

（三）家達と原の間における「後継内閣引継」の件について。実際にそのような話し合いがあったかは不明であるが、原が、「時宜ニ依リテハ中継内閣ノ組織ヲ公爵ニ願フコトアルヲ期」し、その第一歩として家達を全権に推薦したと推測する者もおり、そのような面々が、「単ニ徳川内閣ノ出現ヲ怖レ口ヲ極メテ公爵ヲ非議」していることを河井は問題視した。三宅雪嶺や上田貞次郎が推測した「徳川内閣」説はその具体的な動きは見えないにもかかわらず、相応の選択肢の一つとして見做されていた。

（四）最大の疑問として、家達が会議の議題となるべき案件を専門としているわけではなかったこと。この点は多くの人々が思い浮かべた点であり、結局、家達は全権としてこの疑問に対する明快な回答を示すことはできなかった。

（五）その他は「採ルニ足ラサル説」。

右の五点より、河井は、ワシントン会議における家達の言動は「十分ニ真相ヲ知ル者鮮《すくな》」く、「多クハ新聞紙等ノ記事ニ基」き、あるいは海軍軍縮問題に関する「失言」を非難しているため、家達による「最活動セラレシ交際的方面、即日本国民ノ被リタル従来ノ誤解ヲ一掃セラレシ方面ノ御努力」はほとんど注目されず、帰国後はこの成果を「明瞭」に示すことが必要と結論づけた。しかし、「現ニ相当多数ノ議員ハ十分ナル成功トハ認メ居ラス」、黒田が計画している家達の歓迎会についても、幸倶楽部では「会議ノ成功ヲ祝スル意味ニ於テハ不賛成ナリト述フル論盛」んとなっており、会の発起人に西園寺公望や松方正義の名前が列していることを訝しく思っている節があるという。

これらの議論は、全権・家達の発表以来、新聞紙上で議論されたこととかなりの程度符合していた。議員たちが新聞などで様々な情報を収集し、それらが喧伝されることで、本来家達が任務とされた「交際的方面」は評価の埒外に追いやられてしまった。以上の状況を総合し、河井は家達が採るべき措置を次の通りと伝えた。

（一）加藤全権の帰国を機にワシントン会議の「真相」を十分に説明する必要があるが、当分の間は「余リ成功ヲ吹聴」せず、「政府モ大要ヲ述ヘタルノミニテ箇々ノ事件ノ内容ニ付テハ会議経過中ノ故ヲ以テ議員ノ質疑ニ答えない方針を採るべきであること。帰国した家達は会議への言及は最低限に留め、不要な批判を受けないように配慮すべきとした。

（二）他者に会議の成果を「吹聴」してもらうことは有益なので、同時に帰国する添田寿一のごとく、「政党ナトトハ無関係ニシテ大局ヨリ国家ヲ達観スル人士ノ公正ノ批評アルヲ切望」すること。つまり、全権・家達の成果を他者から評してもらうことで批判を和らげようとした。

（三）貴族院議長の職務は「平素ノ如ク」とし、帰国後、長期間議事を欠席したり、批判に対して「辞任ノ意ヲ漏サルルカ如キハ不可」とすること。河井の希望を家達が聞き入れたのか、帰国した家達はそのような態度を示すことはなかった。

（四）議長として、「華府会議ニ関スル政府ニ対スル議員ノ質疑ノ如キ少モ最寛容ノ美徳ヲ示サレ虚心坦懐ニテ取扱」い、もし議員より家達に対して質疑があった時は何等答弁すべきではないこと。前者は議長としての「公平」を継続する意思表示であり、後者は議長・家達に対して議員たちに「箝口令」を敷くことを意味していた。

（五）帰国後すぐに全権委員を解任されること。

（六）帰国後は出立前に送別会を開催してもらった議員、各派交渉委員、真率会、記者などに対して答礼を行い、あるいは帰国歓迎の招待があった場合はそこに赴き、全て「平常ノ通リ」にすべきこと。

（七）「凡テノ挙動ハ慇懃」に行うべきで、アメリカでは大いに「平民主義」を発揮したが、帰国後は「或分ハ制限ヲ要ス」としながらも、「益十六代式」となったと批評を受けるようなことは不可としたこと。また、会期中不在であったことを議員に謝し、黒田にも鄭重な挨拶を行うべきであることを申し添えた。

あわせて、河井は家達が不在中の会議に対する評価、院内会派・無所属団の成立、仮議長および全院委員長の事前選定、政治社会問題なども列記した。

最後に肝心の家達の将来について、（一）政治家として「将来益国家ノ難局ニ立ツヲ辞セラレサルヤ」、（二）現状維持として「貴族院議長トシテ国務ニ尽瘁セラルルヤ」、（三）引退、すなわち「或時期ニ於テ是等ノ国務ト離ルルノ御決心ナリヤ」の三点を問うた。以上を記したこの「覚書」を河井は家達に送付した。河井の日記には、「議長ノ速ニ帰ラルルハ議会ノ状況ニ鑑ミ頗適当ナリ、華府会議ノ結果ニ付テノ批評ハ多少アルモ格別ノコトナシ、横浜上陸ノ際渋沢子添田博士ニ成功ナリトノ宣伝ヲ欲ス、議員交渉委員ノ招待ヲ速ニセラレタシ」といった内容を打電したことが記されている。[113]この「覚書」は河井による家達への重大な政治的選択の提案であった。河井は家達が政治的責任を取ることに対して「格別ノコトナシ」と結論付けながらも、家達と課題を共有し善処するために奔走し続けた。その手始めに、河井は各派交渉会で家達帰国歓迎の件を協議し、[114]二月四日午後五時から開催することが決定した。[115]

3　帰国時の反応と苦境

一月三〇日、港務部の配慮により河井は一足先にコレア丸に乗船し、船内の家達と面会した。河井は家達と二〇分ほど「密談」し、添田、渋沢の両名とも面談した。[116]帰国するにあたり、家達は「会議の成績に就ては是非の評は沢山あらう」が、「海軍協定にしろ四国協約にしろ私は成功」と強調しつつ、その評価は周囲に委ねる立場であることを示した。しかし、「一部所謂専門家の意見を偏重したりして其結果小さい眼光から互に余りに各国より猜疑をし合ふ事になるとどんな問題だつて定らない許か却て国交を害し危険な事になる」とも述べ、[117]海軍軍縮問題における加藤寛治との立場の違いを問題とする発言も行った。やはり、家達は対米英六割に強い信念を有していたことが窺える。

河井は三土忠造内閣書記官長に対して、家達の全権委員の解任を希望した。[118]内田は河井の要望を受けて、二月一日、家達が摂政に拝謁し復命したことをもって家達の全権委員の資格を消滅させた。[119]

では、全権としての家達の会議での行動はどのように評価され、それは議長・家達の政治的位置にどのような影響を与えたのだろうか。まず新聞紙上での反応を見てみたい。対米英六割承認に対して強い拒否感を表明していた対米同志会は、「華盛頓会議で失敗だらけの全権を国民は断じて歓迎すべきものでない」と主張し、[120]帰国する家達に向けて「平和の撹乱者宴会使節徳川家達公は何の面目あつて帰るか」と非難し、[121]「言語道断の大失態」と指弾した。[122]また、自らもアメリカに渡った憲政会の望月小太郎は、「重大なる時機に不必要なる談論を恣にして我が国防安全七割率とは単に日本海軍専門家の私言に過ぎずと公言し全権間に一場の紛議を捲き起し」たと家達を批判した。[123]加えて、会議の成果に納得しない一部の活動家らによる家達への冷淡な態度が強調されて報道されるなど、[124]他の全権より先駆けて帰国する家達は、会議への不満を一身に受けざるを得なくなっていた。

しかしながら、家達を擁護する評論も存在した。例えば吉野作造は、各団体の全権批判に着目し、その行動に対して「斯くする事が我国の全権を督励し、併せて他の外国の全権使臣の感情を動し、以て問題の解決を我が有利に導き得べしと思ふならば、そは大なる誤りである」と戒めた。[125]また、外交評論家の小松緑は、家達が会議において「円満に事を纏める素地を作」った点で「成功」と評しながら、「気の毒にも、その仕事が余り表面に出なかつたので、世人から能く諒解されてゐない」と指摘していた。[126]

続いて貴族院の反応を見たい。家達は「帰朝しても原と云ふ有力な庇護者を失つて居る[127]」状態であり、家達が「貴族院議長の現職を帯ながら華府会議の帝国全権を御受した公は其時にもう批評を受けねばならぬ立場を甘受した」ため、「当分は忌憚なき寧ろ露骨極まる批判を甘受せねばな」らず、家達は貴族院における「自己の批評」に「寛大」であるかどうかが問われる、と指弾された。[128]このような貴族院の一部の態度は先述の河井の奔走と対応していた。それゆえ、帰国した家達の議長ぶりに注目が集まることとなった。例えば、貴族院本会議における内田の外交方針演説に対する質疑の時に、「サッサと恰も逃ぐるが如き態で席を黒田副議長に譲り山県公邸に出掛け」たと書きたてられ、「遣米全権で味噌を付けた結果も手伝ひすつかり貫禄が落ちた」と揶揄されるなど、[129]家達の一挙手一投足に向けて批判的な視線が注がれていた。

だが、家達の全権委員就任発表時とは違い、「失言」から帰国にかけたこの時期、家達を擁護する政友会・研究会と批判する憲政会・幸倶楽部などといった構図は表面上見られなかった。目立った非難を浴びせたのは対外硬を唱える少数の人たちであり、残りは少なくとも静観の様子を見せた。

さて、「覚書」に記された河井の方針に則り、家達の帰朝祝賀会は随時開かれた。二一六名の議員が出席し「頗盛会」であった貴族院をはじめ、[130]内閣、外交調査会、枢密顧問官、宮内省、[131]真率会[132]などでも順次開催されていった。

また、貴族院では国務大臣の施政方針演説に際し、議員たちからワシントン会議に関する批判、質問が続出するも、議場での家達批判は避けられた。会議に対する貴族院への「嵌口令」の効果は見られなかったが、議員に対する議長・家達への「嵌口令」は有効であった。河井の方針通りである。さらに、家達は貴族院記者倶楽部招待会を行い、マスコミ関係者との良好な関係構築を試みた。[133]加えて、家達は往復のために乗船した鹿島丸、コレア丸に同乗した新聞記者晩餐会も開催していた。[134]ただし、『国民新聞』上では「お行儀の悪くなつた徳川議長」と題された家達と河井の画に、「長々と二日続きで江木千之老の質問が続けられるので議長殿、所在なさに、水を飲んだり顎を撫でたり、河合〔ママ〕書記官の方へ身体をヒンねじつて、ゴト〳〵と耳ツこすりをしたり、恐ろしくお行儀が悪い、洋行なんかあまり何のお役にも立たないものと見える」と説明が付されていた。[135]帰国した直後の家達に対して「洋行なんてあまり何のお役に立たない」と言及されることは、家達への批判が再燃する恐れのあるものであった。そのため、河井は徳富蘇峰を訪問し抗議したものの、掲載に対する謝罪は得られずといった一幕もあった。[136]

以上を通観すると、新聞で揶揄されるように、議長・家達が有する貴族院への求心力には疑問が投げかけられたものの、家達の全権としての行動の結果が議長辞任へと直結することはなかった。しかし、家達への批判は別の形で華族社会へと徐々に拡散していった。例えば、松平慶民は倉富勇三郎に向かって、「徳川は近来有爵者間に信用なし。自分（松平）等も之を信せす」と家達への不信を表明し、[137]九鬼隆一のように「勝海舟はさすかに善く徳川を知り居りたる故、如何なる事にても職務に就くへからすと戒め置きたるか、之に違ひ職務に就きたる為、終に信望を失ひたる訳なり」と辛辣に批判していた人物もいた[138]。台湾総督であり、この時期有力な後継首班候補者と見做されていた田健治郎も、「加藤全権、冷静善断、其の功頗る顕著にし、米英人の信用を大に博す。幣原全権、其の技倆は法制的穿鑿に止まり、且つ半途病を獲て其の蹟、録するに足らず。独り徳川全権、素より政治的素養無く、機密漏洩の大失策を惹起し、其の裏面醜態言ふべからざる隠情有るが如し。遂に半途召還の命を受けて帰る」と全権・家達に対して批判的な言辞をつづった[139]。田の言う「機密漏洩」とは、四国条約の条約案がワシントン特派員発の『時事新報』に暴露され、その案の電信文原紙が家達の机にあったとされた一件を指すものと思われる[140]。

全権・家達の発表時、一部で議論された「徳川内閣」も結果として非現実的な選択肢となった。先述の上田は、「徳川公は華府会議へ行つた為めに無能を曝露し、全く信望を失ふた」と酷評した[141]。ただし、家達自身は「徳川内閣」説を否定したうえで、「政党内閣を信ずるよ、政友会の後も政党内閣でやつたら能いさ、中継内閣なんて非立憲では無いか」と答えていた[142]。この態度は以後も続き、高橋内閣が改造問題で紛糾していた時も、「内閣改造中止を声明したことについて当然総辞職をなすべきものであるか否か其の辺は断言の限りではないが、予が後継内閣の首班者となるが如きは思ひも寄らぬ事である、只此場合所謂中間内閣の如きものが出現するならば予も貴族院議長の職に留まるであらうが、何れにしても混沌たる政局の前途は如何に落付くかは予の与り知らぬ所である」と述べ[143]、「徳川内閣」説を改めて否定し、中間内閣には関与せずと言明した。ワシントン会議から帰国した家達は「徳川内閣」説を払拭し、政治的な批判を避けるためでもあろうが、政党内閣を希望する発言を行うようになっていた。

一方、かつて家達を総裁に置くことを企図し[144]、原の要望を容れて家達が全権となることに一肌脱いだ研究会は、大正一一年六月、徳川頼倫が宗秩寮総裁となり研究会から事実上脱退した頃より、家達と距離を置くようになった。この小さなヒビはすぐさま大きくなり、清浦奎吾内閣成立以降、議長・家達と研究会は鋭く対立することになるが、この検討は章を改めて行う。

小括――「実在」化した「十六代様」とその政治的意義

ワシントン会議全権委員となった徳川家達の役割は、原敬首相が期待したごとく留学経験、親英米といった経歴や、徳川宗家第一六代当主・公爵・貴族院議長たる社会的地位といったものを積極的に活かした「パーティ外交」に従事することにあった。新聞紙上では家達を、パリ講和会議に全権として赴いた西園寺公望と並べる者もおり、国際会議において華族政治家の有する家柄や政治的なキャリアに相応の有用性があると判断されていた。また、ペリー来航を起点とした日米外交の歴史において、かつての将軍家である徳川宗家がその推進者とされ、家達がその子孫であった点が友好的に受け入れられた。

本章で論じたように、家達の選出は政友会や貴族院の研究会からは「国民外交」、「国民的」と評された。原と関係が良好であり続けた家達の選出は原内閣の貴族院対策の一部と見做され、貴族院議員たちが「何となしに遠慮して大抵の事は議長様の云ふなり」になること、すなわち、貴族院議長の職位を利用した「嵌口令」と解された。これは、家達が今まで院内に対して「公平」たる立場を採り、「院議」を尊重してきた議長としての立場とは異なる位相に立ったものと議員たちは判断せざるを得なかった。そのため、全権・家達は野党憲政会や反研究会の立場の議員から、華族としての出自や外交経験もない経歴を批判される元となり、別に「国民的代表者」を選出すべしとの意見も出された。また、一部の旧幕臣は家達が政治的に利用され、これまでの築いてきた政治家としての評価に変化が起こることに強い危機感を示していた。

このような構図が生じたのは、家達が原や研究会幹部の説得を受けて全権を承諾したためであり、それは彼らの政策に則ったことを意味していたからであった。これまで表立った政治的活動を行わなかった徳川宗家の当主たる家達が「歴史の影から実在」へと乗り出した、[145]と言及されたことは、貴族院議長への奉職に留まらない「実在」、つまり明確な政治的性格が家達に付されたことを意味していた。さらに、原内閣後に「徳川内閣」が誕生するのではないかといった観測がなされたこともその「実在」に拍車をかけた。一方、家達自身は自らが全権となることは議長職に尽くすことと相違なく、皇室に忠誠を尽くす点では同様であると主張し、自らの決断に理解を求め続けた。

渡米した家達は、会議での演説や記者との対応に尽力し、日米間の関係改善と各国との協調による世界平和の実現を主張した。それは、原の期待と寸分も違うことはなく、与えられた全権としての職務を全うしようとした全権・家達の姿であった。だが、家達は自らの管轄外である海軍軍縮問題において「失言」し、全権団の混乱を惹起し、自身の立場を窮地に陥らせることとなった。そのことは、これまで貴族院や華族社会の中に潜在的に存在していた家達への不満を図らずも噴出させる契機となり、貴族院議長としての求心力を低下させてしまった。それは、全権・家達の選出が、議長・家達と他の議員の関係を利用した原内閣による貴族院への「箝口令」ではないかと解されたことも一因であった。さらに、原の死と高橋是清内閣の成立に伴う政友会の混乱は、「失言」した家達を誰も庇い得ない状況をもたらした。

そのような全権・家達は、貴族院議長の職務のために他の全権より一足先に帰国した。しかし、家達に期待されたのは「無形」の成果ゆえその活動は評価されにくく、さらに「失言」によって家達のイメージは悪化した。家達は、早期帰国によって会議に不満を持つ一部の人間によるスケープゴートとなり、「宴会使節」と非難された。家達が全権を引き受けたことは、議長・家達による議会運営への批判的が顕出し、その矜持とする「公平」にも疑問が投げかけることとなった。

この時期、裏面で家達を支えたのは河井弥八であった。河井の記した「覚書」からは全権・家達への非難が渦巻く中、家達を守るために懸命に知恵を絞る河井の苦悩が見て取れる。河井は、帰国後の家達が厳しい批判を受ける状況をできる限り避けるために、家達に隠忍自重を促す一方、内閣や貴族院、マスコミなどに対して謝意を表する懇親会を開くなど、融和に尽力し続けた。書記官長としての職務範囲を遥かに超越している河井の活動──故にかつて柳田国男に厳しく批判されたわけだが──は、家達にとって大きな支えであったろう。

他方、原内閣と提携した研究会はさらに勢力を拡大し、のちに清浦奎吾内閣成立の原動力となったが、第二次護憲運動によって研究会のみならず貴族院そのものが批判の対象となった。家達は議長として貴族院内外を取り巻く厳しい政治状況に対峙することとなる。

◆註

（1）『貴族院の会派研究会史　明治・大正篇』（尚友倶楽部、一九八〇年）、『貴族院と華族』（霞会館、一九八八年）。
（2）樋口雄彦『第十六代徳川家達──その後の徳川家と近代日本』（祥伝社、二〇一二年）。
（3）徳川家広「名門と国家」（『新潮45』第三〇巻第二号～第三一巻第一号、二〇一一～二〇一二年）。
（4）河井弥八「静岳公を憶ふ」（「徳川家達公追悼録」『斯文』第二二巻第八号、一九四〇年）、四一頁。
（5）幣原喜重郎「将軍公爵を偲ぶ」（『斯文』第二二巻第八号）、前掲『貴族院の会派研究史　明治・大正篇』、三三七、三三八頁。
（6）原奎一郎編『原敬日記』第五巻（福村出版、一九六五年）、大正一〇年七月一八日条、四一五頁。
（7）『原敬日記』第五巻、大正一〇年七月一九、二四、三一日条、四一五、四一八、四二〇、四二一頁。
（8）『原敬日記』第五巻、大正一〇年八月三日条、四二三頁。
（9）『原敬日記』第五巻、大正一〇年八月一九日条、四二六頁。
（10）「内田康哉遺稿」（小林道彦・高橋勝浩・奈良岡聰智・西田敏宏・森靖夫編『内田康哉関係資料集成』第一巻資料編一（柏書房、

二〇一二年)）、三九一～三九八頁。ちなみに、原が内田に議会問題の不安を吐露している部分は『原敬日記』には見当たらず、内田が「首相ト華府行代表者ノ件」を協議した際、「別ニ記録」したものである（『内田康哉関係資料集成』第一巻資料編一、大正一〇年八月一九日条、一八頁）。
(11)『原敬日記』第五巻、大正一〇年八月二四日条、四二八頁。
(12)『原敬日記』第五巻、大正一〇年八月二五日条、四二八、四二九頁。
(13)『原敬日記』第五巻、大正一〇年八月二五日条、四二八頁。
(14)『原敬日記』第五巻、大正一〇年八月二六日条、四三〇頁。
(15)『原敬日記』第五巻、大正一〇年八月二九日条、四三一頁。
(16)『原敬日記』第五巻、大正一〇年九月八日条、四四〇頁。
(17)『内田康哉関係資料集成』第一巻資料編一、大正一〇年九月九日条、二〇頁。
(18)『内田康哉関係資料集成』第一巻資料編一、大正一〇年九月八日条、二〇頁。
(19)『原敬日記』第五巻、大正一〇年九月一一日条、四四一頁。
(20)『原敬日記』第五巻、大正一〇年九月一三日条、四四四頁。
(21)『原敬日記』第五巻、大正一〇年九月一五日条、四四四頁。
(22)『原敬日記』第五巻、大正一〇年九月一六日条、四四六、四四七頁。
(23)「集会日時通知表」（渋沢青淵記念財団竜門社編『渋沢栄一伝記資料』別巻第二〔渋沢栄一伝記資料刊行会、一九六六年〕）、大正一〇年九月一六日条、五三六頁、尚友倶楽部編『水野直子を語る　水野直追憶座談会録』（芙蓉書房出版、二〇一一年）、一三〇、一三一頁。昭和一六年四月一一日の談話会。
(24)『内田康哉関係資料集成』第一巻資料編一、大正一〇年九月一六日条、二〇頁。
(25)『原敬日記』第五巻、大正一〇年九月一九日条、四四七頁。
(26)『原敬日記』第五巻、大正一〇年九月二〇日条、四四八頁。
(27)『原敬日記』第五巻、大正一〇年九月二三日条、四五〇、四五一頁。
(28)例えば、西尾林太郎『大正デモクラシーの時代と貴族院』（成文堂、二〇〇五年）、第三部など。

(29) かつて原と内田は家達を駐独大使に登用しようと考えており、岡野を介して交渉していたが家達は断った、という一件があった（『原敬日記』第五巻、大正九年九月一四日条、二八三頁）。駐独大使は、大正三年八月二三日、大使館参事官である船越光之丞が臨時代理大使となるも、第一次世界大戦の勃発により二四日に引き上げていた。戦後、大使館の業務が再開したのは大正九年三月二一日であり、参事官であった出淵勝次が臨時代理大使として任務を行っていた。仮に家達が着任した場合、恐らく身分は特命全権大使であり、第一次世界大戦後のヨーロッパ情勢の中で、その社会的地位と留学経験を活かすことを期待されたのであろう。

(30)「河井弥八日記」（「河井家文書」二三―二二）、大正一〇年九月二六日条。

(31)『原敬日記』第五巻、大正一〇年九月二七日条、四五二頁。

(32)「代表選定事情　首席次席の差別なし　必要に応じ更に追加」『読売新聞』大正一〇年九月二八日付朝刊、二頁。

(33)「誠に理想的人選　海相は閣僚中第二の外交通　政友会松田源治氏談」『読売新聞』大正一〇年九月二八日付朝刊、二頁。

(34) 前掲「代表選定事情　首席次席の差別なし　必要に応じ更に追加」『読売新聞』大正一〇年九月二八日付朝刊、二頁。なお、汎太平洋倶楽部（Pan Pacific Union）は、「アメリカ大統領ハーディング、オーストラリア首相ヒューズ、ニュージーランド首相メーシー、中華民国大総統徐世昌、カナダ首相メイケン、日本貴族院議長徳川家達、シャム国王ラマ六世を名誉会長とし、ハワイのホノルルに本部を置く国際団体で、太平洋諸国民の友好と理解を促進し、その利害関係を調整し、以てその平和的・共助的発達を図らんが為に設立されたもの」である（故阪谷子爵記念事業会編『阪谷芳郎伝』〔同会、一九五一年〕、六〇一頁）。

(35) 大正一〇年一〇月一〇日付在シアトル斎藤領事宛内田大臣電信案「華盛頓会議一件人事（帝国）」第一巻（外交史料館蔵「外務省記録」二門四類三項四―一号、〇三一三八四）。

(36)「適材適所感服々々　大岡育造氏談」『東京朝日新聞』大正一〇年九月二八日付朝刊、二頁。

(37) この時期の「国民外交」は多様な議論が行われているが、本書では深く立ち入らないことを断っておく。関連する最新の研究として、酒井一臣『帝国日本の外交と民主主義』（吉川弘文館、二〇一八年）を参照。

(38)「原君の傑作　過失無きを望む　酒井忠亮子談」『東京朝日新聞』大正一〇年九月二八日付朝刊、二頁。

(39) "TOKUGAWA TO HEAD JAPANESE DELEGATION ; His Appointment and Those of Kato and Shidehara Are Officially Announced.", *The New York Times*, September 29, 1921, page 15.

(40)「皆適任者を得たり　但真の当否は会議終了後　一木枢密顧問官談」『読売新聞』大正一〇年九月二八日付朝刊、二頁。

(41)「時代錯誤の感あり　巴里会議の轍を覆まざれ　憲政会関和知氏談」『読売新聞』大正一〇年九月二八日付朝刊、二頁。
(42)「責任回避の魂胆　今にして故小村侯を思ふ　同成会某勅選談」『読売新聞』大正一〇年九月二八日付朝刊、二頁。
(43)「別に国民的代表者を出せ」『読売新聞』大正一〇年一〇月二日付朝刊、三頁。
(44)「国是を弄ぶの人　今度の任命から見た原敬氏　島田三郎氏談」『読売新聞』大正一〇年九月二九日付朝刊、二頁。
(45)「徳川公の全権選任は貴族院議員に嵌口令　幸倶楽部某議員談」『東京朝日新聞』大正一〇年九月二八日付朝刊、二頁。
(46)「徳川とは好い思付　首相資格試験の意味もあらう　三宅雪嶺博士談」『読売新聞』大正一〇年九月二八日付朝刊、二頁。
(47)上田貞次郎『上田貞次郎日記　大正八年―昭和一五年』(上田貞次郎日記刊行会、一九六三年)、五三、五四頁。
(48)これに関連して、村井良太氏は、原の「政権交代像」を「衆議院の多数党である政友会が政権を失えば、次は貴族院の多数派である研究会と公正会とに政権を渡す、そして貴族院内閣の次にはまた政友会が政権をとる」という世間一般とは異なる「憲政常道」論を考えていたと述べ、のちに水野が高橋是清首相から聞いた話をもとに原が「徳川頼倫内閣」を考えていたと指摘している(村井良太『政党内閣制の成立　一九一八～二七年』〔有斐閣、二〇〇五年〕、四六、四七頁)。高橋と水野の間とはいえ、水野の日記の記述は「徳川内閣」であり、それが頼倫を指しているとは断言し難い。全権発表時の反応から鑑みれば、原が研究会支持による「徳川家達内閣」を構想していたのではないか、とも考えられるからである。男爵議員・藤村義朗も原が中間内閣として「徳川家達内閣」を擬しているのではないか、と観測していた(「公平な議長振り　列国の猜疑を一掃するに適任　藤村義朗男談」『読売新聞』大正一〇年九月二八日付朝刊、二頁)。なお、水野日記の「徳川内閣」については、伊藤隆・西尾林太郎「水野直日記――大正一一・一二年」(『社会科学研究』第三四巻第六号、一九八三年)、大正一一年五月二八日条、二〇一頁。
(49)例えば、「議長辞任と徳川内閣説」『東京朝日新聞』大正一〇年九月二八日付朝刊、二頁。
(50)「徳川平子会見　静岳公の決心」『東京朝日新聞』大正一〇年九月二八日付朝刊、二頁。
(51)「全権委員に任命されし徳川家達公語る　良薬口に苦し、評判を聞かん」『東京朝日新聞』大正一〇年九月二八日付朝刊、二頁。
(52)「河井弥八日記」、大正一〇年一〇月一日条。
(53)「河井弥八日記」、大正一〇年一〇月一五日条。
(54)「河井弥八日記」、大正一〇年一〇月四、六、八、一一、一二日条。一〇月八日は真率会として家達の送別を行った。この真率会は大正九年から家達が「衆議院正副議長招待晩餐会、両院有力者各派二名ヲ招」き開始したものであった(「河井弥八日記」

〔「河井家文書」二三―二五〕、大正九年七月二三日条）。この真率会について、佐佐木行忠は「貴衆両院会からその時に何人かづつを招待せられ、懇親を図られた会」と記している（尚友倶楽部編『佐佐木行忠と貴族院改革』〔芙蓉書房出版、一九九五年〕、一三六頁）。

また、若槻礼次郎によれば、家達が「貴族院、衆議院にして稍々世の中に名の知れて居る人々を招待せられて、共に晩餐をしながら、集つた人を以て真率会と云ふものを作つて、時々会合をして御互ひに其の気心をよく知り合つて居ると云ふと、自然に議会の議事の進行の上に好結果を得らるゝと云ふ御考へ」だったことを回想している（「故公爵徳川家達閣下追悼録速記」（国立国会図書館憲政資料室蔵「牧野伸顕関係文書」二七九）。

(55)「河井弥八日記」、大正一〇年一〇月三日条。

(56)「失敗の予断は御軽率でせう　徳川議長の抱負」『読売新聞』大正一〇年一〇月四日付朝刊、二頁。ちなみに、この会見はニューヨークタイムズ紙でも、"The success of my weighty mission will greatly depend upon the cordial sympathy of those at home." と報じられていた ("JAPAN MAY SUGGEST ADDITIONS TO AGENDA ; Said to Favor Inclusion of the Topic of Equal Opportunity in Pacific." *The New York Times*, October 9, 1921, Page 2.)。

(57)「社説　全権一行を送る」『東京朝日新聞』大正一〇年一〇月一五日付朝刊、三頁。

(58)『原敬日記』第五巻、大正一〇年九月三〇日条、四五四頁。

(59)『原敬日記』第五巻、大正一〇年一〇月一三日条、四五九頁。

(60)「河井弥八日記」、大正一〇年一〇月一九日条、「無電圏外に出づるに際し全国民に望む　両全権のステートメント」『東京朝日新聞』大正一〇年一〇月二〇日付夕刊、一頁。これは一〇月一八日付の文書であり、発信したのは一九日午前九時二五分であった。「我等両人及び我一行は極めて平穏なる航行を続けつゝあり、真に太平なる此太平洋は永久に然るべきを信じて疑はず、国際関係複雑なりとは言へ各国民互に正義と公平とを持つて相対せんには和協の中に共存共栄の光栄を等しくし得ざるの理なし、我等は会議の成功に対し多大の希望を抱いて華盛頓に赴かんとす、而も我使命は重く責任は大なり、前途に幾多の困難存すべし、今茲に本国との無線電信圏を離れんとするに臨み遥かに全国民の同情と愛国心とに訴へ其熱心なる後援を望む」との声明が加藤友三郎、家達の両全権の連名で発表された。

(61)「徳川公の初陳述」『東京朝日新聞』大正一〇年一一月一日付朝刊、二頁。一〇月二九日シカゴにおいての声明。

（62）大正一〇年一一月一八日着ワシントン会議全権発内田外務大臣宛電報（外務省編『日本外交文書　ワシントン会議』上〔外務省、一九七七年〕、二六六頁）。
（63）"WASHINGTON GREETS JAPAN'S DELEGATIONS : Hughes and Denby Meet Tokugawa and His Associates With Cavalry Escort.", *The New York Times*. November 3, 1921, Page 3.
（64）大正一〇年一一月一四日着ワシントン会議全権発内田外務大臣宛電報『日本外交文書　ワシントン会議』上、二五〇、二五一頁。
（65）"JAPANESE ARE OPTIMISTIC : Kato and Tokugawa Tell Press Hughes Plan Offers Relief." *The New York Times*, November 14, 1921, Page 1.
（66）「正義と協調の時　日本全権　徳川家達公」『東京朝日新聞』大正一一年一月一日付、三頁。
（67）例えば、"TOKUGAWA EXPLAINS OPEN-DOOR ATTITUDE : Says Japan Favors Doing Everything for China Without Disadvantage to Her Own Welfare.", *The New York Times*, November 19, 1921, Page 3. "SAYS JAPAN YERNS FOR WORLD PEACE : Prince Tokugawa Proclaims Militarism of His Nation to Be a Thing of the Past." *The New York Times*, December 12, 1921, Page 2. 全権発表時、国内でもこの「因縁」を評価する人物もいた（「不可思議な因縁　十六代将軍の米国行　青木信光子談」『読売新聞』大正一〇年九月二八日付朝刊、二頁）。
　また、「桑港のクロニクル紙の徳川全権歓迎の理由と云ふのに、『明治維新に際し征夷大将軍が大政を奉還した事は、徳川家三百年の覇業を擲つて日本の国家及び皇室の為めに大なる犠牲を払つたものであるが、斯かる平和的大精神は、今度の華府会議に於ても世界が等しく日本に期待する処である、此際徳川家の嫡流たる所謂十六代将軍の家達公が日本の委員に任ぜられた事は平和的協定の成功すべき瑞兆と謂ふべきだ』、と長々しい賛辞を奉てゐる」といった記事も紹介されていた（「東人西人」『東京朝日新聞』大正一〇年一二月五日付朝刊、二頁）。
（68）この海軍軍縮比率問題は、対米英七割か六割のどちらの案で締結するかという問題であり、これまでの研究でも加藤友三郎と加藤寛治の対立に着目されてきた。例えば、瀬川善信「ワシントン会議（一九二一～一九二二）と七割海軍問題――加藤友三郎と加藤寛治」（『法学新報』第九一巻第一・二号、一九八四年）、小池聖一「ワシントン海軍軍縮会議前後の海軍部内状況――「両加藤の対立」再考」（『日本歴史』第四八〇号、一九八八年）、横山隆介「ワシントン会議と加藤友三郎」（『戦史研究年報』第三巻

〔防衛研究所、二〇〇〇年〕）など。以下、本稿における事実関係については、特に断らない限り右の諸研究、および『国史大辞典』「ワシントン会議」の項目（麻田貞雄氏執筆）、佐々木雄一『帝国日本の外交　一八九四～一九二二――なぜ版図は拡大したのか』（東京大学出版会、二〇一七年）を参照した。

(69)『原敬日記』第五巻、大正一〇年八月二五日条、四二九頁。

(70) 伊藤隆他編『続・現代史資料　五　海軍　加藤寛治日記』（みすず書房、一九九四年）、四五頁。以下、『加藤寛治日記』と表記する。

(71) 大正一〇年一一月一八日着ワシントン会議全権委員発内田外務大臣宛電報『日本外交文書　ワシントン会議』上、二六五、二六六頁。

(72) 大正一〇年一一月二六日着ワシントン会議全権発内田外務大臣宛電報『日本外交文書　ワシントン会議』上、二八〇～二八二頁。

(73) これら国内新聞の論調については、ワシントンの全権に宛てて打電されていた（例えば、大正一〇年一一月二八日発内田外務大臣発在米国幣原大使宛電報『日本外交文書　ワシントン会議』上、二八八、二八九頁、大正一〇年一一月二九日発内田外務大臣発ワシントン会議全権宛電報『日本外交文書　ワシントン会議』上、二八九、二九〇頁など）。

(74) ワシントン会議を報じる新聞や輿論の分析に関して、筒井清忠「大正期の軍縮と世論」（青木保・川本三郎・筒井清忠・御厨貴・山折哲雄編『戦争と軍隊　近代日本文化論一〇』〔岩波書店、一九九九年〕）、中嶋晋平「戦間期における地方紙の軍縮論――ワシントン会議前後の『京都日出新聞』の報道を事例に」（『都市文化研究』第一二号、二〇一〇年）、土田宏成「ワシントン会議と世論――海軍軍縮反対運動とその影響」（『日本歴史』第七五七号、二〇一一年）など。

(75) 例えば、「徳川全権の決意　加藤中将の意見は一個の意見　全権は十分の権能で行動す」『東京朝日新聞』大正一〇年一一月二日付夕刊、一頁。

(76) この時の渋沢については、木村昌人『渋沢栄一――民間経済外交の創始者』（中央公論社、一九九一年）を参照。

(77)「日記」（国立国会図書館憲政資料室蔵「阪谷芳郎関係文書」六九五、以下「阪谷芳郎日記」と表記）、大正一〇年一二月五日条。一一月二九日に渋沢が横浜正金銀行を経由して阪谷に発した電報。

(78) 大正一〇年一二月三日着在ワシントン加藤海軍中将発井出海軍次官、安保軍令部次長各宛電報『日本外交文書　ワシントン会議』上、二九三〜二九五頁。
(79)「七割主張薄弱　随員不統一の評」『東京朝日新聞』大正一〇年一二月四日付夕刊、一頁。
(80)「徳川全権担がる　加藤中将の陳述を反駁した覚えはないと驚いて打消す」『読売新聞』大正一〇年一二月三日付朝刊、二頁。
(81)『加藤寛治日記』、大正一〇年一二月四日条、四九頁。
(82)大正一〇年一一月二八日発内田外務大臣発在米国幣原大使宛電報『日本外交文書　ワシントン会議』上、二八八頁。
(83)「阪谷芳郎日記」、大正一〇年一二月一日条。一一月二〇日に阪谷が横浜正金銀行を経由して渋沢に発した電報。
(84)「懸引か不統一か　徳川全権と加藤中将の声明齟齬」『東京朝日新聞』大正一〇年一二月五日付朝刊、二頁。
(85)例えば、「社説　不徹底なる華府会議　海軍制限の原則蹂躙さる」『東京朝日新聞』大正一〇年一二月一七日付朝刊、三頁、「失敗だらけ　華府会議と我政府」『読売新聞』大正一〇年一二月一八日付朝刊、三頁など。
(86)大正一〇年一二月五日着ワシントン会議全権発内田外務大臣宛電報『日本外交文書　ワシントン会議』上、二九五〜二九七頁。
(87)大正一〇年一二月七日発内田外務大臣発ワシントン会議全権宛電報『日本外交文書　ワシントン会議』上、三〇六、三〇七頁。
(88)大正一〇年一二月九日発内田外務大臣発ワシントン会議全権宛電報『日本外交文書　ワシントン会議』上、三〇七、三〇八頁、大正一〇年一二月一七日着ワシントン会議全権発内田外務大臣宛電報『日本外交文書　ワシントン会議』上、三一八頁。
(89)「阪谷芳郎日記」、大正一〇年一二月五日条。阪谷が一二月五日横浜正金銀行経由で渋沢に宛てた電報。
(90)大正一〇年一二月七日付阪谷芳郎宛徳川家達書翰（「阪谷芳郎関係文書」三〇五―四）。
(91)例えば、「評判の好い徳川公の演説　日本に対する列国の気受けが非常に好くなつた」『読売新聞』大正一〇年一二月一三日付朝刊、二頁、「国際了解時代　侵略と軍備競争は過去のもの」『東京朝日新聞』大正一〇年一二月一五日付朝刊、二頁など。
(92)「河井弥八日記」、大正一〇年一二月一五、一六日条。佐佐木行忠が新団体設立の申請を行った。
(93)前掲『貴族院の会派研究会史　明治大正篇』、三三九〜三四一頁。
(94)「河井弥八日記」、大正一〇年一二月二一日条。
(95)「河井弥八日記」、大正一〇年一二月二一日条。ちなみにこの時の仮議長は近衛文麿（研究会）。
(96)「河井弥八日記」、大正一〇年一二月二七日条。
(97)大正一〇年一二月二八日着ワシントン会議全権発内田外務大臣宛電報『日本外交文書　ワシントン会議』上、三四四、三四五頁。

(98)『第四十五回帝国議会貴族院議事速記録』、大正一一年一月二七日、九五、九六頁。

(99) 大正一一年一月二八日発内田外務大臣発在米国幣原大使宛電報『日本外交文書　ワシントン会議』上、三八〇、三八一頁。

(100) "TOKUGAWA IS GOING HOME ; Will Sail From San Francisco on Jan. 13." *The New York Times*, December 30, 1921, Page 3.

(101) "TOKUGAWA SEES GREAT SUCCESS WON ; Says Conference Has Shown Japan and America That Both Are for Peace." *The New York Times*, January 7, 1922, Page 3.

(102)「河井弥八日記」(『河井家文書』一三一―一三)、大正一一年一月二日条。

(103)「河井弥八日記」、大正一一年一月六日条。

(104)「幸三派交渉か　徳川全権批評」『東京朝日新聞』大正一〇年一二月一五日付夕刊、一頁。

(105)「河井弥八日記」、大正一〇年一二月九日条。

(106)「河井弥八日記」、大正一一年一月一四日条。

(107)「河井弥八日記」、大正一一年一月一五日条。

(108)「河井弥八日記」、大正一一年一月一六日条。

(109)「河井弥八日記」、大正一一年一月一九日条。

(110)「河井弥八日記」、大正一一年一月二四日条。

(111)「河井弥八日記」、大正一一年一月一四日条。

(112)「徳川貴族院議長関係覚書」(『河井家文書』E―一二九―八五)。

(113)「河井弥八日記」、大正一一年一月一七日条。

(114)「河井弥八日記」、大正一一年一月二七、二九日条。

(115)「河井弥八日記」、大正一一年一月三一日条。

(116)「河井弥八日記」、大正一一年一月三〇日条。

(117)「徳川全権の得意」『東京朝日新聞』大正一一年一月二九日付朝刊、二頁。

(118)「河井弥八日記」、大正一一年一月三〇日条。
(119)大正一一年二月一日付徳川家達宛内田康哉書翰案文（「外務省記録」二門四類三項四―一号、〇四〇一八九、〇四〇一九〇）。
(120)「全権弾劾の叫び　コレア丸へ決議文を送り東京駅で示威運動」『東京朝日新聞』大正一一年一月三〇日付朝刊、三頁。
(121)「徳川全権を弔旗で迎へる　今日大役を終へた晴の帰朝を対米同志会が対策に就て協議　中野永井馬場三氏の昨日の獅子吼」『読売新聞』大正一一年一月三〇日付朝刊、五頁。ちなみに、中野は中野正剛、永井は永井柳太郎、馬場は馬場恒吾である。
(122)「徳川全権は宴会使節　「無能振を見よ」と」『読売新聞』大正一一年一月三〇日付朝刊、五頁。
(123)「華府会議批判（上）　望月小太郎氏談」『時事新報』大正一一年一月一〇日付朝刊、二頁。
(124)例えば、「徳川全権を歓迎しない会　会衆集らず」『東京朝日新聞』大正一一年一月三〇日付夕刊、二頁、「万歳も起らず　東京駅の寒い顔触れ」『東京朝日新聞』大正一一年一月三一日付夕刊、二頁、「盲千人の世だ　批評は御勝手　昨日帰朝した徳川公　国民を盲人扱ひにす　会釈もそこ〳〵に横浜上陸」『読売新聞』大正一一年一月三一日付朝刊、五頁など。
(125)吉野作造「外交に於ける国民的恣意運動の価値」（吉野作造『吉野作造選集』六〔岩波書店、一九九六年〕、初出『中央公論』大正一一年一月号）、二三六頁。
(126)小松緑『華盛頓会議之真相』（中外新論社、一九二二年）、三二七、三二八頁。
(127)「政界閑話」『東京朝日新聞』大正一一年一月二三日付朝刊、二頁。
(128)「貴族院閑話　徳川公を迎へる」『東京朝日新聞』大正一一年一月三〇日付夕刊、一頁。
(129)「貫禄の落ちた議長と外相」『東京朝日新聞』大正一一年二月五日付朝刊、二頁。
(130)「河井弥八日記」、大正一一年二月四日条。
(131)「河井弥八日記」、大正一一年二月五日、三月一四日条。
(132)「河井弥八日記」、大正一一年二月一五日条。この日は「和洋おでん式食事」であった。
(133)「河井弥八日記」、大正一一年二月一四日条。
(134)「河井弥八日記」、大正一一年三月一三日条。
(135)「お行儀の悪くなつた徳川議長」『国民新聞』大正一一年二月七日付朝刊、二頁。
(136)「河井弥八日記」、大正一一年二月七日条。

(137) 倉富勇三郎日記研究会編『倉富勇三郎日記』第二巻（国書刊行会、二〇一二年）、大正一一年二月二三日条、五九八頁。
(138)『倉富勇三郎日記』第二巻、大正一一年七月一九日条、七五八頁。
(139) 尚友倶楽部・季武嘉也編『田健治郎日記』五（芙蓉書房出版、二〇一五年）、大正一一年四月一三日条、二三六、二三七頁。田はこの頃有力な首相候補と見做されていたとされる（伊藤之雄『大正デモクラシーと政党政治』〈山川出版社、一九八七年〉）。
(140) 石射猪太郎『外交官の一生』（中央公論社、一九八六年〈原本は太平出版、一九七二年〉）、一〇二、一〇三頁。石射は「徳川さんはわが全権団でははなはだ不評判であった。本来骨髄まで貴族的であるのに、強いて外面に平民ぶりを示そうとする表裏の矛盾が、接触するほどの者にすぐ感ぜられて、好感を持たれないのであった」と批判している（一〇〇頁）。
(141)『上田貞次郎日記　大正八年―昭和一五年』、六三頁。
(142) 前掲「徳川全権の得意」『東京朝日新聞』大正一一年一月二九日付朝刊、二頁。
(143)「徳川議長の政局観」『東京朝日新聞』大正一一年五月九日付朝刊、二頁。
(144) 前掲『貴族院の会派研究会史　明治大正篇』、三五一頁。これに対して、当初、佐佐木行忠は家達を研究会所属と勘違いしていた（前掲『佐佐木行忠と貴族院改革』、一四頁）。
(145) 前掲「貴族院閑話　徳川公を迎へる」『東京朝日新聞』大正一一年一月三〇日付夕刊、一頁。

第五章　憲政常道期の貴族院議長・徳川家達

本章では、第二次護憲運動から政党内閣期における貴族院議長・徳川家達の政治的言動を分析し、当該期における議長・家達の政治的性格、および貴族院の様相の一側面を明らかにする。清浦奎吾内閣[1]以後の貴族院研究は、加藤高明内閣による貴族院改革や[2]、研究会、交友倶楽部などによる貴族院の「政党化」の様相を中心に進展した[3]。しかし、一連の動向に対応することとなった議長・家達に関しては、史料的制約もあり不分明のままであった。

昭和二（一九二七）年、家達は近衛文麿を中心とした公侯爵議員による会派・火曜会に入会した[4]。この火曜会について、後藤致人氏は、貴族院を政党政治のチェック機関に戻すことを主眼とした近衛が、時の内閣によって任命される勅選議員の改革を企図したものと整理した[5]。また、内藤一成氏は、近衛が研究会を脱退し、火曜会を結成したことで、水野直が進めた「大研究会路線」は破綻し、研究会、公正会を中心としながら、火曜会が世襲議員会派として超然的な位置に立ち、残りは交友倶楽部、同成会などが割拠する事態になった、とまとめた[6]。では、これまで特定の会派に属することのなかった議長・家達がなぜ火曜会に入会したのだろうか。さらに、そのことが議会運営にどのような影響を及ぼしたのかを分析することは、この時期の議長・家達の動向を内在的に理解するうえで必要不可欠な事項である。

昭和五年、家達は自ら渡欧して列国議会同盟に参加した。その見聞は翌年の制度調査会結成につながったが、この調査会での議論は見るべき成果は上がらず、といった否定的な評価が付された[7]。本章で検討するように、家達はこの時期、研究会を御することに苦心しており、一方、研究会もこれまで家達が独占してきた特別委員の選出に揺さぶりをかけていた（貴族院規則第五三条第二項）。実は、この特別委員指名に関する議論も制度調査会では行われていたのだが、これまで言及されることはなく、研究会の決議拘束主義に対する反発（主に火曜会の佐佐木行忠や有馬頼寧）に注目が集まっていた[8]。特別委員の指名は議長・家達の権力の根幹に関わるものであったが、火曜会入会によって議長としての「公平」さにより疑念の目が向けられると、各派は家達の人選に対して反発を示すようになる。

以上の整理をもとに、本章では左の五点を分析する。（一）貴族院にとって大きな曲がり角となった清浦内閣に対して、家達が採った態度について。（二）護憲三派内閣成立後、現実味を帯びる貴族院改革に対して、これまで未検討であった貴族院事務局の対応について。（三）その審議過程において議長・家達による特別委員選出に対する各派の不満が高まっていたことについて。（四）新たに結成された火曜会と家達の関係を検討し、これまで会派に属さず「公平」な議会運営を志向していた家達が火曜会に入会した理由について。（五）各派から表出する議長・家達への不満に対して、昭和六年、家達は貴族院制度調査委員会を貴族院内に設置し改革を目指した。この調査会での議論と家達が直面する特別委員指名問題の検討を通して、各会派と議長・家達との関係の変容について。以上の検討をもとに、冒頭に掲げた本章の課題に答えることにする。

第一節　清浦奎吾内閣と議長・徳川家達

大正一三（一九二四）年一月、第二次山本権兵衛内閣総辞職を受けて後継首班の大命を受けた清浦奎吾は、研究会に協力を要請し、組閣を開始した。組閣を完了した清浦は、早速貴族院正副議長および各派交渉委員を招待し、新内閣成立の挨拶を行った。(9) 徳川家達も年末年始の休会明け直前には恒例の国務大臣・交渉委員招待会を開催するなど、(10) 本会議再開までの貴族院は穏やかな様相であった。

しかし、衆議院を中心に始まった「特権内閣」に対する批判は次第に貴族院へも波及していった。例えば、反研究会の立場を全面に押し出す中川良長は、貴族院を中心とした清浦内閣は「人心ヲ荒廃セシメ、社会階級ノ闘争」の端緒となり、また「二院制ノ貴族院本来ノ面目ヲバ棄テテ仕舞」うと、清浦の施政方針演説に対して批判した。(11) 清浦は、内閣の施政はあくまで「民意ニ副フノ政治ヲ致シテ国利民福ヲ図」るものと答弁したが、(12) 内閣を取り巻く政治状況は厳しくなる一方であった。なお、清浦は本会議で「貴族院議員内閣ト称ヘタルコト無シ、唯閣臣ノ多クヲ貴族院中ノ適材ニ求メタ」のみと主張するも、組閣時に政党に対して「別ニ援助ヲ求メタルコトハアリマセヌ」と発言するなど、(13) かなり苦しい弁明を行っていた。

清浦内閣批判のみならず貴族院のあり方にまで言及した中川のこの発言は、院内で「不当」と見做され、とりわけ研究会は激怒した。(14) 河井弥八貴族院書記官長は家達の了解を得て中川を呼び出し、演説の用語の不穏当さを指摘し、中川自身によって発言を自発的に取り消すよう促した。しかし、中川はこの提案を受け入れることはなかった。(15) そのため、家達はやむを得ず本会議で、「議長ハ常ニ議員諸君ガ十分ニ御意見ヲ発表セラルルヤウ御便宜ヲ図ルコトヲ以テ念」とし、「御発言ノ如キモ演説者ノ御人格ヲ信頼シテ不都合ナル御言葉ハナイモノトト存ジテ居」

るが、「近来ノ情勢ヲ察シマスルニ、往々ニシテ穏当ヲ欠ク御言葉ノアル嫌ノアルコトハ本院ノ為ニ深ク遺憾」であるので、議員に対して「貴族院ニ於ケル言論ノ品位」を自覚するように、と注意を喚起した[16]。中川の呼び出しや本会議での注意からもわかる通り、家達は貴族院のあり方に深く関わるこの発言を深刻に捉えていた。

では、家達自身は清浦内閣に対してどのような考えを有していたのだろうか。一月二四日、護憲三派の少壮議員が家達のもとを尋ね、清浦内閣に対する態度を質問し、家達がそれに応答した一部始終が新聞に掲載された[17]。

政党にも関係のないものが内閣を組織する事は立憲国に於て宜しくない事と思ふ、諸君の御承知の通り十一年程前、第一次山本内閣が倒れた時私に大命が降つた事がありますが私は直ちに之を拝辞しました、貴族院に居つて政党にも関係なきものが内閣組織の大任に当るべきものではないとの私の信念の結果に外ならぬのでありました、将来にもさう云ふ事はありますまいが、私の如きものに対し万々一大命が降るが如き事ありと仮定しても、私は前述の如き信念に依つて断じて御受はしませぬ、若し私が大命を拝して内閣を組織する如うな事がありとすれば、夫は先づ私が自ら政党を組織して後の事であります、之に依りて諸君は私の心事を十分に御諒察されたい

加えて、家達は「この度の政変に関係したものは貴族院の一部で全体ではないから、貴族院全体として誤解されない様に願ひたい」と述べ、「之は皆な私個人として申上げるのでありますから左様御諒承を願ひたい、貴族院の議長としては貴族院全体の決議に依らなければ何も申上げられませぬ」と断った。つまり、議長としては「貴族院全体の決議」(=「院議」)によらねば何も言及できないが、個人としては清浦内閣誕生を「貴族院の一部」による政変と見做し、「政党にも関係のないものが内閣を組織する事は立憲国に於て宜しくない」と批判したのである。

また、英国の事例――第一次ボールドウィン〔Baldwin, Stanley〕内閣総辞職から第一次マクドナルド〔MacDonald, James Ramsay〕内閣成立――をうけて「実にうらやましい事」と述べ、「政党に居るものが内閣を

組織する事が正当」と付け加えた。ワシントン会議帰国以後、家達は政党内閣誕生を志向する発言を行っており[18]、家達の意志に変化はない。家達はこの一連のやりとり、つまり、（一）「清浦子組閣前ニ於ケル感想談」、（二）「徳川公ノ嘗テ大命ヲ拝辞シタル理由」、（三）「英国政変ノ状況ニ対スル感想」、（四）「研究会へ注意スルコトハ考慮スル件」を河井に事後報告した[19]。

ここで家達がイギリスの政変に言及したことは注目に値する。保守党政権を率いていたボールドウィンは、首相に選出されるにあたり衆議院議員であることが重視された。そのボールドウィンが総辞職した後は野党労働党党首であったマクドナルドによる政権が樹立したことで、総選挙かもしくは議会での採決に敗北した首相が、君主と相談の後に反対党の党首を後継首班に推薦する政治慣習が確立されるに至った[20]。かつてイギリスに留学し、イギリス議会や貴族のありかたを目の当たりにした家達[21]にとって、総選挙の結果に根拠を置く政権交代は理想の議会政治のあり方と映ったのだろう。

だが、この発言が「徳川議長の現閣反対意見」（『東京朝日新聞』）、「政党に関係無い者が内閣組織は間違」（『読売新聞』）といったタイトルで記事となったことが問題となった。当然、研究会は家達への批判を強め、一部の「少壮議員」は「徳川家達公は貴族院議長の身でありながら清浦内閣弾劾的の口吻を漏らさる丶如きは極めて不穏当不謹慎も甚だしいものである」と言及し、家達への対決姿勢を見せた[22]。家達は「個人」の立場で意見を述べたが、研究会は「貴族院議長」である家達が批判を行ったとして憤慨したのである。一連のやり取りの結果、家達も清浦を訪問し、記事の内容について訂正を行ったと報道された[23]。

繰り返しになるが、ワシントン会議から帰国して以降、家達は政党内閣を志向する発言をたびたび行ってきたが、それ自体政治的な文脈を帯びることがほとんどなかったため、その言動に対して非難が集まることはなかった。しかし、今回はそれまでと異なり、明確に貴族院内部から反対の声が生じた。家達がこれまで議長として院内に対する「公平」を矜持としてきたにもかかわらず、清浦内閣批判（＝研究会批判）と取れる発言を行い、研究会から反発を受けたことは、これまでの家達の様相とは異なる状況であった。つまり、今回、家達は明確に自らの政治観を反映させた内閣批判を行ったと広く受け止められたのである。家達は清浦へ訂正を行ったと報道されたとはいえ、最大会派である研究会との関係を悪化させたことは以後の議会運営にも大きな影響を及ぼす可能性が生じた。家達からしてみれば、ワシントン会議時に続き、再び「舌禍」問題を生じさせてしまった。

その後、家達は貴衆両院の融和の途を開き、状況の改善を図ろうとする。その一策として、一月末に粕谷義三衆議院議長主催のもと、真率会を開催する予定だったが、貴族院側の参加者がわずか一三名しかおらず、河井は急遽出席者を補充するために各派に参加を呼びかけることとなった。[24]しかし、貴族院内では「研究会ニ対スル詰問頗旺ナリ」[25]と河井が記すほど状況は悪化しており、他の会派も清浦内閣に対して「時局解決方」を試みるなど、会に参加する余裕はなかった。[26]混迷を極める政局への様子見か、各派は真率会に参加することを見送ろうとしており、[27]政界全体にわたって「清浦内閣ニ対スル反感次第ニ高キカ如シ」といった状況に陥っていた。[28]懇談の「場」を設けることで円滑な議会運営を図っていた議長・家達にとって、かかる状況は極めて由々しき事態であった。一方、清浦は貴族院各会派からの「忠告」を容れず、各会派も内閣への働きかけを中止した。[29]貴族院の混乱が直接の原因となったわけではないが、清浦内閣は衆議院の解散に踏み切った。

第二節　貴族院改革問題と議長の議会運営への批判

1　貴族院改革問題

総選挙後に誕生した内閣は護憲三派による加藤高明内閣であった。その加藤内閣のもと貴族院改革の議論は本格化する。しかし、貴族院側は院内による自発的な改革を志向する声が大きく、阪谷芳郎（公正会）のように、「貴族院の改革を唱ふる前に、既往に於て貴族院は如何なる善き立法に反対したりや、又如何なる悪しき立法に賛成したりや、其功罪如何を挙げざるべからず[30]」と反発し、「貴族院制度改正ノ件ニ衆議院ノ建議ヲ不可[31]」、すなわち、勅令で定められた貴族院令の改正が衆議院の発議により行われることを良しとしないと考えていた議員は大多数にのぼったと思われる。

大正一三（一九二四）年七月一八日、衆議院で「貴族院制度改正ニ関スル建議案」が箕浦勝人他三四名によって提出された[32]。この中では公侯爵議員の世襲制度改正にも言及があり、公侯爵議員の欠席増加が問題点として指摘された。ただし、公侯爵議員は宮内省に勤務している場合も多く、宮内官僚が議会に出ることは避けられていたため、公侯爵議員の欠席者は増えざるを得なかった。この建議案は政友本党の反対があったものの、二九六対七七で可決された。

貴族院改革が実際の政治過程に上がったことを受け、河井弥八貴族院書記官長はたびたび江木翼内閣書記官長と打ち合わせを行い[33]、徳川家達貴族院議長とも意見を交換した[34]。一〇月一〇日、加藤内閣は内閣部内に貴族院制度改善調査委員会を設置し[35]、さらにその調査補助委員を貴族院議員から選出しようとした[36]。一〇月一四日、先に内閣側は四名を選出し[37]、江木は家達に貴族院から補助委員を選出することを相談したが、家達は謝絶した[38]。だが、江木は再度要求してきたため、河井は総理大臣官舎に赴いて家達の意向を説明した[39]。家達の具体的な意向は不明だが、家達は内閣側の方針に納得しなかったものと考えられる。その傍証として、新聞報道によると、内閣側は改革案を「貴族院の権限に関する事項」と「貴族院の組織に関する事項」に大別し、権限に関する事項は憲法に抵触しない範囲において議院法の改正などを目指すとしたが[40]、河井は「其条項ハ少キカ如シ[41]」と記しており、家達も同様の意見だったものと思われる。また、そのような方向性の違いが内閣との交渉を複雑にしたのだろう。だが、内閣側が項目を発表した以上、貴族院も対応する必要に迫られた。家達は河井を介して江木と再び補助委員任命の件で協議を行い[42]、また河井も各種資料を調査し江木と協議を続けた[43]。

いよいよ貴族院改革が審議される第五〇議会が開会した。元老・西園寺公望は、貴族院改革問題が「頗る微温的の改正」となるとを予見しており[44]、その西園寺に情報を届ける松本剛吉は、貴族院改革に関して政友会側の中心であった横田千之助法相と議論を重ねていた。両者の間では公侯爵議員の互選問題が話題となるも、その具現化の可能性は低いと判断していた[45]。とはいえ、西園寺は研究会の代表格でもあった近衛文麿に対し、松本を介して「貴院改革に極力尽力し成る可く通過に努むる様」伝言するなど、一定の成果が出ることを願っていた[46]。これに応えるかのように、研究会は近衛を通じて加藤と改革案を協議していた[47]。だが、大正一四年二月二日、横田が死去したことにより、松本―横田ラインによる貴族院改革問題への介入が行き詰まりを見せることとなった。

一方、年末年始の休会中、河井と江木はさらに協議を続けていた[48]。二月一七日、貴族院改革案は枢密院へ諮詢されると、各派間の有志二七名において改革案に対する調査会設置の議論が生じた[49]。これは一六日、研究会、公正会、交友倶楽部、茶話会の幹部数人が会合を行い、改革案を調査研究し、政府案が提出されるまでの準備をしたいと申し合わせたことが背景にあった。この意図は、できるだけ改革を「微温的」なものにしたいという企図があったという[50]。しかし、このような動きは内閣主導で改革を行いたい加藤内閣との間に対立を深めることとなった[51]。有志は協議のために懇談会を催すことを決め、研究会からは近衛、青木信光、渡辺千冬、交友倶楽部からは南弘、橋本圭之介、茶話会からは倉知鉄吉、石塚英蔵、公正会からは藤村義朗、船越光之丞が出席した[52]。さらにこの懇談会は他派からの参加者を増やし、三〇名の会合となった[53]。一方、加藤内閣は枢密院での審議に資するため、貴族院事務局に対して過去七年間にわたる爵位ごとの議員出欠状況、および公侯爵議員の他職務兼任状況を報告することを要求した[54]。これは欠席が多いと批判される公侯爵議員の議会参加状況の現状を把握することで、公侯爵議員の互選を導入する意図があったものと考えられる。

そのような中、公正会の阪谷、船越、矢吹省三の三名が家達のもとを訪問し、政府と議長との間に改革案提出についてて了解事項があるのかを問い質した[55]。続いて二月二四日、各派による協議会が開催され、各派は互いの意見を交換し、なるべく一致した行動をとることを話し合ったうえで、八条隆正（研究会）、石塚、南が代表して、この会の趣旨を家達に伝達するように河井に要求した[56]。内閣側の改革案が不明な中、家達が内閣とどのようなやり取りを行っているのかを知ることもできず、明らかに議員たちの苛立ちは高まっていた。そして、協議会は代表者三名を若槻礼次郎内相に面会させ、改革案の内示を要求するも、若槻はそれを拒否した[57]。このように、秘密主義で内閣主導により進められた貴族院改革は、貴族院議員と内閣との関係を悪化させた。

三月三日、枢密院での審議結果を受けて、二上兵治枢密院書記官長、河井、江木の三者による協議を行い[58]、いよいよ貴族院改革案は本会議の俎上に載せられることとなった。協議会も対策を練るために会合を繰り返したが、依然として政府案は内示されないままであった[59]。内閣への攻撃的な姿勢を強める貴族院議員に対して、家達は各派から交渉委員一名ずつを呼び寄せ、「議院内ニ於ケル言論ヲ慎マレタキコト」、「特ニ衆議院ノ非難ニ亘ル如キコトハ一層注意セラレタキコト」を告げた[60]。家達は衆議院との間に不用意な対立を避け、貴族院における言論の品位を求めたのである。

議会審議前日である三月九日、家達は各大臣と各派交渉委員を招待した懇親会を催し、円滑な審議を願った[61]。この背景には、松本が「貴族院硬派の鼻息頗る荒く、何時如何なる事態を現出するやも計られず、交友倶楽部は研究会との提携を解かんと焦るものあり。研究会勅選中の最硬派は馬場〔鍈一〕、湯地〔公平〕、勝田〔主計〕、佐竹三吾、西野元、宮田〔光雄〕等にして、之に引摺らる、ものは青木、渡辺子等なるが、青木子は子爵団の重鎮なるが故頗る面倒[62]」と観察していたごとく、研究会や交友倶楽部内部も分裂傾向を示しており、議事が紛糾する可能性を家達が憂慮していたためと思われる。

2　特別委員選出への批判

三月一〇日、貴族院改革案は枢密院の可決を経て貴族院に提出[63]されたが、先述の松本の不安はすぐに現実のものとなる。貴族院本会議では加藤内閣より法案提出説明が行われ、次いで議員からの質疑があり、その後、改革案は特別委員二七名に付託することに決定した。だが、その特別委員の選出方法について、交友倶楽部が研究会に対して議場における選挙で決定することを交渉するといった事態が現れた[64]。新聞紙上では、交友倶楽部が和田彦次郎を普選案の特別委員に、南を貴族院改革案の特別委員に選出されることを希望するも、両者ともその指名に漏れたことを不満とし、将来的に特別委員は議長の指名によらず一般投票で決すべきことを画策している、と報道されていた[65]。普選案は三月四日から七日まで審議が行われており、特別委員の数は二七名で貴族院としては最大数であったものの、家達による指名（＝議長一任）自体に一部各派の不満はくすぶっていた[66]。

同日、貴族院令改正の特別委員選出を議長・家達に一任することに不満を有していた研究会と交友倶楽部は、鎌田栄吉（交友倶楽部）に本会議休憩の動議を提出させた。家達は突如提出された休憩動議に困惑したものの、鎌田が改めて一時間の休憩を求めたため、議場で多数決を採ることにし、その結果、賛成多数により本会議を休憩することとなった[67]。新聞報道によれば、この動議は研究会、公正会、交友倶楽部、茶話会各派幹部の諒解のうえであったという。その理由として、「近時徳川議長が兎もすれば政府の肩を持つ嫌ひあり、漫りに議員の発言を妨げ且又普選案に対する委員の選任の如きは独断専行が余りに多かつたのに原因」があるとされた[68]。彼らが「議長一任」による特別委員指名を内閣寄りと見做したことは、貴族院改革案に対する政府の秘密主義への批判の延長線上にあった。

先述の動議による本会議休憩中、四派（研究会、公正会、交友倶楽部、茶話会）により特別委員指名について協議が行われた。そこでは、貴族院改革案のような重大案件は議場選挙によって決定すべしとの意見が多数となった[69]。この結果をうけ、研究会は近衛を家達のもとに遣わし、議場選挙による特別委員の選出を要求するも、家達はそれを拒絶した。だが、家達も「到底研交二派ノ議ヲ枉クルコト能ハサル」と判断し、家達はやむを得ず特別委員を「倍数ノ候補者中ヨリ選定」することを近衛に返答した[70]。つまり、各派間の協議により規定人数の倍にあたる特別委員候補の名簿（今回は五四名）を作成し、家達はその中から特別委員を選ぶことにしたのである。最終的に特別委員に選ばれたのは、近衛文麿（委員長・研究会）、岡野敬次郎（副委員長・交友倶楽部）、小笠原長幹、大木遠吉、青木信光、牧野忠篤、前田利定、水野直、八条隆正、鈴木喜三郎、馬場鍈一、佐竹三吾、池田長康、横山章（以上、研究会）、阪谷芳郎、船越光之丞、藤村義朗（以上、公正会）、石塚英蔵、倉知鉄吉、矢口長右衛門、（以上、茶話会）、鎌田栄吉、鎌田勝太郎（以上、交友倶楽部）、菅原通敬、西久保弘道（以上、同成会）、佐佐木行忠、永田秀次郎（以上、無所属）、松本烝治（純無所属）であった。家達は、佐佐木に対して「議長は特に不公正なことをやらない、誰れがみてもそうだと思う人選をするのだから安心してよいじゃないか」と述べ、佐佐木は、家達が各派から人選に干渉されることが余程嫌がっている、と感じていた[71]。議長・家達にとって、各派から向けられた議長一任への不信に戸惑いを隠せずにいたのである。

繰り返しになるが、貴族院において特別委員の選定は、議員の動議によって議長指名に一任されることが慣例となっており、佐佐木に洩らしたように、家達は「誰れがみてもそうだと思う人選」を行っていた自負があった。ただし、そこで選出された委員の顔触れに対する解釈の余地は常に存在する。そこに見える「配慮」の向きが奈辺にあるかは、各々の受け手の立場に強く左右される不安定なものであったことは否めない。それゆえ、研究会と交友倶楽部は自派に有利な審議、すなわち政府案への反対のために、家達への一任を拒否し、議案審議の主導権を握ろうとしたのである。これまで、特別委員の指名権を握っていることは議員に対する議長・家達の大きな権力の源であったが、ここでその根幹が揺らぐこととなった。この日、河井が日記で「嗚呼」と嘆いたのも無理はない。[72]

審議が進む中、西園寺は松本と水野直を通して貴族院が内閣支持によって貴族院改革案を可決するように尽力していた。[73]だが、研究会、交友倶楽部と内閣との関係はさらに悪化する。[74]松本は「政府の弱点は寧ろ対貴族院関係」であり、若槻、江木の手腕を疑問視し、かつ研究会は「昔日の研究会に非ず」、ほとんど統制を欠いた状況と分析していた。[75]研究会の混乱は一層深刻となり、研究会は「伯子団の結束を固くし、勅選組に引摺らる、ことを憤慨」する一方、「勅選組は研究会を脱会するも厭はず」と「非常なる混乱に陥」ったとされる。[76]

結局、改正案は特別委員会で若干の修正を施したうえで三月二五日に議決され、同日の本会議で委員会報告通り修正可決された。[77]

3　貴族院令関係諸規則案の協議

第五〇議会で貴族院関連規則を改定することが決まると、貴族院もその対応に追われた。決定事項の施行細則を検討するため、貴族院は内部で委員会を組織し、その審議を行うこととなった。一〇月二一日に開催された各派交渉会で、貴族院令改正による貴族院規則制定・改定に関して、各派より二名の委員を出すことを申し合わせた。[78]事務局でも河井以下、書記官を中心に改正案を作成し会議に備えた。[79]ここでは委員とそこで付された議論について簡単に紹介したい。

貴族院令関係諸規則案協議委員会と名付けられたこの委員会は全四回（大正一四年一一月一六日、一七日、二一日、一二月八日）開催された[80]。参加した議員は以下の通りである。協議委員（総員一四名）は渡辺千冬、馬場鍈一（以上、研究会）、荒川義太郎、石塚英蔵（以上、茶話会）、船越光之丞、松岡均平（以上、公正会）、河村譲三郎、石渡敏一（以上、交友倶楽部）、菅原通敬、西久保弘道（以上、同成会）、細川護立、阪本釤之助（以上、無所属）、桜井錠二、松本烝治（以上、純無所属）。オブザーバーとして徳川家達貴族院議長、蜂須賀正韶貴族院副議長が参加し、貴族院事務局からは河井弥八書記官長、成瀬達議事課長、長世吉庶務課長、瀬古保次委員課長が参加した。

審議は細川を委員長に選出して開始された。今回議論に付されたのは、（一）貴族院議員資格及選挙争訟判決規則（帝国学士院会員議員追加に関する件）、（二）貴族院令第五条第三項の議決に関する規則[81]（勅選議員の老衰者退職に関する件）、（三）貴族院規則中改正案[82]（公侯爵議員辞任の件）であった。なお、ここではそれぞれの議案に関する審議状況の詳細な検討は省略する。第一回の委員会は、河井より発案の趣旨が詳述され、（一）について質疑が行われた[83]。第二回では、（二）に関して各条にわたって意見交換を行い、次に（三）を議論した。しかし、議論が紛糾したため、船越、松本、馬場の三名による小委員会を設け細部を検討することとなった[84]。そして、第三回は、小委員会の修正案を議論し、仮決定がなされた。事務局より仮決定の結果を印刷し、各派を通して全議員に通達、各派ごとに意見を集約することを求めた[85]。最後に、第四回において全議案が成案となり、事務上の打ち合わせを完了させた。終了後、議長より委員一同に対して晩餐が振る舞われた[86]。

委員会では、第五一議会本会議第一日に三案を議事日程に載せ、一気に可決させる方針を定めた。一二月二八日、貴族院本会議において細川護立他一三名発議により（一）貴族院議員資格及選挙争訟判決規則案、（二）貴族院令第五条第三項ノ議決ニ関ル規則案、（三）貴族院規則中改正ノ動議が提出され、若干の議論を経て原案可決となった[87]。

4 議長・家達への不満

大正一五年七月、これまで長年家達を支え続けた河井が貴族院書記官長から内大臣秘書官長に転任し、後任の書記官長には成瀬議事課長が昇任した。

貴族院改革案を審議する際に生じた、議長・家達による特別委員選出の不満は以後も噴出した。その一例を挙げよう。昭和二（一九二七）年、第一次若槻礼次郎内閣が提出し、連繋付託となった震災手形損失補償公債法案、および震災手形善後処理法案に対する特別委員を何人選出するかが問題となった。三月五日、貴族院本会議において阪谷が、この二案は「極メテ重大ナ関係ヲ有ス」るので、九名ではなく一五名の特別委員に付託すべきと動議を出した。家達は起立によってその賛否を問うも「少数」と宣告し、九名の特別委員を選出しようとした。しかし、その起立人数と家達の判断に議員から異議が続出し、改めて記名投票によって是非が諮られた。その結果、賛成一〇八名、反対八二名により阪谷の動議が可決された(88)。

これまで議場での「院議」を重んじてきた家達がそれを無視するかのような判断を下したことは、各派から激しい批判を呼ぶこととなった(89)。今回家達が採ろうとした九名説は研究会が提唱していたものであり、家達がそれに寄り添ったと見做されたこともあわせて問題視され、家達の「十六代様」的議会運営に対する非難が報道された(90)。後述するように、家達は特別委員選定の際には研究会の意向を窺うこともあると報じられており(91)、記名投票の結果を見ると、家達の判断に疑問を持った議員や反研究会の立場を採る会派が、阪谷の動議に対して賛意を表したものと考えられる。先述のごとく、「議長一任」による家達の「公平」な特別委員指名は「政党化」した会派にとって無条件には受容し難いものとなっていた。第五〇議会時では加藤内閣対研究会、交友倶楽部（+公正会、茶話会）に基づく議長・家達への批判だったが、今回は研究会対公正会（+他会派）の構図を示しており、「議長一任」への反発は現実の政局と院内会派の政争に大きく左右されていく。これまで議長として内閣と貴族院の融和を望み、議会政治を裏面から支えていた家達だったが、「政党化」した会派への対応により苦慮することとなる。

議会終了後、第一次若槻内閣は総辞職し、田中義一内閣が成立した（昭和二年四月二〇日）。新内閣成立までの間、家達は「円満会」を開催し貴衆両院事務局の疎通を図った。[92]侍従次長となっていた河井は、院外から常に議長・家達の言動を心配しており、「貴族院書記官長に対する批評の件、特別委員撰定方法の件」などを家達と相談していた。[93]

なお、新内閣発足直後、田中内閣は鈴木喜三郎内相のもと、地方長官の人事異動を行ったが、その党派性の極めて強い人事には天皇・宮中を含め多くの批判が寄せられた。[94]家達も多分に漏れず、河井に対して「地方長官更迭頗る多ク地方行政ノ為メ余り可悦コトニハ無之ト存候」と書き送っていた。[95]感想に過ぎない文言ではあるが、家達が二大政党による政権授受の弊害を深く憂慮していたことが窺える。

第三節　火曜会の誕生と徳川家達の入会

1　近衛文麿の行動

昭和二（一九二七）年一一月、研究会から代表格として迎えられていた近衛文麿は、次第に研究会に愛想を尽かし、「貴族院の正当な歩みを考え」脱退を決意した。[96]すぐさま研究会所属の公侯爵議員である一条実孝、四条隆愛、広幡忠隆、中御門経恭、中山輔親が近衛に賛同したという。[97]近衛は一一月一三日、研究会脱会を貴族院事務局に報告し[98]、各会派に分散する公侯爵議員をまとめることに着手した。そのような動きを報じる新聞紙上では、近衛の協力者として徳川家達の名前も挙がっていた[99]。

近衛文麿（国立国会図書館ウェブサイト）

佐佐木行忠によると、家達は昭和二年夏頃より近衛を中心とした公侯爵の会派を作り、「純正なる議員としてその使命を果したい」とし、「甚だ」、「極めて熱心」に近衛による新団体発足を支援していたという[100]。事実、家達は、「僕は公侯爵団体組織の計画に加わつた同志の一人だもの、今更新団体に入会するのは問題でない。別に秘密に計画したわけではなく、世間の人が気付かなかつたのである。話の始まりは何年も前のことだが、具体的協議に入つたのは今年晩春初夏の候だつたと思う。貴族院の現状並に将来を顧慮した近衛、木戸〔幸一〕、細川〔護立〕、広幡〔忠隆〕の諸君や、死んだ二条〔厚基〕公などが熱心に提唱したもので、僕も世襲議員の結束非ならずとして同志の一人に加わり、爾来協同して実現に骨折つた」と述べていた[101]。では、近衛や家達は貴族院の如何なる点を問題としていたのだろうか。一一月一七日付の新聞紙上で近衛は自らの考えを発表した。

近衛は、貴族院改革問題の行きつく先が「組織改善か権限縮小」となることを承知しているものの、組織に関しては「一朝一夕で解決出来」ないため、まず「権限」から着手すべきと考えていた。しかし、「法律的に権限を縮小」するには憲法問題が生じるため、「法に触れず運用の上に事実上の権限縮小」を目指すこととした。そこで、貴族院が「事実上の権限縮小」するためには、現行の制度の下で「貴族院は衆議院多数の支持する政府を援けて円満にその政策を遂行させてゆく」ことが必要と述べた。近衛はそのような「事実上の権限縮小」を「貴族院の自制」と表現した。続けて、なぜ研究会ではなく公侯爵議員による新団体を作る必要があるのかを説明する。その理由は、先述のような「貴族院の自制」が必要であると考える議員は公侯爵に多いこと、および公侯爵議員が「一番自由な立場」であることを理由として挙げた。それは「階級的観念」ではなく、互選から「自由」であることを意味するものであった。新団体について、近衛は「個々の政策問題については各自何等政見を拘束する事はない」が、「貴族院自体の問題については協力して団体のもつとも大きな仕事としてこれから真面目に研究」をし、「外部から非常な大きな声が起る前に内部から自発的にさういふ問題を研究して行きたい」と言及した(102)。

つまり、近衛は政党内閣が貴族院改革を志向している現状を受け入れつつも、改革は憲法問題にも深く関わるためすぐさま解決することはできず、時間をかけて調査すべきであること、および憲政常道と呼ばれる政党内閣期である今（昭和二年）、貴族院は原則的に「自制」し、時の政府を援助することが必要だと述べた。すなわち、新団体が目指すのは貴族院を穏健な「第二院」へと導くことであった。実はこのような論旨は大正一四（一九二五）年に近衛が発表した「わが国貴族院の採るべき態度」にも顕出しており、近衛は「常に衆議院に対する批判牽制の位置を保つと同時に一面民衆の輿論を指導し是正するの機能を有することに甘んじ、大体において、衆議院における時の多数党と、よし積極的に協調しないまでも、これに頑強に反対してその志を阻むようなことがあつてはならない」と論じていた点と変化はなかった(103)。

以上のような新団体設立に関する近衛の説明は、前述のごとく家達が「甚だ」、「極めて熱心」に協力していることを踏まえると、近衛自身の意見だけでなく、家達の意向が大きく反映されたものと考えられる。続いて、家達の発言を検討することで新団体の理念との関係を明らかにしていく。

2　議長・家達の動向とその反応

早くから近衛を支援していたという家達は、早速、新聞紙上で談話を発表する。[104]（一）近衛による新団体組織運動は「最初から賛成」していたと述べた。これは家達が熱心に協力していたと記した佐佐木の手記と符合する。（二）これまで議長職にあり会派には属していなかったが、「貴族院の現状と新団体の新使命とに鑑み断然参加する決心」に至ったとし、現状の貴族院に対して不満があることを吐露した。また、（三）「貴族院改革の如き立憲制度の根本に触れるやうな重大問題についてはもつとも慎重な態度を取」る必要があり、「組織と権限との改革問題に帰着する」貴族院改革は、「政府に調査機関を設け学者、実際家等権威者を網羅して慎重に調査研究を遂げもつて貴革に関する根本案を作成しこれに各方面の意見を斟酌して徐ろにその実現を期すべき」と発言し、改革問題は慎重に時間をかけて議論すべし、という家達自身の考えを明確にした。すなわち、家達の発言は、院内会派が現実の政局と連動して「政党化」し、内閣と貴族院との融和の途が困難となっていること、また「政党化」した貴族院への批判とそれに関わる改革の波に対して、院内の自浄作用を発揮することを企図したものと言える。後の言ではあるが、家達は「凡そ制度はもと死物で其の効果の発生は運用に依て始めて生ずる」ものであり、「我々直接に此の運用に関係するもの丶責任が極めて重大」という姿勢を有していた。[105] 1で言及した近衛の方向と違うところはない。

このような家達の談話を承けた『東京朝日新聞』の社説は次のように指摘する。

> よろしく貴族院改革のみに限らず、普選により時代を画された、わが議院制度の全体にわたる調査会を設けて、その実行に進むべきである。枢密院も一しよ《（一緒）》に考へなければ、貴革だけでは議会中心政治は確立しない。それが徳川公の希望する如き徐々たる進行は、急激なる時勢の変化の到底ゆるし得ない所であらうが、貴族院の主

の如き徳川公にも必要を感ぜしむる程度に、改革の必要は迫つてゐる[106]

家達を保守的な立場とするこの社説は、貴族院改革問題を貴族院のみならず議会制度全般へと議論を拡げていく必要性を説く。普通選挙法制定による「議会中心政治」に貴族院が遅れを取らないためにも、調査審議は早急に行うべきと考えられていたのである。このような急進論に対して、家達は調査機関を新設し、そこでの議論をもとに改革を行うべきという漸進論の立場であったが、昭和四年になると、「斯くの如き重大なる制度を改むることは、権威ある学識ある諸君をもつて組織せられる調査会でも設けられて慎重に調査せらるべきもの」とこれまでの漸進論に加えて、「貴族院の改革のみならず、衆議院の制度に於ても改正すべき点絶無とは申されぬ」と衆議院も含めた議会制度全体にわたたって調査すべし、と意見を拡張させていた[107]。

話を昭和二年に戻す。家達は新団体への参加は世襲議員のみにこだわり、勅選議員などの参加を不可とする意向も発表した[108]。家達は政党から選出される勅選議員が有する党派性を問題視していたのだろう。だが、これまで特定の会派に所属せず、院内に対して「公平」を標榜していた議長・家達が新団体に所属することに波紋が生じた[109]。それに対して、家達は火曜会の目的は「貴族院の本分を完全に尽」くすためであり、議会の問題はあくまで「真の是々非々」で行くため、「時には研究会の態度と一致することもあろうし、又相背馳することもあり得る」と述べた。そのうえで、「議長たる僕が団体員となることに対して、或は世評が起るかも知れぬが、僕は心だに至公至平を操持すれば、団体員たること一向に差支えなしと確信している。勿論幹事とか役員になることは宜しくないから、それらのことは一切近衛君らに任せる考えである。くれぐれも断っておくが、僕は新団体計画に加った同志の一人に過ぎないから、首領だとか参謀総長だとか誤解せぬように頼む」と付言した[110]。家達は議長として「至公至平」の議会運営を行い、それによる「院議」に従う議長であれば、会派に所属しても差し支えないと認めたのである。家達は、それ以上に貴族院の現状を憂慮したのである。

昭和二年一一月二九日、新団体は近衛、細川、中御門経恭を幹事とし、名称を火曜会と定め、社交団体として発足した。火曜会はその名の通り毎週火曜日を例会日とし、発足当初の参加者は二一名（公爵五名、侯爵一六名）であった。結成にあたり社交団体とした理由は、院内会派と認められる二五名に人数が満たないためであった。その後、昭和三年一月二四日、火曜会を政治団体とする方針を定め、研究会の決議拘束主義に対して一人一党主義を採り、会の目的に貴族院改革を掲げた。その後、火曜会には数名の議員が入会し、三月一四日、貴族院事務局に届け出を行い交渉団体と認められた。参加した議員は以下の通りである。純無所属より鷹司信輔、徳川家達、徳大寺公弘（以上、公爵）、池田仲博、徳川頼貞、野津鎮之助、小村欣一、嵯峨公勝、西郷従徳、佐竹義春、山内豊景（以上、侯爵）。無所属より徳川圀順、細川護立、鍋島直映、大隈信幸、久我常通、木戸幸一、佐佐木行忠（以上、侯爵）。同成会より松平康荘（侯爵）。研究会より近衛文麿、一条実孝（以上、公爵）、中御門経恭、四条隆愛、広幡忠隆、中山輔親、菊亭公長（以上、侯爵）であった。[111]

火曜会に入会した家達は田中首相を訪問し、「新団体に関する自己の立場」と「今後の方針」を説明した。[112] 内閣に対して自らの政治的立場・行動の説明責任を果たそうとする家達であったが、当然反発も生じた。研究会は家達の火曜会入会を機に、特別委員指名を議長に一任することへ反対の態度を見せる、との新聞記事が登場した。その記事には、「徳川議長は晩年の御奉公を名目とし貴族院改善のために近衛公と共に新団体を組織して暗に反研究会的色彩を表はさんとし、研究会では徳川公の態度に不満を抱き今までのやうに同公に対する支援を喜ばぬ傾向のあるのみならず、今議会における特別委員の指名を議長一任とするの動議は研究会からは提議しないとさへいふものがある」と記されていた。[113] これまで家達は特別委員指名について、「研究会幹部の意志に迎合して来た傾き」があったが、今後はそれが変化すると予想され、家達の指名が「直接政府に重大なる影響を及ぼす」可能性があると指摘された。[114]

家達は、議会開会前の各派交渉会で「火曜会入会ニ付弁明」(115)を行ったものの、その先行きは不透明であった。このような動きに気を揉んでいたのか、河井も瀬古に「議長と火曜会との関係」を聴取するなどしていた(116)。

3　田中義一内閣期の貴族院

昭和二年一二月末に開会した第五四議会は、家達が火曜会加入後初めて臨む議会であったが、家達は年明け早々肺炎に罹り、約半月入院することとなった(117)。田中内閣は政友会を与党とする政党内閣であったが、貴族院対策については手探り状態であった。原敬内閣の頃より研究会と深いつながりを持っていた床次竹二郎は、清浦奎吾内閣成立を機に政友会を脱党し、また、松本剛吉を介して西園寺や貴族院と連絡を取っていた横田千之助が早逝したことで、政友会は貴族院とのパイプを新たに構築する必要があった。第一次若槻礼次郎内閣の陸軍大臣であった宇垣一成は、同じ陸軍出身の誼《よしみ》もあってか、首相となった田中に対して、研究会の態度は「将来格段なる注意と努力を要するもの」と注意を促していた(118)。

昭和三年五月、水野錬太郎文相の優諚問題(119)をきっかけに貴族院が田中内閣に対決姿勢を見せた。特に、天皇を政争に巻き込んだとして貴族院側は敏感に反応し、各派は内閣への攻撃を強めていた。その中でも公侯爵という位地が皇室と近しい距離を有すると自負していた火曜会はその筆頭であり(120)、さらに公正会も首相問責の声明書を発表し、各派と提携を開始した(121)。

貴族院各派は六月二日に共同声明（「近時水野文部大臣ノ進退ニ関シ田中内閣総理大臣ノ執リタル措置ハ軽率不謹慎ノ甚シキモノニシテソノ職責上欠クル所アルヲ遺憾トス」）を発表したが、火曜会の一員でもある議長・家達もその共同声明に参加したことが注目された。家達は新聞紙上において、「火曜会がけつ起（蹶起）し総会において態度を決定したる以上、たとひ議長の職にありとはいへかゝる重大問題に対して貴族院が意志表示することは益あるとも害がなく、むしろその職責をつくす所以のものである」と述べた。そのような態度に関して、記事では「平素同議長がか丶るくわ中〔渦中〕にいるを好まないだけそれだけ注目」を浴びるものと指摘していた。[122]

議長就任以来、「公平」と評され、議長としてできる限り政治的な言動を慎んできた家達が、ここまで明確に内閣批判の態度を採ったのはなぜだろうか。一つは、皇室に対して特に畏敬の念を抱く家達にとって、皇室に累を及ぼす田中内閣の行為を許すことができなかったことが考えられる。これは、火曜会の態度、および「議長の職にありとはいへ」と述べていることと符合する。加えて、共同声明に賛成を示すことは家達にとって「院議」に則ることを意味したものと思われる。それは家達が「貴族院が意思表示をすること」と発言していることからも裏付けられる。

昭和三年末から開会した第五六議会では、一旦落ち着いたかに見えた優諚問題に関して、研究会の大河内輝耕が田中に責任を追窮したことを皮切りに、[123]再び貴族院による田中内閣批判が始まった。火曜会は問責の中心となり、昭和四年二月二二日、近衛文麿他二三名は「内閣総理大臣ノ措置ニ関スル決議案」を提出した。[124]議場における質疑討論ののち採決を行い、賛成一七二、反対一四九で可決された。この採決は無記名投票ではあったが、翌日の新聞では各派ごとの投票内訳が報じられており、火曜会は賛成一四名、反対二名（小村欣一、中山輔親）、欠席一〇名であった。家達は議長ゆえ投票を棄権し、本会議の場では明確な賛否を表することを避けた。[125]家達は火曜会の一員として田中内閣に対する共同声明に参加しながらも、最後は議長として「公平」であることを選び、議場の「院議」に従うこれまでの姿勢を貫いた。このことは、家達が議長の職にありながらも会派の一員たり得ることを自ら証明したことを意味したのである。

以上のような状況も相まって、貴族院の議事は極めて紛糾した。内閣側からは、貴族院が「国家大局の上より見たる冷静なる判断を誤」っているといった批判[126]が生じていたものの、閣僚にとっては法案成立こそ内閣の政策を実行し、天皇を輔弼する行為であるため、貴族院対策は避けては通れない問題であった。議会閉会も間近に迫った三月二二日、勝田主計文相は田中に対して、「今ヤ議会々期余ス所僅カニ三日ニ過キス、而シテ政府提出諸法案並ニ区制案〔衆議院議員選挙法中改正法律案、いわゆる小選挙区制案〕ノ如キ貴族院ニ堆積シ、其審議困難ノ状況ニ立チ至レリ」、「而シテ予ノ観察ニ依レハ同院ノ空気ハ頗ル険悪ニシテ、法案ノ通過ニ努力スル誠意ナキモノ、如シ」と見通しの厳しさを改めて指摘したうえで、残り日数が少なくなったにもかかわらず、貴族院で重要法案が通過していないことに対して、どのように対応するかを相談した。勝田は、会期延長の可否とその得失に関して次のようにまとめた。勝田によれば、会期を三～五日ほど延長しても貴族院では重要法案の可決が見込めず、衆議院を解散するか内閣総辞職のどちらかの「堅キ決心」を要する。しかし、衆議院を解散し総選挙を行ったとしても、政友会が現在より多数の議席数を獲得することは困難であると予想せざるを得なかった。他方、容易に内閣総辞職を表明することは上策ではない。結局、内閣は重要法案の可決を得られなくても「隠忍自重シテ敢然其職ニ止マリ」内閣を改造し、改めて重要政策を掲げて時局を切り抜ける方針を採るべきことを勝田は進言した[127]。

しかし、田中は会期を延長することなく議会を終えることを選択した。そのため、審議未了となった政府提出法案は二七件にも上り、そのうち貴族院での審議未了は二六件であった。貴族院対策は失敗に終わったと言ってよい。だが、田中は勝田が進言したような内閣改造を行うこともなかった。その後、田中内閣は張作霖爆殺事件の事後処理の不手際の責任をとって総辞職した（昭和四年七月）。

第四節　貴族院制度調査委員会と議長・家達

1　副議長・近衛文麿の誕生とその波紋

昭和五（一九三〇）年一一月、濱口雄幸首相は東京駅で狙撃されて負傷し、幣原喜重郎外相が首相代理を務めていた。首相不在の内閣は、年末から開かれる第五九議会に対して不安を抱えていた。かかる不安定な政情の中、翌年一月、列国議会同盟から帰国した徳川家達の歓迎会は、幣原が議会を乗り切るため貴族院と内閣との融和の場と見做されていた。内閣は、「徳川議長の答辞中にもこの種の懇談会をしばく〳〵開いて政府と貴族院との間の懇親を重ねて行」く希望を有し、再び家達の招待で「政府と貴族院有志との顔合はせ」、「久しく廃止されてゐた真率会なども復活せんとする議まで出て来た」ので、「政府としてはこの機を逸せず今後ともこれ等の会合の懇談において十分意思の疎通を計る」期待をかけた[128]。これに対して家達も、「私は如何なる内閣を問はず閣僚が貴族院の有力者と会合せられ意思の疎通をはかられるといふことは極めて必要なことと信じます」[129]と答え、一月一七日、実際に家達は議長邸に各大臣、各派交渉委員、法制局長官、内閣書記官長を招待した[130]。これらのやりとりは、帰国歓迎会の名にそぐわない政治的な文脈を多分に有するものであった。首相不在の濱口内閣は、議会審議が本格化する前に貴族院側の空気を緩和させておきたかったのである。

一方、貴族院内部も対立が続いていた。その要因は、蜂須賀正韶貴族院副議長の後任に近衛文麿が選ばれたことであった。佐佐木行忠によると、家達は副議長だった蜂須賀のことを「全く信任してな」かったという[131]。副議長に近衛を擁する動きは主に十一会[132]が中心で、さらに、西園寺公望と原田熊雄の間で徐々に話が進んでいたようである。[133]しかし、研究会が自派の松平頼寿を推しており、それを知った近衛は副議長就任を躊躇するも、[134]内閣側が近衛と早合点したため、研究会と折合いを付ける必要が生じてしまった。そこで、岡部長景などが「此上は政府から候補者を議長に提供して、議長の採択に一任する」ことを提案することにした。[135]また、新聞紙上でも「政府としては徳川議長の意向を参酌した上で最適任者の奏請することに決し」たと報じられていた。[136]対する研究会では小笠原長幹、溝口直亮、伊東二郎丸が中心となって松平擁立に動いていたが、「軽挙策動して失敗に終」ったという。[137]そのため、「政府が貴族院の最大会派である研究会の意向を無視し政府に都合のよい近衛公を持ちだしたことについて甚だ不満」を抱かせることとなった。[138]

政府から家達に対して具体的な交渉があったかはわからないものの、岡部などが政府に提案することを決定した一二月一六日、家達は河井弥八と「貴院副議長問題」について意見を交換しており、家達自身の私見があったことは間違いない。[139]近衛が副議長となったことに家達は「満足の意」を示した。[140]このことは、家達の意向が少なからず反映されたことの証左であり、一方、黒田長成以来、長年副議長を輩出してきた研究会とさらなる対立を深める要因となった。河井は瀬古保次貴族院書記官から「近衛公の副議長就任事情」、「徳川公の議長たるに対する院内の空気」などを聴取し、院内の動向に注意を払っていた。[141]

佐佐木の回想によると、幣原が不安視した第五九議会は「貴族院としてもめた議会」であった。[142]ここでは政府に対する貴族院の議論は省略するものの、貴族院内部において大きな問題となったのが、重要法案（地租法案、減税諸法律案）の特別委員選出についてであった。

研究会の青木信光は、九名以上の特別委員に付託すべき法案は無記名投票（連記）によって委員を選出すべきと主張し、一方、阪谷芳郎（公正会）は、議長に指名を委任するこれまでの慣例は、「各派に於ける委員の選定難」が有力な理由であって、研究会の提案を採用すれば、「会派によつては多大の不便を感ずる」と反対した。[143]研究会による横槍は各派交渉会を混乱させ、松平頼寿が家達と協議した結果、特別委員は各派推薦者の中から議長が指名することに決定した[144]。新聞記事でも「形式だけ」と評されているごとく、家達の特別委員選出を無力化することが提起された。このように、研究会による議長・家達の議会運営への圧力はさらに強いものとなっていた。河井は「〔減税案委員の〕指名の結果を見るに、研究会、其他反政府系に不平あるが如し」としながらも、「議長は断乎所信を行ひしもの」と観察していた[145]。

このような状況を西園寺は、「貴族院が政党化し、所謂両院縦断の形勢となるは勢にして、之を阻止するは困難なり。而し貴族院本来の職能より見るも、之は希望せざるのみならず、可成遅きをよしとす、此意味に於て徳川議長の執れる大体に於て政府を支持する態度可なりと信ず」、と訪問した木戸幸一に告げていた[146]。議長・家達の議会運営が西園寺からの理解を得ていたことは注目に値する。とはいえ、この決定は貴族院の先例となり、「議決ニ因リ委員数九名以上ト決定セラレタルトキ各派ニ於テ希望アル場合ニハ夫々委員候補者氏名ヲ議長ニ申出テ議長ハ之ヲ参考トシテ当該委員ヲ指名スルノ例開カレ、爾来此ノ例ニ依レリ」と昭和一〇年刊行の『貴族院先例録』に収録された[147]。議長・家達に対する研究会の反感が高まった結果、議長一任による特別委員指名に大きな楔が打ち込まれたのであった。

他方、研究会が貴族院の審議を混乱させることを不快に思っていた佐佐木や有馬頼寧は、「研究会を打破」、すなわち貴族院改革を決心した[148]。家達も、相変らず政争が続き混乱する院内の状況に対して、何かしら打開策を講じる必要に迫られた。そこで家達が企図したのが貴族院制度調査委員会である。

2 貴族院制度調査委員会の設立

昭和五年、家達は列国議会同盟に自ら参加することを決め[149]、六月一二日、ヨーロッパに向けて出発した[150]。この成果は、帰国後「議長の洋行土産[151]」として翌年五月から始まる貴族院制度調査委員会誕生のきっかけとなる。昭和六年三月二四日、家達は各派交渉会を開催し、常任委員制度を調査する委員会の設置を提案し、各派に賛成を求めた[152]。

各派の賛同を得て開かれたこの委員会は、酒井忠正、前田利定、馬場鍈一（以上、研究会）、伊沢多喜男、加藤政之助、田村新吉（以上、同成会）、小原駩吉、黒田長和、松岡均平（以上、公正会）、水野錬太郎、桑山鉄男、鵜沢聡明（以上、交友倶楽部）、上山満之進、阪本釤之助、倉知鉄吉（以上、同和会）、細川護立、佐佐木行忠、松平康昌（以上、火曜会）、藤沢利喜太郎、小野塚喜平次、松本烝治（以上、純無所属）により構成された[153]。五月八日に議長官舎で開催された第一回会議において、近衛が委員長、細川が副委員長に選出された[154]。議題は常任委員制度の調査研究とその実現が家達の希望であったが[155]、参加した委員は、貴族院制度やその他運用全般にわたった議題を扱うことを求めた[156]。なお、家達はオブザーバーで、委員長となった近衛が会の運営を行うこととなった。

まず、家達が希望した常任委員制度の拡張は、貴族院規則第三三条第一項第五号[157]の次に、「財政法案委員（大蔵四十五人）」、「軍務法案委員（陸、海）二十七人」「司法法案委員（司）二十七人」「産業法案委員（農、商）三十六人」「内政法案委員（内閣、内務、文部）四十五人」「交通法案委員（逓、鉄）二十七人」、「渉外法案委員（外、拓）二十七人」の「計二三四人」を加えることが提議された[158]。（　）内はそれぞれ管轄する省などを指している。だが、複数回会合を設けたものの、この議案は成案を見ることなく終わる。

同じく決定に至らなかったものの、制度調査委員会では、議長・家達にとって非常に重要な特別委員の指名についても議論に及んだ。一点目は、議員側よりの提案と思われるが、貴族院規則第五三条第二項「議院ハ特別委員ノ選挙ヲ議長又ハ各部ニ委任スルコトヲ得」を削除し、院内に「選挙委員」を設置し、新しく第五六条に「議院ハ特別委員ノ選挙ヲ選挙委員ニ委任スルコトヲ得」との条文を挿入するべしといった議論が浮上した。第五六条には続いて次のような条文が企図されていた。[159]

第五十六条ノ二　議院ハ毎会期ノ始ニ於テ特別委員ノ選挙ヲ委任シ得ヘキ選挙委員ヲ選挙スヘシ

選挙委員ノ数ハ九名トシ各部ニ於テ一名ノ選挙委員ヲ総議員中ヨリ選挙シ一会期中其ノ任ニアルモノトス

第五十六条ノ三　選挙委員会ハ其ノ委員ノ半数以上出席スルニ非サレバ特別委員ノ選挙ヲ行フコトヲ得ス

第五十六条ノ四　選挙委員会ニ於テ委任ヲ受ケタル選挙ヲ終リタルトキハ其ノ氏名ヲ委員長ヨリ議長ニ報告スヘシ

第五十六条ノ五　本章第三節、第三十四条乃至第四十一条、第四十六条、第四十九条及第五十条ノ規定ハ之ヲ選挙委員ニ適用ス

この案によると、議長が選挙委員に委任すること自体は任意なので、議長一任による特別委員の選出は可能だが、仮に議長がそのように議事を進めても、その人選に反発する議員や会派からこの規定を適用する動議が提出される可能性が生じる。また、第二項第二号の規定で選挙委員は各部から一名ずつ合計九名選出されることになるが、その選出方法は各部による選挙ではなく、「総議員中ヨリ選挙」となっている点も重要である。九名の「選挙委員」をめぐり各派がその枠の争奪戦を繰り広げ、貴族院に混乱が生じることも予想される。さらに、選挙委員に不満がある時は、「半数以上出席」しないことで特別委員選出自体を遷延することもできた。

以上のように、この「選挙委員」の設置はそれ自体が政治争点化する可能性を有しており、貴族院のさらなる「政党化」の促進が容易に想像できた。家達にとってこの案はとても首肯できるものではなかっただろうが、このような規定が議論されるほど、院内会派の「政党化」の進展と、議長一任による特別委員選出に不満が蓄積されていたのである。

二点目に、研究会の前田利定は特別委員選定方法に関して次のような意見を述べた。[160]従来、重要な議案に関す

る特別委員の指名は、議長に対して「不測の御迷惑ヲ惹起」することもあり、「議長ノ御徳望」を傷つけることがないように考慮する必要があった。その善後策として、今後、重要法案の特別委員選出は、「各派ニ於テ各部門ニ関係ヲ持ツ法案議案ニ付キ特別委員トシテ選出セラルヘキ会員ヲ各部門ニ議会開会ノ当初迄ニ割リ当テ、其部門ノ事項ヲ担当スヘキコトヲ本人ニ予シメ了知セシムルト共ニ、同時ニ之ヲ表ニシテ議長ノ御手元ニ差出シ置ク、乃チ各部門事項ノ法案其他議案ニ対シ特別委員トシテノ担当資格者名簿ヲ差出シテ置ク」ことであった。九名に付託する場合はこれまで通り議長が特別委員指名を行うが、議長は事前に各派が部門ごとに議員を割り当てた候補者名簿から特別委員を指名することを提案した。また特別な場合、議員から特別委員の数を増やすことを発議し、それが承認された時は各派交渉会を開き特別委員候補を各派間で申し合わせ、議院内における各部で選挙することもあわせて述べた。

前田のこの提案は、先程の選出の場を議場から議場外に求めたものであった。しかし、これまで特別委員の指名を議長に一任してきたこととは大きく異なり、これらの議論は議長の指名権を著しく制限し、各派が特別委員選定の主導権を握ることを主張するものであった。家達は特別委員の指名について「その苦心と、公平である」ことを自認していたものの(161)、人選に対する各派の不満を抑え込むことは非常に困難な状況となっていた。

家達が率先して手掛けた貴族院制度調査委員会は、漸進的な貴族院改革を志向するために「運用」面から貴族院内を変化させていくことを企図していた。これは、火曜会誕生時に近衛が貴族院の「事実上の権限縮小(162)」を追及したのと同様であったが、具体的な改革は見送られ、議論は下火となってしまった。

小括——穏健な「第二院」への挑戦と挫折

徳川家達は、日本の立憲政治展開の歴史を振り返った時、帝国議会は「国運の進展、民福の増進」に貢献しており、その中でも貴族院は、「或は同一案件を慎重に審議するの実を挙げ或は衆議院の決議の偏倚せむとするものを矯正するの効を挙げ或は他院を掣肘して議会専制の弊より免かしめ」てきたと評価していた。家達にとってこのような貴族院のあり方は「二院制度の妙味」に他ならぬものであった[163]。貴族院改革が絶えず叫ばれた憲政常道期、議長・家達にとっての貴族院とはどのようなものであり、如何なる「二院制度の妙味」が目指されたのだろうか。以下、本章で明らかにした内容を整理したい。

家達がワシントン会議全権委員として渡米したことは原敬内閣の政治的主張に則ったと周囲から解され、自身の「失言」も相まって家達への批判が顕在化した。ワシントン会議からの帰国後より、家達は政党内閣誕生を望む発言を行うようになった。特に、清浦奎吾内閣に対して、研究会が「政変」の主役となったことを批判し、政党に依らない「特権内閣」であると批判したことは注目された。さらに、大正三年政変時に自身が首相とならなかった理由を、「徳川内閣」が政党内閣たり得なかったと判断した点に言及した。これは、大正三（一九一四）年当時に言及した理由とは異なるものであり、ワシントン会議以後に明瞭となった家達の政治観であった。この時期の家達は政党内閣を志向する態度を示し、のちに明確になるように、貴族院を穏健な「第二院」と位置付ける方向へと舵を切っていった。大正末期より「政党化」した貴族院、特に研究会のあり方は院の内外で問題視され、第二次護憲運動を引き金とする清浦内閣総辞職後もその批判が小さくなることはなかった。研究会がこれ以上跋扈跳梁すると、貴族院はより一層反発を受け、急激な貴族院改革を求める声が高まることとなり、家達はそれを望んでいなかった。

だが、家達自身が動くことは研究会との対峙を避けられぬものとしたのである。

対立が深まった家達と研究会だが、その対立が議場に顕れるのは第五〇議会からであった。加藤高明内閣が主導する貴族院改革について、内閣は貴族院議員を排除した形で政府案を作成し、枢密院の諮詢を可決させた。この間、議員たちは自発的な改革案を検討するも、実際の政治過程に関与できないことへの苛立ちは高まり、その鬱憤は政府と議員の間に位置する議長・家達へと向けられた。交友倶楽部と提携した研究会は政府案に対抗するために、貴族院での審議の際、特別委員の人選を家達から奪取しようとした。これは、長らく「議長一任」とされ特別委員選出を独自に決定してきた家達への挑戦に他ならなかった。その根底には「政府の肩」を持つ解釈された、議長・家達の矜持である「公平」への不信があった。

そこで、家達は自ら動くことを決断する。昭和二（一九二七）年、研究会を脱会した近衛文麿を支援し、公侯爵議員による院内会派・火曜会の立ち上げに参加した。本章で検討したように、この火曜会は近衛のみならず家達の貴族院観が色濃く反映されていた。「貴族院の本分」の墨守を目的としたこの火曜会は、貴族院改革では一致した行動を目指しながらも、その他は一人一党主義を採った。とはいえ、これまで会派に所属することのなかった家達が火曜会に入会したことに対して、議長として「公平」な議会運営が可能なのか各方面より懐疑的な視線が向けられた。家達自身は議長の職務を執りつつも火曜会の目的は達することが可能、つまり、「公平」たる議長であり続けることはできると表明したものの、火曜会そのものが反研究会的立場であり、それゆえ研究会からの反発は強まった。また、蜂須賀正韶副議長退任後、家達は研究会が推す松平頼寿を退け、近衛を副議長に据えたことも研究会との対立を深めさせることになった。

では、そこまでして家達が火曜会で実現したかった「貴族院の本分」とは何だったのだろうか。家達や近衛の主張をまとめると、その「本分」とは国民の代表者によって選出された議員を軸とする時の政党内閣を支援し、政局に対して「自制」、すなわち穏健な「第二院」として「二院制度の妙味」を発揮することであった。これまでも家達は各種の「場」を設け、時の内閣と貴族院との関係を円滑化することを試みていたが、そこに「政党内閣」という重要な前提が加わったのである。また、すでに紹介したように、家達は制度構築より運用が重要であると考えていた。そうすることで、貴族院は「事実上の権限縮小」を達成し、急進的な貴族院改革を要せず、調査機関を設けて漸進的な議会制度改革を遂行することを目指した。以上が議長・家達の目指した貴族院像である。それを実行するためには、家達はこれまで自負してきた「公平」たる議長という評価を擲《なげう》ってでも火曜会に参加しなければならなかったのである。

しかし、火曜会の誕生だけでは貴族院の現状は変わらなかった。そこで、家達は自ら列国議会同盟に赴いた。帰国後、「運用」面から貴族院を漸進的に変革するために、家達は自ら提唱し貴族院制度調査委員会を設け、議会運営に関する制度改革を志向した。だが、そこでの議論は十分な成果を上げることができなかった。その間、本章で明らかにしたように、議長・家達による特別委員選出に対して、研究会からまたもや「不信任」が出され、議長を介さない特別委員の選定方法が公然と提案されるようになっていった。特別委員選出にまとわる連綿と続く紛議は、議長・家達による特別委員の人選と時の内閣との関係が極めて密接であったことを示唆するものであろう。

昭和六年一二月、四期目の任期が終わろうとしていた家達に対して、第二次若槻礼次郎内閣は、家達の貴族院議長重任を認める一方、その引き換えに議員たちからたびたび不満が向けられていた成瀬達貴族院書記官長を更迭することを決定した。[164] また、家達が議長職を重任することにも反対意見が続出していた。家達自身も成瀬の進退を気にかけており、「政府は議長襲任交渉と同時に、成瀬輸長引退を交渉するならん」[165]と、自身の進退と成瀬の更迭をセットで考えていた。[166] 貴族院書記官長は高等官であるため内閣主導による人事が可能であった。そのため、河井の跡を継いで家達と職務にあたる成瀬を家達から引き離すことで、議員の溜飲を下げる一方、議長・家達の影響力の低下を抑えようとしたのである。

　家達が理想とした政党内閣期に露見したのは各政党の醜聞であり、それと比例するように議会政治への不信が増大した。そして、満州事変を契機に、国民の支持は政党から離れ軍部へと移動していった。貴族院が政党内閣を補完する穏健な「第二院」へと向かうよう試み始めた火曜会は、その前提となる政党内閣を失ってしまう。それと並行して、西園寺公望を中心に近衛議長待望論が浮上する。[167] 家達が議長の座から退く時はもう目前にまで迫っていたのである。

◆註
（1）一般的に、清浦内閣は護憲三派によって「特権内閣」、「貴族院内閣」と呼ばれ、攻撃対象となったことで、貴族院が政党内閣成立のための障碍と見做されていたが、松本洋幸氏は、加藤友三郎、山本権兵衛、清浦奎吾の三内閣および護憲三派の政策との比較により、「デモクラシー」が「反デモクラシー」を駆逐する過程と捉えることの問題点を指摘した（松本洋幸「清浦内閣と第二次護憲運動」〔『比較社会文化研究』第二号、一九九七年〕）。清浦内閣と研究会については、西尾林太郎『大正デモクラシーの時代と貴族院』（成文堂、二〇〇五年）、清水唯一朗『政党と官僚の近代――日本における立憲統治構造の相克』（藤原書店、二〇〇七年）など。
（2）政治過程に関しては、土川信男「護憲三派内閣期の政治過程」（近代日本研究会編『政党内閣の成立と崩壊　年報・近代日本研究　六』〔山川出版社、一九八四年〕）、今津敏晃「一九二五年の貴族院改革に関する一考察――貴族院の政党化の視点から」（『日本歴史』第六七九号、二〇〇四年）、西尾林太郎『大正デモクラシーと貴族院改革』（成文堂、二〇一六年）など。
　また、個別の議員が唱えた貴族院改革論については、例えば、大石勇「大正十三年、徳川義親の貴族院改造運動――徳川義親「貴族院改造私見」を中心に」（『徳川林政史研究所研究紀要』第二八号、一九九四年）。貴族院改革の分析については、『貴族院の会派研究会史　明治大正篇』（尚友倶楽部、一九八〇年）など。貴族院制度改正について通時的に見た先駆的業績として、佐藤立夫『貴族院体制整備の研究』（人文閣、一九四三年）が挙げられる。
（3）貴族院の「政党化」に関する議論として、伊藤隆『昭和初期政治史研究――ロンドン海軍軍縮問題をめぐる諸政治集団の対抗と提携』（東京大学出版会、一九六九年）、今津敏晃「第一次若槻内閣下の研究会――政党内閣と貴族院」（『史学雑誌』第一一二編第一〇号、二〇〇三年）など。
また、この時期改めて浮上した予算審議期間に関する議論は、前掲西尾『大正デモクラシーと貴族院改革』を参照。
（4）例えば、矢部貞治『近衛文麿』上巻（弘文堂、一九五二年）、岡義武『近衛文麿――「運命」の政治家』（岩波書店、一九七二年）、水野勝邦編『貴族院の政治団体と会派』（尚友倶楽部、一九八四年）、『貴族院と華族』（霞会館、一九八八年）。
（5）後藤致人『昭和天皇と近現代日本』（吉川弘文館、二〇〇三年）。
（6）内藤一成『貴族院』（同成社、二〇〇八年）。ちなみに近衛が研究会に入会したのは大正一一年九月二七日であった。
（7）前掲佐藤『貴族院体制整備の研究』、広瀬順晧「解説　佐佐木行忠と貴族院改革」（尚友倶楽部編『佐佐木行忠と貴族院改革』〔芙蓉書房出版、一九九五年〕）。
（8）このような研究状況の背景には、先行研究が依拠した『貴族院の会派研究会史　昭和篇』（尚友倶楽部、一九八二年）と前掲『佐佐木行忠と貴族院改革』の影響が大きい。
（9）「河井弥八日記」（「河井家文書」二―三―五）、大正一三年一月一四日条。
（10）「河井弥八日記」、大正一三年一月二〇日条。
（11）『第四十八回帝国議会貴族院議事速記録』、大正一三年一月二二日、二八～三一頁。
（12）『第四十八回帝国議会貴族院議事速記録』、大正一三年一月二二日、三二、三三頁。
（13）『第四十八回帝国議会貴族院議事速記録』、大正一三年一月二三日、三八、三九頁。
（14）「河井弥八日記」、大正一三年一月二二日条、「中川男の演説に研究会大立腹　失言だ、懲罰だとイキリ立つ　断じて取り消さぬ」『東京朝日新聞』大正一三年一月二三日付朝刊、二頁。
（15）「河井弥八日記」、大正一三年一月二三日条、「中川男徳川議長に肘鉄　取消の余地なし」『読売新聞』大正一三年一月二四日付朝刊、三頁。
（16）『第四十八回帝国議会貴族院議事速記録』、大正一三年一月二三日、三五、三六頁。

(17)「徳川議長の現閣反対意見　個人として研究会に一応の忠言をなさん　護憲三派の訪問に対し」『東京朝日新聞』大正一三年一月二五日付朝刊、二頁。同じ記事として、「政党に関係無い者が内閣組織は間違　之が自分の信念と徳川議長三派有志に語る」『読売新聞』大正一三年一月二五日付朝刊、三頁。
(18)「徳川全権の得意」『東京朝日新聞』大正一一年一月二九日付朝刊、二頁。
(19)「河井弥八日記」、大正一三年一月二四日条。
(20) 君塚直隆『イギリス二大政党制への道――後継首相の決定と「長老政治家」』(有斐閣、一九九八年)、三〇、三一頁、同『物語イギリスの歴史（下）――清教徒・名誉革命からエリザベス二世まで』(中央公論新社、二〇一五年)、一四八～一五〇頁。
(21) 徳川家達「静岳公閑話録　星光会のことども」(『星岡』第八二号、星岡茶寮、一九三七年)。
(22)「現閣反対意見と徳川議長の釈明　研究少壮派の憤慨」『東京朝日新聞』大正一三年一月二六日付夕刊、一頁。
(23)「徳川公首相訪問　『内容は今述べたくない』と公語る」『東京朝日新聞』大正一三年一月三〇日付朝刊、二頁。
(24)「河井弥八日記」、大正一三年一月二八日条、「真率会」(「河井家文書」G―三八)。真率会については第四章註（54）を参照。
(25)「河井弥八日記」、大正一三年一月二八日条。
(26)「日記」(国立国会図書館憲政資料室蔵「阪谷芳郎関係文書」六九八)、大正一三年一月二九、三〇日条。以下、「阪谷芳郎日記」と記す。
(27) 河井は「当日ニ至リ殆全員不参ノコト分明セシヲ以テ俄ニ出席者ヲ募」ったとメモを残している(前掲「真率会」)。
(28)「河井弥八日記」、大正一三年一月三一日条。
(29)「阪谷芳郎日記」、大正一三年一月三一日条。
(30) 故阪谷子爵記念事業会編『阪谷芳郎伝』(同会、一九五一年)、五〇四、五〇五頁。伝記には阪谷の「貴族院日記」が引用されているが、これは憲政資料室のものとは異なり、現在残存が確認できないという(櫻井良樹「解題　阪谷芳郎の遺した文書」〈専修大学編『阪谷芳郎関係書簡集』〈芙蓉書房出版、二〇一三年〉〉、一一頁)。
(31)「阪谷芳郎日記」、大正一三年七月一三日条。
(32)『第四十九回帝国議会衆議院議事速記録』、大正一三年七月一八日、二九六～三〇七頁。
(33)「河井弥八日記」、大正一三年八月一四日条など。

(34)「河井弥八日記」、大正一三年一〇月一四日条。
(35)委員は、若槻礼次郎内相、横田千之助法相、江木翼内閣書記官長、塚本清治法制局長官の四名であった(前掲今津「一九二五年の貴族院改革に関する一考察」、八七頁)。
(36)前掲『佐佐木行忠と貴族院改革』、三五頁。
(37)補助委員は、堀切善次郎内務省都市計画局長、館哲二内閣書記官、金森徳次郎法制局参事官、三宅正太郎司法参事官であった(前掲今津「一九二五年の貴族院改革に関する一考察」、八七頁)。
(38)「河井弥八日記」、大正一三年一〇月一七日条。
(39)「河井弥八日記」、大正一三年一〇月一九日条。
(40)「貴院改革の根本方針　やはり首相の声明を基調に目指す処は貴族院令の改正」『東京朝日新聞』大正一三年一〇月二二日付夕刊、一頁。
(41)「河井弥八日記」、大正一三年一〇月二一日条。
(42)「河井弥八日記」、大正一三年一〇月二二日条。
(43)「河井弥八日記」、大正一三年一〇月三〇日、一一月四〜六、一五日条。
(44)岡義武・林茂校訂『大正デモクラシー期の政治　松本剛吉政治日誌』(岩波書店、一九五九年)、大正一四年一月二日条、三五九頁。
(45)『松本剛吉政治日誌』、大正一四年一月二四、二六日条、三六四、三六五頁など。
(46)『松本剛吉政治日誌』、大正一四年一月三〇日条、三六五頁。
(47)『松本剛吉政治日誌』、大正一四年二月二日条、三六六、三六七頁。
(48)「河井弥八日記」(「河井家文書」二三一—四)、大正一四年一月一五日条。
(49)「河井弥八日記」、大正一四年二月一七日条。
(50)前掲『佐佐木行忠と貴族院改革』、三九、四〇頁。
(51)「河井弥八日記」、大正一四年二月一八日条。
(52)前掲『佐佐木行忠と貴族院改革』、四〇頁。

(53)前掲今津「一九二五年の貴族院改革に関する一考察」、七九頁。
(54)「貴族院日誌　大正十四年（上）　貴族院庶務課」（国立国会図書館憲政資料室蔵「貴族院五十年史編纂会収集文書」四四―一）、大正一四年二月一八、一九日条。
(55)「河井弥八日記」、大正一四年二月一九日条。
(56)前掲『佐佐木行忠と貴族院改革』、四二、四三頁、「河井弥八日記」、大正一四年二月二四日条。
(57)「河井弥八日記」、大正一四年二月二八日条。
(58)「河井弥八日記」、大正一四年三月三日条。
(59)前掲『佐佐木行忠と貴族院改革』、四三～四五頁。
(60)「河井弥八日記」、大正一四年三月四日条。
(61)「河井弥八日記」、大正一四年三月九日条、「貴族院日誌」、大正一四年三月九日条。
(62)『松本剛吉政治日誌』、大正一四年三月九日条、三八二頁。
(63)政府案の改正点は、（一）有爵議員の年齢を現行の二五歳から三〇歳へと引き上げる、（二）公侯爵議員の辞任、再任を可能とする、（三）有爵互選議員総数を一割減の一六六名から一五〇名へ引き下げる（伯爵二〇名から一八名、子爵七三名から六六名、男爵七三名から六六名として固定）、（四）勅選議員が身体または精神の衰弱により職務に耐えない場合、辞職を可能とする、（五）朝鮮総督、台湾総督、関東長官、検事総長、行政裁判所長官、帝国大学総長、その他大学の長、帝国学士院長、日本銀行総裁より一五名を超過しない範囲でその官職に在任中議員に勅選される、また帝国学士院会員から四名を互選し、会員の間七年間の任期をもって議員とする、（六）多額納税者議員は現行の三〇歳を四〇歳以上とし、各府県の直接国税三〇〇円以上を納付するものより一名ないし二名を互選することとし、総数は六六名以内とする、（七）勅選議員等の数が有爵議員の数を超過してはならないとする貴族院令第七条を削除する、などであった（前掲内藤『貴族院』、一五三、一五四頁）。
(64)「河井弥八日記」、大正一四年三月一〇日条。
(65)「徳川議長に不満　両案委員の指名問題から議長公選論持上がる」『読売新聞』大正一四年三月一一日付朝刊、三頁。
(66)前掲『佐佐木行忠と貴族院改革』、四五、四六頁。
(67)『第五十回帝国議会貴族院議事速記録』、大正一四年三月一〇日、五五一、五五二頁。

(68)「貴院の休憩動議は議長の不信任　委員選任が不公平だとて各派交渉で顔ぶれ評定」『東京朝日新聞』大正一四年三月一一日付朝刊、二頁。
(69)「倍数の候補者中から議長が指名する　貴革特別委員選定法　四派交渉会で決る」『東京朝日新聞』大正一四年三月一一日付朝刊、二頁。
(70)「河井弥八日記」、大正一四年三月一〇日条。なお、四派の交渉会に参加しなかった同成会、無所属に対しては後程決定事項が伝えられた（前掲「倍数の候補者中から議長が指名する　貴革特別委員選定法　四派交渉会で決る」『東京朝日新聞』大正一四年三月一一日付朝刊、二頁）。
(71)前掲『佐佐木行忠と貴族院改革』、四七頁。
(72)「河井弥八日記」、大正一四年三月一〇日条。
(73)『松本剛吉政治日誌』、大正一四年三月一八日条、三八八頁。
(74)「河井弥八日記」、大正一四年三月一九日条。
(75)『松本剛吉政治日誌』、大正一四年三月二三日条、三九〇頁。
(76)『松本剛吉政治日誌』、大正一四年三月二八日条、三九一頁。
(77)前掲内藤『貴族院』、一五四、一五五頁。
(78)「河井弥八日記」、大正一四年一〇月二一日条。
(79)「河井弥八日記」、大正一四年一一月五日条。
(80)「貴族院令関係諸規則案協議委員会議要録」（尚友倶楽部蔵「小林次郎関係資料」一七）。簿冊の表紙には「貴族院議事課」の捺印あり。以下の記述は、特に注記しない限り本会議要録による。「小林次郎関係資料」の閲覧については上田和子氏（尚友倶楽部）の御高慮を賜った。この場を借りて御礼申し上げる。
(81)大正一四年の貴族院令改正により、貴族院令第五条「国家ニ勲労アリ又ハ学識アル満三十歳以上ノ男子ニシテ勅任セラレタル者ハ終身議員タルヘシ」に、第二項「第一項ノ議員身体又ハ精神ノ衰弱ニ因リ職務ニ堪ヘサルニ至リタルトキハ貴族院ニ於テ其ノ旨ヲ議決シ上奏シテ勅裁ヲ請フヘシ」、第三項「前項ノ議決ニ関ル規則ハ貴族院ニ於テ之ヲ議定シ上奏シテ裁可ヲ請フヘシ」を加えた。

(82)　貴族院規則第一五三条「伯子男爵被選議員及勅任議員辞職セムトスルトキハ議長ヲ経由シテ之ヲ奏請スヘシ」の中、「伯子男爵被選議員」の上に「公侯爵議員」を加えること。
(83)　「河井弥八日記」、大正一四年一一月一六日条。
(84)　「河井弥八日記」、大正一四年一一月一七日条。
(85)　「河井弥八日記」、大正一四年一一月二一日条。
(86)　「河井弥八日記」、大正一四年一二月八日条。
(87)　『第五十一回帝国議会貴族院議事速記録』、大正一四年一二月二八日、三三～四三頁。
(88)　『第五十二回帝国議会貴族院議事速記録』、昭和二年三月五日、三二七～三四一頁。
(89)　「徳川議長にも専断の非難　成瀬書記官長にも」『東京朝日新聞』昭和二年三月六日付朝刊、二頁。
(90)　「政界雑録　押しつぶされた十六代様の横車　大研究会敗北の内輪話」『東京朝日新聞』昭和二年三月七日付朝刊、二頁。
(91)　「特別委員割当と徳川議長の態度　政府の対貴院政策と関連し来議会は面白かろう」『読売新聞』昭和二年一二月四日付朝刊、二頁。
(92)　「貴族院日誌　昭和二年　貴族院庶務課」(「貴族院五十年史編纂会収集文書」四六)、昭和二年四月二六日条、高橋紘・粟屋憲太郎・小田部雄次編『昭和初期の天皇と宮中　侍従次長河井弥八日記』第一巻(岩波書店、一九九三年)、昭和二年四月二六日条、一三二頁。以下、『河井弥八日記』と記す。ちなみに、「円満会」とは大正五年に発足した、貴衆両院正副議長、および両院書記官が参加した会合である(「河井弥八日記」〔「河井家文書」一二三―一四〕、大正五年三月一一日条、前掲『佐佐木行忠と貴族院改革』、一三六頁)。
(93)　『河井弥八日記』第一巻、昭和二年五月一日条、一三四、一三五頁。
(94)　小山俊樹『憲政常道と政党政治――近代日本二大政党制の構想と挫折』(思文閣出版、二〇一二年)、一九四～一九九頁。
(95)　昭和二年五月一九日付河井弥八宛徳川家達書翰(「河井家文書」四―九)。
(96)　前掲『佐佐木行忠と貴族院改革』、六六、六七頁。
(97)　前掲矢部『近衛文麿』上巻、一五四頁。
(98)　「貴族院日誌」、昭和二年一一月一三日条。

(99)「新団体参加者既に二十五名　世襲議員に無所属を合して　貴院に大団体計画」『東京朝日新聞』昭和二年一一月一四日付朝刊、二頁。
(100)前掲『佐佐木行忠と貴族院改革』、六六〜六八頁。
(101)前掲矢部『近衛文麿』上巻、一五五頁。
(102)「貴族院改革はこうして　先ず自らの権限を縮小せよ　時の政府支援は当然の事　近衛文麿公談」『東京朝日新聞』昭和二年一一月一七日付朝刊、二頁。
(103)「わが国貴族院の採るべき態度（四）　われ等の道徳的義務　公爵近衛文麿」『東京日日新聞』大正一四年一一月二四日付朝刊、二頁。
(104)「貴族院改革はこうして　調査会を設けて徐々に改革　徳川家達公談」『東京朝日新聞』昭和二年一一月一八日付朝刊、二頁。
(105)徳川家達「憲政の運用」（高橋清治郎編『政治家の観たる現代政治と其動向』〔物を聞く会、一九三三年〕）、九六、九七頁。
(106)「貴革の軍を進めよ」『東京朝日新聞』昭和二年一一月一九日付朝刊、三頁。
(107)徳川家達「議長二十五年」（森田英亮編『苦闘の道を語る』〔金星堂、一九三九年〕）、四頁。
(108)「貴院新団体の門戸開放論高まる　無所属勅選の間に　興味ある八侯爵の進退」『東京朝日新聞』昭和二年一一月二四日付夕刊、一頁。
(109)河井は山内長人を訪問し、「最近、家達公の政治的行動并意見に関する件」を相談している（『河井弥八日記』第一巻、昭和二年一一月二七日条、二四七頁）。
(110)前掲矢部『近衛文麿』上巻、一六三、一六四頁。西園寺と会見した昭和二年一一月一三日の発言と見られる。
(111)以上の内容は、前掲『貴族院の会派研究会史　昭和篇』、四三〜四五頁。
(112)「徳川議長首相訪問」『東京朝日新聞』昭和二年一一月二二日付夕刊、一頁。
(113)「貴院特別委員指名に研究会気をもむ　徳川議長新団体加入から指名を議長一任にせぬ腹」『東京朝日新聞』昭和二年一二月四日付朝刊、二頁。
(114)前掲「特別委員割当と徳川議長の態度　政府の対貴院政策と関連し来議会は面白かろう」『読売新聞』昭和二年一二月四日付朝刊、二頁。

(115)「貴族院日誌」、昭和二年一二月二二日条。
(116)高橋紘・粟屋憲太郎・小田部雄次編『昭和初期の天皇と宮中　侍従次長河井弥八日記』第二巻（岩波書店、一九九三年）、昭和三年一月二九日条、一七頁。
(117)「貴族院日誌　昭和三年　貴族院庶務課」（国立国会図書館憲政資料室蔵「貴族院五十年史編纂会収集文書」四七）、昭和三年一月三〇日、二月一五日条。
(118)昭和二年五月七日付田中義一宛宇垣一成書翰（山口県文書館蔵「田中義一関係文書」五七七）。
(119)事実関係については、前掲『貴族院と華族』、西尾林太郎「解説」（尚友倶楽部・西尾林太郎編『水野錬太郎回想録・関係文書』〔山川出版社、一九九九年〕）、古川隆久『昭和天皇――「理性の君主」の孤独』（中央公論新社、二〇一一年）などを参照。
(120)池井優・波多野勝・黒沢文貴編『濱口雄幸日記・随感録』（みすず書房、一九九一年）、昭和三年五月二七日条、三四頁。以下、『濱口雄幸日記』と記す。
(121)『濱口雄幸日記』、昭和三年五月二八日条、三五頁。
(122)「徳川議長も進んで共同声明に参加　蜂須賀副議長も同様」『東京朝日新聞』昭和三年六月二日付夕刊、一頁。
(123)『第五十六回帝国議会貴族院議事速記録』、昭和四年一月二二日、二九、三〇頁。
(124)『第五十六回帝国議会貴族院議事速記録』、昭和四年二月二二日、四四〇～四七〇頁。火曜会からは近衛、一条実孝、中御門経恭、細川護立、佐佐木行忠、徳川頼貞が発議者となり、鷹司信輔、山内豊景、西郷従徳、四条隆愛、鍋島直映、徳川圀順が賛成者となった。
(125)「決議案採決色分　賛否、欠席、棄権者氏名」『東京朝日新聞』昭和四年二月二三日付朝刊、二頁。ちなみに棄権したのは家達と田中首相の二名のみであった。
(126)昭和四年三月一日付田中義一宛尾崎敬義書翰（「田中義一関係文書」六三二）。
(127)昭和四年三月二二日付田中義一宛勝田主計書翰（「田中義一関係文書」六四〇）。
(128)「融和の途開く　徳川議長招待会の結果を政府は楽観」『東京朝日新聞』昭和六年一月八日付朝刊、二頁。
(129)「海老でたひを釣らうと思はぬ　幣原首相代理のあいさつ」『東京朝日新聞』昭和六年一月八日付朝刊、二頁。
(130)「貴族院日誌　昭和六年　貴族院庶務課」（国立国会図書館憲政資料室蔵「貴族院五十年史編纂会収集文書」五〇）、昭和六年一月一七日条。

(131)前掲『佐佐木行忠と貴族院改革』、八二、八三頁。

(132)十一会については、前掲後藤『昭和天皇と近現代日本』、六七〜七〇頁、野島義敬「一九三六年における貴族院改革運動」(『日本史研究』第六〇八号、二〇一三年)を参照。

(133)尚友倶楽部編『岡部長景日記 昭和初期華族官僚の記録』(柏書房、一九九三年)、昭和五年一二月一日条、四八〇頁。以下、『岡部長景日記』と表記する。

(134)『岡部長景日記』、昭和五年一二月二日条、四八一頁。

(135)『岡部長景日記』、昭和五年一二月一六日条、四八五頁。

(136)「貴院副議長候補者 結局近衛公か」『東京朝日新聞』昭和五年一二月二二日付朝刊、二頁。

(137)『岡部長景日記』、昭和六年一月一九日条、五〇八頁。

(138)「近衛公の貴院副議長 研究会内に不満高まる 政府の独断に憤慨」『東京朝日新聞』昭和五年一二月三一日付朝刊、二頁。

(139)高橋紘・粟屋憲太郎・小田部雄次編『昭和初期の天皇と宮中 侍従次長河井弥八日記』第四巻(岩波書店、一九九四年)、昭和五年一二月一六日条、二〇九頁。ちなみに、河井は家達と面会する直前、一木喜徳郎宮相とも「貴院副議長問題」、「議長問題」に関して意見を交換していた。

(140)前掲『佐佐木行忠と貴族院改革』、八三頁。

(141)高橋紘・粟屋憲太郎・小田部雄次編『昭和初期の天皇と宮中 侍従次長河井弥八日記』第五巻(岩波書店、一九九四年)、昭和六年一月二五日条、一四頁。なお、一月二九日、東京会館において家達の帰朝歓迎および蜂須賀・近衛新旧副議長送迎の晩餐会が行われており、発起人は一条実孝、溝口直亮、藤沢利喜太郎、阪谷芳郎、内田嘉吉、伊沢多喜男、石渡敏一であった(「〔往復はがき〕」〔「小林次郎関係資料」七―五九〕、貴族院庶務課・長世吉宛の往復はがき文案)。

(142)前掲『佐佐木行忠と貴族院改革』、八三頁。

(143)「重要案の特別委員 議長の指名権剥奪 昨日研究会各派交渉会に持出す 各派の態度纏らず」『読売新聞』昭和六年三月三日付朝刊、二頁。

(144)『河井弥八日記』第五巻、昭和六年三月三日条、三一頁、「委員選定の実施各派幹部に移る 形式だけ徳川議長指名」『読売新聞』昭和六年三月四日付朝刊、二頁。
(145)『河井弥八日記』第五巻、昭和六年三月七日条、三三、三四頁。
(146)木戸日記研究会校訂『木戸幸一日記』上巻（東京大学出版会、一九六六年）、昭和六年三月一〇日条、六五頁。
(147)貴族院事務局編『貴族院先例録　自第一回議会至第六十五回議会』（貴族院事務局、一九三五年）、四八頁。
(148)前掲『佐佐木行忠と貴族院改革』、八四頁。
(149)「貴族院日誌　昭和五年　貴族院庶務課」（国立国会図書館憲政資料室蔵「貴族院五十年史編纂会収集文書」四九）、昭和五年四月二八日条。
(150)「貴族院日誌」、昭和五年六月一二日条。
(151)『木戸幸一日記』上巻、昭和六年二月三日条、六〇頁。
(152)前掲『佐佐木行忠と貴族院改革』、八七頁。
(153)「貴族院制度調査委員」（「小林次郎関係資料」七―二）。貴族院用紙にタイプ印刷（ただし無所属の人名は筆書き）。
(154)「貴族院日誌」、昭和六年五月八日条。
(155)前掲『佐佐木行忠と貴族院改革』、八七頁、『河井弥八日記』第五巻、昭和六年五月八日条、七七頁。
(156)前掲『佐佐木行忠と貴族院改革』、八七頁。
(157)貴族院規則第三三条は「議院ハ毎会期ノ始ニ於テ左ニ列記スル常任委員ヲ選挙ス」であり、以下、「一、資格審査委員　九人」、「二、予算委員　六十三人」、「三、懲罰委員　九人」、「四、請願委員　四十五人」、「五、決算委員　四十五人」と規定が設けられていた。
(158)「貴族院規則中改正案」（「小林次郎関係資料」七―三）、前掲佐藤『貴族院体制整備の研究』、一六三、一六四頁。
(159)「貴族院規則中改正案」（「小林次郎関係資料」七―一九）。
(160)「所謂特別委員ノ選定方法ニ付キテ（子爵前田利定君提案）（昭和六年十月）」（「小林次郎関係資料」七―二〇）。
(161)前掲『佐佐木行忠と貴族院改革』、八六、八七頁。
(162)前掲「貴族院改革はこうして　先ず自らの権限を縮小せよ　時の政府支援は当然の事　近衛文麿公談」『東京朝日新聞』昭和二年一一月一七日付朝刊、二頁。

（163）前掲徳川「憲政の運用」、九六頁。
（164）「貴族院日誌」、昭和六年一二月五日条。
（165）『河井弥八日記』第五巻、昭和六年一一月二九日条、二〇八頁。
（166）例えば、河井は徳川頼貞、山内長人、真野文二、川崎卓吉、井出謙治、伊沢多喜男などから意見を聴取している（『河井弥八日記』第五巻、昭和六年一〇月二一、二三日、一一月二五、二八日条、一八〇、一八一、二〇四、二〇八頁）。
（167）例えば、『木戸幸一日記』上巻、昭和七年四月八日条、一五四頁など。

第六章　徳川家達の「重臣」化構想

昭和八（一九三三）年六月、徳川家達が約三〇年務めた貴族院議長を辞職するにあたり、時の斎藤実内閣および宮内省はその対応に追われた。かかる議長・家達の功績をどう評価するかといった前例はなく、如何なる優遇がそれにふさわしいかという点から議論しなければならなかったからである。家達に下賜される勅語案には、「元勲又ハ元勲ニ準ズベキ者ニ対シテ下賜」されるべき文章が準備されており、それは家達を「重臣」とする可能性を有したものであった。[1]結果的にこの文案は変更となり、家達は「元勲又ハ元勲ニ準ズベキ者」となることはなかったのだが、家達を「重臣」と擬するといった議論は大正期以降散見されることとなる。なお、ここでいう「重臣」とは、内閣更迭時、後継首班選定の御下問に直接なり間接（元老の諮問）に与る者と定義する。

周知の通り、明治憲法における総理大臣の任免は天皇大権に属しているものの、その選出方法は明記されず（第五五条）、内閣更迭の際は主に元老会議によって後継首班が選定された。そのため、もし、貴族院議長の座を退いた家達が「重臣」の一員となれば、次期首相を選定するにあたり、唯一の元老である西園寺公望とともに後継首班選定の詮議に参与することが想定された。

この御下問範囲拡張問題（＝元老再生産・重臣問題）に関する研究は、なぜ西園寺が最後の元老になることを選択したのかが焦点となった。[2]そのため、昭和八年二月、昭和一二年四月の二度の手続き改正にその結着点を求め、その間に繰り広げられた元老・西園寺と、平田東助・牧野伸顕両内大臣および宮中グループがどのように対応していったのかといった過程に注目が集まった。これらの諸研究は、論者によって細かい差異はあるものの、西園寺が、政党政治が慣例化して行く中で後継首班選定は形式的になることを見越し、[3]元老の再生産を拒否し内大臣を中心に形式的な選定を行うことを企図していたとまとめることができる。[4]本章でも具体的に検討していくが、この形式的な選定には、憲法の規定にない個人の資格たる元老ではなく、憲法上の公職による合議が想定されていた。例えば、村井良太氏は政党内閣成立の慣例はどのように生じたのかという観点から、大正末期に考え得る五つの選択肢（「元老協議方式」の再編、退任する首相による後継首相の推薦、「枢密院諮問方式」、「重臣協議方式」、「内大臣指名方式」）を検討し、「組閣談合」が続くことを前提とした場合、「重臣協議方式」が最も正統性を持っていたと論じた。[5]ただし、ここでは貴族院議長を「重臣」に含むか否かといった議論を紹介したのみで、近年の研究でも、「重臣」の範疇に（結果的に）含まれることとなった内大臣、宮内大臣に関心が集まっている。[6]とはいえ、本書の関心に基づけば、実際に議長職にあった家達に則した検討と、その意義について説明が必要となろう。

御下問範囲拡張問題に関する研究は、「重臣」に擬された人物とその政治的背景の検討にもつながった。その中で、同時代的にも最も注目を集めた人物の一人が山本権兵衛であった。大正後期以降、山本とその背後で策を廻らす薩派の動向を検討した小宮一夫氏は、第二次山本内閣が大きな成果を挙げられず、また、西園寺が元老の再生産を行わない象徴として山本を位置付けたことを指摘した。[7]もう一人、一般的に元老とは見做されない大隈重信だが、近年、大隈の元老問題を論じる研究が相次いでいる。例えば、大日方純夫氏は、第二次大隈内閣辞職時、大隈への元老待遇の「御沙汰書」が西園寺と松方正義によって握りつぶされたものの、寺内正毅内閣総辞職時に御下問があったことで大隈は「元老」になったという。[8] さらに、「元老」の再定位に関する議論を繰り広げる荒船俊太郎氏は、大隈の「元老」待遇を、首相辞任時の「御沙汰書」ではなく、大正一〇年に摂政となった皇太子から授けられた御沙汰書を重視し、それをもって大隈を「元老」と見做したという。[9] このように、「元老」再生産問題に揺れていたのは大正後期から昭和初期にあたる時期であり、この時期は、当然御下問範囲拡張問題に関する議論が集中する時期と重なっていた。

以下本章で明らかにしていくように、大正期から昭和初期にかけて、家達は貴族院議長の資格として、また、議長を長期間務めたことから個人の資格として「重臣」となり得る可能性が議論されていた。本章の論点を先取りすると、大正期、貴族院議長を「重臣」とするか否かから議論が始まり、次第に家達を「重臣」とするか否かに論点が移っていった。近衛文麿や木戸幸一といった革新華族や、当時の宮中が家達の「重臣」化や宮中入りを画策していたことが先行研究[10]でも紹介されているが、議長退職時の勅語を含めた長期間にわたる家達の「重臣」問題を検討しているわけではない。

家達を「重臣」とすることと、貴族院議長を「重臣」とすることは別個の問題のように見える。しかし、近衛文麿が「世人が徳川公と申せば貴族院を連想し、貴族院と云へば徳川公を想起したる所以も決して偶然ではございませぬ」と回顧したように、[11]「歴史的個体としての事件や人物は、それ自体としてであるよりは、何らかの文化なり観念なりの形象化されたイメージ（「不定形な総体」の表象）として、とらえられ描かれる[12]」といった顰《ひそみ》に倣えば、同時代としても、貴族院議長について言及する時は家達が想定されている、と考えるほうが自然であろう。この仮説をもとに、本章では、家達には個人、職務の二重の資格において「重臣」の一員たり得たことについて論じていく。そして、家達の「重臣」化をめぐる動向や議論を分析することは、山本や大隈とは異なる知見を得られるとともに、明治憲法体制下における家達や貴族院議長の政治的位置付けをまた別の側面から明らかにすることができよう。

第一節　「重臣」拡張論と貴族院議長

1　大正三年政変と「重臣」拡張論

繰り返しになるが、最初に明治憲法下における内閣総理大臣の選出方法を確認しておきたい。そもそも、明治憲法では内閣総理大臣の選出方法は規定されず、内閣制度創設以来、辞職する首相が後任を推薦するか、天皇の諮問に応じた元老と呼ばれる長老政治家の合議により推挙されるかのどちらかによって選出されていた。ただし、内閣制度初期において、前者は第一次伊藤博文内閣総辞職時に黒田清隆が挙げられたこと以外に前例はなく、慣習として元老会議が首相選定の任を担っていた(13)。

その慣行に大きな変化が生じたのが、いわゆる桂園時代であった。事前交渉を行い政権授受の約束を交わしていた桂太郎と西園寺公望は、内閣総辞職の辞表を提出する際、後継首相をあわせて奏上した。明治天皇は基本的にそれを受け入れたため、実質的な元老会議は開かれることなく政権交代が行われていった（第一次桂→第一次西園寺→第二次桂→第二次西園寺）。かかる状況が一変したのが、第二次西園寺内閣総辞職時であった。西園寺が留任を拒絶したことで、首相選定のための元老会議を開催することとなった(14)。そこでは山本権兵衛、寺内正毅、松方正義、平田東助の名が挙がったものの、彼らはすべて辞退した。当初、内大臣に就任したばかりの桂は首相候補ではなかったものの、紆余曲折を経て桂が組閣したのは周知の通りである。この政変は大正天皇の即位後初めてのものであり、元老会議では「万一〔大命を〕御辞退申上げる様のことありては、失体の至り」、と大命拝辞によって新帝の権威が傷つけられることを恐れており、元老にも大きな重圧がかかっていた。

大正三（一九一四）年三月、第一次山本権兵衛内閣の総辞職後、第二次大隈重信内閣が成立するまで三週間にわたって元老会議が繰り広げられた。その間、徳川家達が組閣の大命を拝辞したのは第三章で検討した通りであり、その後も清浦奎吾が海軍大臣を得られず組閣に失敗するといった経緯があった。大正政変と同様、奏薦する元老がその責任を負うがゆえに、大命を拝辞しても辞退したことそれ自体への批判は登場しなかった。他方、政治的空白を生じさせた元老に対する批判が生じるようになり、結果論ではあるが、桂園時代において首相奏薦システムとしてはほとんど機能していなかった元老会議が、新たな時代の到来と共にその是非を含め改めて注目されることになった。

大正三年四月一四日付『東京朝日新聞』では、停滞する元老会議に代わる後継首班選定方法が早速論じられた⑮。「元老は不可」と副題が付されたこの社説の内容を見てみたい。「今日は政党を基礎とするにあらざれば到底鞏固なる内閣を組織する能は」ずとの立場を採るこの社説は、「憲法上何等の職責を有」しない元老が、「政権を左右するに至るのみならず、後継内閣銓衡に関する元老の奏薦は、毎時も其方針を誤り、必ず物議の種」になると批判する。これは、第三次桂内閣、第一次山本内閣と短命政権が続き、政治的混乱が生じていたことに対して、元老に責任を求める議論であった。社説では元老の引退を希望するものの、「新内閣銓衡に関する諮詢機関を全然廃止するが如きは、余程考へ物」と慎重な姿勢を見せる。その理由は、「諮詢機関を全廃し、内閣更迭のある毎に直に大命を以て後継首班を決定することとせんか、之が為に累を皇室に及ぼし奉る如き危険」があるからであった。イギリスのように、二大政党が交互に政権を担当することが理想だが、日本の政党はまだそのような域に達していないので、後継首班の銓衡時は、「比較的政界の事情に通暁する貴衆両院議長および枢密院議長」の意見を聴取すべし、と説いた。

ここには二つの論点が含まれている。一点目は、後継首班選定に関する天皇の関与と責任である。天皇は総理大臣の任免を行うことができるものの、実際は元老会議によって奏上された人物に大命を下していた。憲法上、天皇無答責が謳われているとはいえ、政変の際、天皇が直接次期首相を指名すると、その詮衡に関わる政治的な問題の追及が天皇に及ぶことも想定しなければならなかった。しかし、元老会議によって奏薦され、大命降下があった何者かが政治的に失敗した場合、その指名の責任は奏薦した元老にあり、天皇や拝辞した者が批判されるわけではない、という点である。

二点目は、一点目の問題を踏まえ、元老に代わる諮問機関の設置について論じた点である。元老会議そのものは批判するものの、天皇の直接的な政治的責任を回避するためには代替の諮問機関が必要であった。そこで、「比較的政界の事情に通暁する」貴衆両院議長と枢密院議長の三名による合議制を提案した。その根拠として、新内閣の詮衡には必ず貴衆両院議長の意見を徴するフランスの事例を参照したという。この時、枢密院議長は山県有朋、貴族院議長は家達、衆議院議長は奥繁三郎（政友会）であった。確かに、元老でもあった山県は「比較的政界の事情に通暁」していたことは間違いない。家達も第三章で分析したように、内閣と貴衆両院の間の橋渡しを何度も行っていた。また、衆議院議長の奥は、この時就任後わずか一ヶ月足らずであったが、政友会内部で適当と認められなければ議長候補者となれなかったことを鑑みると、「比較的政界の事情に通暁」していたと考えるのが妥当だろう。

しかし、この進歩的な社説は御下問範囲拡張の議論の呼び水とはならず、単発的な議論に留まった。この時は山県、松方、大山巌、井上馨、西園寺公望と五名の元老が存命中であったため、職位に基づく貴衆両院議長が御下問範囲に加わる議論に現実味がなかったのである。

2　元老・山県有朋の死去と議論の再燃

御下問範囲拡張の議論が活性化するのは山県の死去（大正一一年二月）を待たねばならなかった。大正三年から山県が死去するまでの間、井上（大正四年九月）、大山（大正五年一二月）と相次いで元老が死去したことにより、将来的な元老の消滅が現実問題として浮上してきた。それゆえ、元老会議に代替する諮問機関をどう設置するかの議論はにわかに現実味を帯びることとなる。

大正一三年、政党内閣の定着が予見されるようになると、元老という個人の資格に左右されない職位による諮詢機関を必要とする議論が続出した。例えば、吉野作造は、生存している元老に加え、内大臣、宮内大臣、さらには枢密院議長、貴族院議長による合議制を提案した。すなわち、松方と西園寺以後、「之〔後継首班選定〕が為に誘はるゝ者は枢相の外差当つては上院議長」であり、それでも「収りが六かしいとなると下院議長が招かるゝのは自然の順序」だが、それは「余程問題」という。元来、「上下両院議長の如きは、内大臣や宮相以上に（之等少数の人々が専ら組閣の談合をするといふ慣例が差支ないと仮定して）相談を受くべき権利がある筈」だが、総辞職する前首相に後継首班奏上の権利を阻む現状では、衆議院議長が「組閣談合」諮詢協議において発言権を得るのは容易ではない、と説いた(16)。

吉野の議論は、元老、内大臣、宮相に加えて枢密院議長と貴族院議長を重視しており、他方、衆議院議長については党派性が付きまとうことから、その発言や選択に党派性があるかどうか、すなわち、中立性を担保できるかを疑問視していたものと思われる。その後、第二次大隈内閣総辞職時、大隈は独断で加藤高明を次期首相として奏上し、それを知った元老が慌てて大正天皇に奏上し、元老会議によって改めて次期首相候補を奏請することを求めた事件があった。恐らく、吉野はこの一件を見て、衆議院議長が合議に加わると党利戦略に走り、政局が混乱する可能性を考えていたものと思われ、前述の大正三年政変時の『東京朝日新聞』社説と同様に、枢密院議長と貴族院議長を重要視していた。逆に言えば、貴族院議長には衆議院議長のような党派性に問題はないと判断していたのだろう。

吉野のように衆議院議長が諮詢に加わることに懐疑的だったのは西園寺も同様であった。西園寺は粕谷義三衆議院議長（政友会）に対して、「議長たるべきものは、英国同様、人格者にして権威あるものにしたし、さうなれば、政変の場合の如きも下相談すると云ふことになるならん」と述べていた[17]。西園寺がどこまで本気だったかは疑わしいが、貴族院議長ほど任期が長くなく、選出にあたって政党内の政治力学が色濃く出る衆議院議長は、諮詢を受けるにふさわしくないと考えていたことは明らかである。

宮中でも元老「以後」に関する議論が始まっていた。松方が危篤に陥り、元老が西園寺ただ一人になることを受けた牧野伸顕宮内大臣は、九鬼隆一（枢密顧問官）に対して、「〔御下問に対し〕殊に両院議長、枢相等を数ふる事となるべきが、現任者が果して如此任務に堪ゆるや否や、世間も其奉答に重きを置くべきや甚だ問題」であり、「如此重大なる任務は其人に存するを以て、其職にありとの理由に依り諮詢に参加」させると、「形式に流れ実質之に添はざる憂ひ」があると述べ、御下問範囲拡張に疑問を投げかけた[18]。

牧野が九鬼と会話した三日後、『東京日日新聞』でこの問題がクローズアップされた[19]。そこでは、「元老なき後の元老問題として、一、枢密院議長及顧問官数名、一、内大臣、一、貴族院議長及び衆議院議長、一、宮内大臣等を網羅して元老会議に代り得べき国家最高の諮詢機関を創設すべしとの議が一部識者において論議せらるゝ様になつた」と報じられており、枢密院議長、枢密顧問官数名、内大臣、貴衆両院議長、宮内大臣が後継首班選定に参与すべきと提議された。「一部識者」の一人は先程紹介した吉野であることは間違いなく、この記事は枢密顧問官や衆議院議長を含む点で一番広い範囲を想定していた。

右でいくつか議論を見てきたが、その間、家達は一貫して貴族院議長であった。そのため、貴族院議長が御下問範囲に加わることになれば、家達は職位によりその任にあたる可能性が生じた。ただし、牧野が職位による資格の付与に疑義を呈したごとく、西園寺も平田との対話において、「将来政変抔の場合の御下問範囲拡張一件に関し、枢密院議長には矢張り権威ある立派な人即ち政治の経歴と云ふよりは寧ろ政治的常識とでも言はうか明智にして他に動かされざる人を最も適任者と思ふが、其人は絶無」と述べており、[20]当事者たちは人材難を嘆いていた。ちなみに、牧野が九鬼に語った時の枢密院議長は浜尾新、貴族院議長は家達、衆議院議長は粕谷であった。牧野や西園寺は、これら三者が必ずしも後継首班選定に与るほどの人物とは見做していなかったのである。

本節で見てきた議論は、大正三年と同一三年と時期の違いはあるものの、元老会議の代替案として、憲法上の公職である枢密院議長と貴衆両院議長が御下問の候補となった点は共通していた。しかし、その文脈は異なり、前者は元老批判としての合議が提案され、後者が元老の減少に伴う善後策として検討された。また、後者の議論は政党内閣期の開始と軌を一にしていた。憲政常道の名のもと、二大政党による政権交代の慣習により、元老・西園寺と内大臣を軸に、後継首班を指名する方式を変更する必要性は一時的であるもののなくなった。そのため、輔弼責任のない職位の人物を「重臣」とし、新たに御下問範囲に加えることはひとまず見送られたのである。

第二節　徳川家達の貴族院議長辞職と優遇問題

1　「重臣」化構想の登場

第二節では、徳川家達の宮中入り問題を検討することで、家達個人を「重臣」とするかどうかの議論が如何なる展開を見せたのかを解明していく。

ワシントンから帰国したのちの大正一一（一九二二）年七月、家達は新聞紙上で松方正義内大臣の後任候補として挙げられた。

徳川公の宮中入に就ては前〔高橋〕内閣時代政友会方面で中間内閣組織として期待された当時から同公の周囲では寧ろ之を不可とし、若し議長を辞した暁には宮中に奉仕するのが徳川一門の宗家として皇室に忠誠を擢ずる所以[21]

この記事を引き金に、政界でも家達の内大臣説が流れるようになった。松本剛吉はすぐさまこの記事を西園寺公望に送付し[22]、さらに翌七日、平田東助と面会した。松本の訪問に対して、平田は、「徳川公の話もあれど、之はそんな事は事実なからん（中略）徳川公の宮内省入りは平山成信抔絶対に反対する筈、又、公も御請はせざるべし」と否定した[23]。

倉富勇三郎宮内省御用掛も、「若し平田か諾せされは、結局徳川家達と云ふことになるやも計り難し。徳川も先年ならは宜しかりしも、今日貴族院にて信望を失ひたる後、内大臣に転するは面白からす[24]」と述べ、また関屋貞三郎宮内次官も、「徳川家達か後任となる様なることは断してなかるへし[25]」と宮中では否定されていた。倉富は、家達がワシントン会議での「失言」によって貴族院内での信望を失ったことが影響していると観測していた。家達の「失言」問題から派生する家達への不信感の増大は第四章で検討した通りである。

一方、肝心の家達であるが、真偽の確認のために訪問した河井弥八貴族院書記官長に対して内大臣転任説を否定した[26]。この時期の内大臣は、倉富が「重要の職務なれとも、云は、間職《〔ママ〕》[27]」と記したごとく、後継首班選定に参与するほどの立場ではなかった。そのため、もし家達が内大臣に就いたとしても、すぐさま御下問に応じる「重臣」の一員になるとは限らなかった。

その後、家達の宮中入りの話はなくなったが、昭和初期、火曜会の中心人物である近衛文麿と木戸幸一が動きを見せる。昭和六（一九三一）年、家達が貴族院議長に再任（五期目）された後、近衛と木戸は家達と定期的に会合を行うようになった。木戸の日記によると、二人の意図は次の通りである。

午後二時、貴族院に於て近衛公と会談す。徳川公と今後月に一回位会合して時局等につき話し合ふことにしたしとの希望あり、同意す。

尚、先般の政変の如き場合、徳川公を重臣として西園寺公より諮問せらるゝことは如何なるものなりやとのことにて、公も憲政に携はらるゝこと三十年に近き訳なれば勿論可なるべしと思はる[28]

近衛は木戸に対して家達と「時局等」について懇談をする場を設けることを提案し、木戸も同意した。前段について、実際に近衛や木戸は家達と会合を行っていたことが木戸の日記からも窺える[29]。ただし、その日記から具体的な話がどのようなものだったかはわからない。だが、彼らは家達が長らく貴族院議長の職務を執っていたことを尊重し、その経験を自らの政治活動に活用することを考えていたのであろう。特に、副議長である近衛は、将来的に議長となることを想定した試みであったと思われる。

また、議長として長らく憲政に携わった家達を個人の資格において「重臣」の一員に加えることを想起していたことは注目される。さらに、「先般の政変」、つまり五・一五事件による後継首班選定のような場合、家達も西園寺から意見を聴取されるべきではないか、と近衛は提案し、木戸は家達が議長として「憲政に携はらるゝこと三十年に近」いことを理由に賛成した。近衛、木戸は家達と約三〇歳離れているものの火曜会の一員であり、第五章で言及したように貴族院改革で同じ方向性を志向していた。しかし、両者が家達を擁して何らかの政治的行動を起こすつもりがあったかは不明である。このような話題が生じる背景には、犬養毅内閣総辞職後の首相選定がこれまでの慣例から逸脱していたことにある。

五・一五事件後、後継首班選定に関与したのは元老・西園寺、牧野伸顕内大臣に加え、倉富枢密院議長、首相経験者である若槻礼次郎、清浦奎吾、陸海軍の有力者複数名であり、これまで議論され、想定されてきた「重臣」の範囲とは明らかに異なる人々がその対象となった。このような変化は、当然御下問範囲拡張問題の議論を再発させることとなる。家達を「重臣」に加える議論が浮上するのもかかる文脈に位置付けられよう。なお、この時期再び家達を内大臣とする説が出るも、すぐさま下火になった(30)。

2　政党政治の終焉と御下問範囲拡張問題

満州事変や五・一五事件以後、議会政治への求心力は著しく低下し、また軍部の台頭は政局を著しく不安定にさせた。そのため、政局の安定や政治課題の克服を目指し、政界有力者を包摂する「御前会議」案が各所より登場するようになる。そのような流動的な政治状況は、元老・西園寺による後継首班選定をより一層困難ならしめることとなった。宮中では老齢の西園寺の将来を案じ、御下問範囲拡張の再検討が始まった(31)。これについては先行研究でも十分に検討されているため(32)、ここでは本章の問題関心に則り、貴族院議長の扱いに注目する。

まず、昭和七年九月二日の草案では、「重臣ノ範囲ハ内大臣ノ奏請ニヨリ其ノ都度適宜之ヲ決定ス」、と「重臣」の範囲を限定せず臨機応変に対応することになっていた。しかし、これではあまりに無制限だと考えられたのか、九月一六日案では、やや煩瑣な文面ではあるが、「重臣ノ範囲ヲ如何ニ決定スベキカハ慎重考慮ヲ要スルモ、差当リ枢密院議長、元帥、内閣総理大臣タル前官ノ礼遇ヲ賜リタル者、貴族院議長、衆議院議長等ヲ考フルコトヲ得ベク、具体的ニハ其ノ都度、内大臣ノ奏請ニヨリ之ヲ決定スルコト」と書き換えられた(33)。この案を出したのは木戸であった。木戸は、自身の案を憲法学者・清水澄と協議し、その賛同を得ていた(34)。しかし、木戸案に対して一木喜徳郎宮内大臣が、「重臣の範囲に貴衆両院議長を加ふることは反対」としたため(35)、最終決定案では「重臣ノ範囲ハ、枢密院議長、内閣総理大臣タル前官ノ礼遇ヲ賜ハリタル者」と改定された(36)。

この過程において注目すべき点は、木戸が留保を付しながらも、「重臣」の範囲を弾力的に定めることを構想し、貴衆両院議長を含めた点である。先程の家達とのやりとりとあわせて見えてくるものは、家達を「重臣」の一人に加える可能性を模索していた木戸の姿である。木戸は、作成過程において西園寺のもとを訪れ、九月一六日に提出した自身の案の説明を行ったが、西園寺は「貴衆両院議長、元帥は原則として加はらざるも、必要な場合には但書により加ふるの途あり」と慎重な態度を見せた。(37)先述の一木の反対の理由は不分明だが、政党との距離の近さから衆議院議長を「重臣」の一員に加えるのは無謀と思い、そして、衆議院議長が不可とならばバランスとして貴族院議長のみを「重臣」とするには難しいと考えたのだろう。実現こそしなかったものの、木戸と近衛は家達を個人の資格ではなく、貴族院議長の資格の方面から「重臣」に引き入れる可能性を探った。しかし、この改定により、個人、職位の両面から家達は「重臣」の一員となる可能性は限りなくゼロに近づいた。

3　貴族院議長の辞任とその優遇

昭和六年一二月、家達は再び議長職に任じられた。第五章で言及したように、この頃には家達が議長を辞任することを求める声も上がるようになっていた。しかし、昭和八年になっても家達は議長を辞める意志を見せなかった。(38)一方、西園寺は貴族院副議長である近衛を議長にすることで、近衛を諸種の政治勢力から切り離す意図を有していたが、(39)議長辞任の問題は、「徳川公爵の一身上の件であつて、別に自分〔西園寺〕の直接関係するところではない」と述べていた。(40)しかし、家達の周囲には不穏な動きもあったようである。例えば、政友会の一部では党内分裂を利用して、「徳川貴族院議長あたりを首班とする内閣をもくろんで、現に本人や荒木〔貞夫〕陸軍大臣あたりの諒解を得」たといった風説が流れていた。(41)この噂を確かめようと家達に会った近衛は、家達が「自分にも考があるから、い丶加減にあしらつてはゐるが、結局は否と答へるつもり」と告げたことを原田熊雄に述べている。(42)

この頃、右翼団体の一つである大化会が家達に対して脅迫を行っており、徳川家はこの問題への対応に奔走していた(43)。昭和八年五月八日、大化会の中村浩太らが徳川邸に来訪し、「勧告書」を差し出し、家達からの返事を要求した。その内容は不明ながらも、後に見る関係者の対応から鑑みると、議長職の進退に影響を及ぼすものだったと思われる。事の重大さを鑑みた家政相談人・井出謙治は、彼らとの直接交渉を止めるよう家扶に指示し、警視庁に対して大化会の取り締まりと家達の保護を求めた。五月二〇日、家政相談人会が開かれ、河井が昵懇の伊沢多喜男に全面的な協力を仰ぐことを主張し、井出、真野文二は躊躇したものの、家達の意向を確認することとなった。翌二一日、井出、真野、河井と成田勝郎家令が家達と対策を協議し、家達は家政相談人の意向に同意した。

この問題は宮内省へも波及した。二六日、木戸と面会した河井は、右の問題に付意見を交換した。その結果、家達の「永年ノ功績ヲ顕彰シ、名門ヲ傷ケサルヤウ隠退セシムルコト」を主眼とし、脅迫が表沙汰となる前に速やかに処理することとなった。あわせて、家達が議長職を辞するにあたり、如何なる論功行賞を実現するかが焦点となり、元老や「重臣」の間で共通理解を得る必要性が喚起された。木戸は、「一タヒ世間ニ公表セラレシカ終リヲ全ウスルノ方法ハ杜絶スルニ至ルヘシ」と河井に指摘するほど、事態は深刻な状況に陥っていた。

二九日、河井は旧知の仙石政敬宗秩寮総裁を訪問し意見を仰いだ。仙石は、家達自身が大化会のメンバーと直接面会することは避け、家政相談人が対応するべしと提言した。また、家達の論功行賞については勅語下賜が妥当であり、大勲位は強い反発が起き得ることを指摘した。続いて河井は湯浅倉平宮内大臣と面会し、宮内省の方針を確認した。湯浅は家達の議長職辞職はもちろん、家達が「隠居マテ余儀ナクセラルルノ虞ナシトセス、又財産関係ニ於テモ犠牲ノ程度ハ想像付カス」と悲観的な見通しを示し、ひとまず当面の処理は警視総監に依頼するよう河井に指示した。その後、松平頼寿や伊沢などの意見も踏まえたうえで、河井は家達と会見する。家達は河井に対して「議長ヲ辞任セハ之ニテ解決スヘキヤ」と問い、河井はそれに頷いた。そして、議長辞任の理由、時期、手続きを

徳川家達の貴族院議長辞任と近衛新議長就任の記念写真。『尚友倶楽部所蔵　貴族院・研究会写真集』32 頁によると、撮影場所は徳川家達邸。前列左より、山本達雄、山内豊景、徳川家達、近衛文麿、黒田長成、南岩倉具威。中列左より千秋季隆、木場貞長、前田利定、伊集院兼知、青木信光、石橋徳作（守衛長・書記官）。後列左より角倉志郎（速記課長・書記官）、長世吉（書記官長）、近藤英明（委員課長・書記官）、瀬古保次（議事課長・書記官）、小林次郎（庶務課長・書記官）（『尚友倶楽部所蔵　貴族院・研究会写真集』32 頁）

検討し、辞職後は「社会事業奉仕ノ為赤十字社打合セ」を掲げ、外遊する方針を立てた。

三一日、大化会会長・岩田富美夫が徳川邸を訪れ、成田が対応した。岩田は大化会員が「勧告書」を提出したことを謝罪し、その返還を求めた。一方、この問題に関して警視庁が介入することは、「却テ事端ヲ紛雑セシメ或ハ事実ヲ〔ママ〕暴露ヲ促スノ虞アリ」と強気の態度を示し、岩田自身の「尽力」が必要かどうかを徳川家側に迫った。成田は岩田の申し出を謝し「十分考慮スヘシ」とのみ答えた。その後、岩田は電話で『東京毎夕新聞』では関連記事の準備が整っており、徳川家側で「至急対策ヲ講セラレンコトヲ望ム」と告げた。岩田は、自らが事態収拾に「尽力」することで徳川家から見返りを得ることを目論んでいたと考えられる。

三一日朝、河井は伊沢との電話において、木戸が「河井ハ弾圧掩蔽ニノミ腐心」していると述べていたことを聞かされた。確かに、この頃の木戸の日記には家達に関する記事が散見され、河井の「認識の不充分なるに驚く」とも記されていた(44)。これに対して、河井は「公ノ最後ヲ飾ル方法ハ最近ニ〔ママ〕暴露戦術ニ遇フヲ不利トスルモ、元来国家ニ対スル勲功ハ多少ノ私事ニ関スル評判ニテ消サルヘキ筋合ニ非ス」と反発していた。結局、徳川家側は大化会からの「強迫」には一切応じないことに決した。警視庁としては、大化会が「不当ノ範囲」に及んだ場合、初めて取り締まることができるので、徳川家側の意向を十分に汲み取ることはできなかった。それゆえ、大化会が「暴露戦術」を執らないうちに、速やかに家達は議長職を退く以外、選択肢がなくなった。

以上の経過もあり、六月に入ると新聞紙上で家達の議長辞任が取り沙汰されるようになった。そこでは健康問題が理由とされ、二日に開催された徳川宗家の家政相談役会を経て、非公式に斎藤実首相に辞意を伝えたとされる(45)。そして九日、家達は貴族院議長を辞職した。先述の脅迫問題に関しては世間に公表できないものと処理されながらも、家達の辞職にはその影響が大きかったと噂されていた(46)。表面上は議長在任三〇年を契機としたものとされたが、新聞紙上の扱いは小さなものであった。史料的な根拠は見いだせないが、新聞各社に辞職問題に関して何かしらの情報が届いており、徳川宗家や内務省より過度な報道は避けるよう注意があったのだろう。

家達の辞意を受けて、斎藤内閣と宮内省は家達の処遇を協議した。それまで貴族院議長は三名（伊藤博文、蜂須賀茂韶、近衛篤麿）いたが、七年間の任期を全うしたのは近衛（一期間）のみであり、家達の在任期間は圧倒的に彼らより長く、前例とするにはあまりにも大きな差があった。そのため、家達の優遇は逐一検討されることとなった。以下、その検討の記録をもとに家達優遇の論点と、その問題点を明らかにしていく(47)。なお、この記録は昭和八年六月一二日、横溝光暉内閣書記官によって作成されたものである。

そもそも何故このような議論が生じたのか。その理由は、「貴族院議長在職約三十年ノ久シキニ亘ル功績ニ鑑ミ、何等カ優遇ノ方法ヲ講ジ然ルベシトノ議」が生じたためであった。先程の河井の意向が強く反映されたのであろう。現在、家達が正二位勲一等旭日桐花大綬章公爵であるため、「優遇方法容易ナラザ」る点が焦点となった。

①叙位

明治四二（一九〇九）年一二月二七日、家達は正二位に叙せられた。華族叙位進階内則によれば、公爵は六四歳に達し、かつ正二位に叙せられて以来九年以上経過すれば従一位に進叙できる規定（第二、五条）となっており、家達はその条件を満たしていた。だが、「宮内省ノ実際扱トシテ生存中ハ従一位ニ進叙セシメザル慣習」があり、現に同様の条件を満たす西園寺も進叙していないので、家達の叙位を昇格させることは見送る結果となった。ここでは、宮内省の慣例と元老・西園寺との比較という極めて現実的な判断が下された。

②叙勲

家達は、大正一三年二月一一日に旭日桐花大綬章を授けられて以来、九年四ヶ月が経過していた。次の叙勲は大勲位であったが、これは「他トノ権衡ニ鑑ミ不当」とされた。なお、「他」が具体的に何を示しているかはこの記録ではわからない。次に検討されたのは賜杯である。賜杯は「寧ロ相当ノ思料」と考えられたが、「後日満洲事件ニ関スル論功行賞ノ際或ハ賜杯ノ詮議アルベキヲ以テ重ナルコトハ妥当」ではないとされた。三番目に年金下賜が検討され、家達に授与された旭日桐花大綬章に対する年金下賜（一五〇〇円）は、「最後ニ考ヘラルル優遇方法」としながらも、先例がわずか二例とされたところが問題となった。一例目は大正四年五月二九日、「理蕃ノ功」によって元台湾総督陸軍大将伯爵佐久間佐馬太、二例目は大正一三年二月一一日、「華府会議ノ功」によって外務大臣（当時）伯爵内田康哉であった。この二人に並べて家達に年金を下賜すると、「特ニ優遇ノ意明」となるが、「徳川議長ノ地位ト現時ノ思潮トニ鑑ミ稍不適当ナルヤノ感」があるとされ、勅語下賜が不採用となった場合、最後の手段として残されることとなった。ここで問題となった「徳川議長ノ地位ト現在ノ思潮」について、具体的な問題が挙げられたわけではないが、大化会からの脅迫や、親米英派の一人で海軍軍縮に携わった家達の優遇が軍部や社会に与える影響を憂慮していたものと考えられる。(48)

③勅語下賜

続いて検討されたのは勅語下賜である。その先例として挙げられたのは、西園寺公望（大正元年一二月二一日、首相辞職時）、および大隈重信（大正五年一〇月九日、首相辞職時）への勅語であった。それぞれ、「朕大統ヲ承ケシヨリ日尚浅シ卿多年先帝ニ奉事シテ親ク聖旨ヲ受ク将来匡輔ニ須ツモノ多シ宜ク朕カ意ヲ体シテ克ク其ノ力ヲ致シ賛襄スル所アルヘシ〔傍線引用者、以下同〕」（西園寺）、「卿夙ニ国事ニ尽瘁シテ大政ニ維新ニ参シ賛襄匡輔シテ以テ朕カ躬ニ及ヘリ今請フ所ヲ允シテ閑ニ就キ老ヲ養ハシム卿其レ加餐自愛シテ尚ホ朕カ意ニ称ハムコトヲ勉メヨ」（大隈）という文面であった。傍線を付した部分が、優遇を付すかどうかの判断基準となった箇所である。

六月八日、堀切善次郎内閣書記官長は勅語下賜の件を宮内省と交渉するために横溝と協議し、大隈の例に準じさせることを命じた。横溝が起草した勅語の文面は次の通りである。

卿夙ニ立法ノ府ニ参与シ議ヲ宰スル三十年専ラ大政翼賛ノ重責ニ任シ力ヲ憲政ノ済美ニ致セリ今請フ所ヲ允シテ閑ニ就カシム卿其レ加餐自愛シテ尚ホ朕カ意ニ称ハムコトヲ期セヨ

この文案を受けた堀切は斎藤の閲覧を経たうえ、大谷正男宮内次官を訪れ勅語文案の交渉を行った。宮内省側は、「先例ガ元勲又ハ元勲ニ準ズベキ者ニ対シテ下賜アリタルモノ」のため「稍難色」を示した。家達に「卿其レ加餐自愛シテ尚ホ朕カ意ニ称ハムコトヲ期セヨ」と挿入した勅語を与えることは、大隈に与えたものと同じ文面となるからであった。宮内省は調査の結果、浜尾新、珍田捨巳などへの勅語下賜を前例に挙げて審議を続けた。最終的に決まった勅語は、「卿夙ニ立法ノ府ニ参与シ議ヲ宰スル三十年専ラ大政翼賛ノ重責ニ任シ力ヲ憲政ノ済美ニ致セリ今請フ所ヲ允シテ閑ニ就カシム卿其レ自愛加餐セヨ」であり、大隈に与えられた「尚ホ朕カ意ニ称ハムコトヲ勉メヨ」に対応する、「尚ホ朕カ意ニ称ハムコトヲ期セヨ」の部分は削除された。六月九日夜、家達は宮中に参内しこの勅語を授けられた。これにより、家達は優遇による「重臣」の一員となることはなくなった。

また、記録には大隈に関して下条康麿賞勲局総裁による補足があった。それによれば、大隈に対する勅語は「元勲ノ待遇トスル能ハズ元勲ニ準ズルモノトシテ扱ハレタルモノ」のため、「尚ホ朕カ意ニ称ハムコトヲ勉メヨ」と西園寺と文言が異なることが指摘されていた。ゆえに、家達に対する勅語で「尚ホ朕カ意ニ称ハムコトヲ期セヨ」の部分を削除したのは「至当」と評価されていた。宮内省の見解では、大隈への勅語は「元勲ニ準ズルモノ」で、西園寺とは明確に差がついており、優遇の順序は西園寺、大隈、家達の順と理解された。

④賜物

家達には勅語とあわせて御紋付料紙文庫硯箱一組も下賜されることとなった。これについては特に議論された跡は見当たらない。

以上が家達の優遇協議とその結末である。家達の爵位、年齢から規定される叙位叙勲の問題が、西園寺と比較されることは合点のいくところであろう。勅語案の比較対象が西園寺や大隈の首相退任時の文言だったことは、貴族院議長三〇年の功績を評価するためにはこの二人しか比較し得なかったという点で、稀少で判断の難しい問題であったことを意味していた。だが、その両者とは明確に優遇方法が異なっており、満州事変以後の社会状況や、家達への脅迫問題が起きている状況の中、宮内省は家達の優遇があまり目立ちすぎないようにせざるを得なかったのである。

小括――「重臣」化構想の中の貴族院議長

本章では徳川家達の「重臣」化構想として、家達の処遇や貴族院議長が後継首班選定に加わることの是非に関する議論を検討した。最後に、この貴族院議長・徳川家達の「重臣」化構想をどう考えたらよいか、という点をまとめる。

超憲法的な存在ともいえる元老によって担われてきた後継首班選定の元老会議に対して、大正期以降、その代替案は議論され続けた。この議論の端緒は元老批判による文脈であり、その代案の一つとなったのは、枢密院議長と貴衆両院議長を構成員とする合議制であった。その理由として、これらの職務は憲法上の公職であり、「政界の事情に通暁」するものと考えられたからであった。しかし、第二次大隈重信内閣成立以降の後継首班選定は再び元老が主導権を握ることとなり、その議論は下火となった。

その後、井上馨、大山巖、山県有朋の三元老が死去し、松方正義の死期が近づいた大正一三（一九二四）年、再び元老会議に代わる後継首班選定方法が議論の俎上に載せられた。そこでは、枢密院議長、貴衆両院議長に加え、内大臣、宮内大臣、枢密顧問官数名による合議制が有力な案として想定されていた。また吉野作造も、元老、内大臣、宮内大臣に加えて枢密院議長、貴族院議長（＋衆議院議長）による合議制を提案するなど、具現化することはなかったが、可能性を有する議論であったことは間違いない。しかし、牧野伸顕は「実質」、すなわち個人の資質を重視し、職位による合議制（「形式」）によって後継首班選定を行うことを否定した。また、政党内閣の一時的な定着はこれらの議論を先延ばさせた感も否めない。

家達の処遇に関する議論が生じたのはこれらと同時期であった。大正後期には松方内大臣の後任候補として名前

【表11】歴代枢密院議長

議長名	就任年月日	退任年月日	前職	後職	備考
伊藤博文	明治21.4.30	明治22.10.30	内閣総理大臣	宮中顧問官	伯爵
大木喬任	明治22.12.24	明治24.6.1	元老院議長兼枢密顧問官	文部大臣	伯爵
伊藤博文	明治24.6.1	明治25.8.8	貴族院議長兼宮中顧問官	内閣総理大臣	伯爵
大木喬任	明治25.8.8	明治25.11.22	文部大臣	（辞任）	伯爵
山県有朋	明治26.3.1	明治27.12.18	司法大臣	監軍	伯爵、陸軍大将
黒田清隆	明治28.3.17	明治33.8.25	逓信大臣	（死去）	伯爵
西園寺公望	明治33.10.27	明治36.7.13		立憲政友会総裁	侯爵
伊藤博文	明治36.7.13	明治38.12.21	立憲政友会総裁	韓国統監	侯爵
山県有朋	明治38.12.21	明治42.6.14	枢密顧問官	枢密顧問官	侯爵、陸軍大将・元帥
伊藤博文	明治42.6.14	明治42.10.26	韓国統監兼枢密顧問官	（死去）	公爵
山県有朋	明治42.11.17	大正11.2.1	枢密顧問官	（死去）	公爵、陸軍大将・元帥
清浦奎吾	大正11.2.8	大正13.1.7	枢密院副議長	内閣総理大臣	子爵
浜尾新	大正13.1.13	大正14.9.25	枢密院副議長	（死去）	子爵
穂積陳重	大正14.10.1	大正15.4.8	枢密院副議長	（死去）	男爵
倉富勇三郎	大正15.4.12	昭和9.5.3	枢密院副議長	（辞任）	授男爵
一木喜徳郎	昭和9.5.3	昭和11.3.13		（辞任）	男爵
平沼騏一郎	昭和11.3.13	昭和14.1.5	枢密院副議長	内閣総理大臣	男爵
近衛文麿	昭和14.1.5	昭和15.6.24	内閣総理大臣	（辞任）	公爵
原嘉道	昭和15.6.24	昭和19.8.7	枢密院副議長	（死去）	
鈴木貫太郎	昭和19.8.10	昭和20.4.7	枢密院副議長	内閣総理大臣	男爵、海軍大将
平沼騏一郎	昭和20.4.9	昭和20.12.3		（逮捕命令）	男爵
鈴木貫太郎	昭和20.12.15	昭和21.6.13		（辞任）	男爵、海軍大将
清水澄	昭和21.6.13	昭和22.5.3	枢密院副議長	（廃止）	

典拠：秦郁彦編『日本官僚制総合事典　1868～2000』（東京大学出版会、2001年）より作成。

が挙がり、また、昭和初期には近衛文麿、木戸幸一が貴族院議長の実績を重視して、家達を「重臣」の適任者として推した。家達の「重臣」化構想は、職位としての「重臣」化構想に始まり、次第に貴族院議長を長期にわたって務めたという個人の資格での「重臣」化の道が探られたことが特徴である。しかし、本章で見てきたように、家達個人を「重臣」に加えることは難しく、木戸は御下問範囲拡張の再検討時に改めて職位（貴族院議長）から家達を「重臣」の一員にすることを試みたが、それも反対意見に遭った。昭和八（一九三三）年二月の規定によって、「重臣」の範囲は元老、内大臣に加え、枢密院議長、内閣総理大臣の前官礼遇を賜った者に限定され、貴族院議長・家達の「重臣」への道はこれで閉ざされたはずだった。だが、同年六月、議長を退任する際の勅語の文面如何によって家達を「重臣」とする可能性が再び浮上した。しかしながら、西園寺公望や大隈との比較検討の結果、家達に対する勅語の文面は、「重臣」を意味する当初の案から変更され、結果的に家達が「重臣」となることはなかった。そういう意味では、この処遇は昭和八年二月の規定から逸脱しない点からも重要なものであった。他方、家達の議長辞職の裏面には右翼団体による脅迫があり、家達自身は議長であり続けたいと考えていながらも、家達の名誉を守るために周囲が家達を説得した側面も大きく、それは家達の優遇にも少なからぬ影響を与えていた。

少々後の話となるが、政治評論家・馬場恒吾は、『読売新聞』のコラム「日曜評論」において、近衛が貴族院議長時代、後継首班選定に関して元老・内大臣・「重臣」（首相経験者）に加え、「毎日実際の政治に接触してゐる」貴衆両院議長の意見を徴すべし、との意見を有していたことを紹介し、馬場自身、「相当の理由のある考へ」と評価した。[49] もちろん、この構想が実現することはなかったのだが、大正期から続く議論を近衛が引き継いでいたことは――当時の近衛自身が後継首班選定に参与したいと考えていた可能性も高いが――注目に値する。

再び貴族院議長が「重臣」候補となったのは戦後であった。東久邇稔彦、幣原喜重郎両首相の奏薦は、木戸内大臣と平沼騏一郎枢密院議長の二名で協議された。その後、木戸が戦犯に指名され、また内大臣府が廃止されたことで、御下問の実行そのものの根幹が揺らいでしまった。そこで、宮中では枢密院議長・貴衆両院議長を軸にした協議方式が検討されるも、議院内閣制を標榜する新憲法草案の発表によりこの議論は立ち消えとなった。[50] 皮肉ではあるが、明治憲法体制の最末期において貴衆両院議長の「重臣」化実現の可能性が最大となったとのである。

なお、家達の後を継いで貴族院議長を務めた近衛文麿は、後に首相、枢密院議長を歴任したことにより、個人（首相経験者）・職位（枢密院議長）両方の資格を有する「重臣」として後継首班選定に与ることとなった。また、近衛の次に枢密院議長となった原嘉道も、約四年の任期中、「重臣」の一員となったことなどを踏まえると、家達の「重臣」への途はなかなか遠かったようにも見える（【表11】）。だが、のちに首相・枢密院議長を歴任した近衛、平沼、鈴木貫太郎（ただし後継首班選定には加わらず）、首相・内大臣を務めた斎藤実（ただし、内大臣として実際に合議に加わる前に二・二六事件で死去）を除けば、大正末期から昭和初期にかけて、職位に加えて、個人の資格による「重臣」候補たり得た政治家は家達だけであった。それはすなわち、（準）元老に擬せられた山本権兵衛や大隈重信と並び、長年貴族院議長を務めた家達が、明治憲法体制の中で何人にも代え難い存在であったことを意味していたのである。

◆註

（1）内閣官房総務課「人事関係　徳川貴族院議長退職に際しての優遇に関する件記録」（本館-2A-040-00・資00125100）。以下、「家達優遇記録」と略す。

（2）概説として、山本四郎『元老』（静山社、一九八六年）、伊藤之雄『元老――近代日本の真の指導者たち』（中央公論新社、二〇一六年）を参照。

（3）升味準之輔氏は、憲政常道期の政権交代のルールを確立させた元老・西園寺を「人格化されたルール」と評した（升味準之輔『日本政党史論』第五巻〔東京大学出版会、一九七九年〕、一三頁）。

（4）例えば、川口暁弘「「元老以後」の首相奏薦」（『学習院史学』第三八号、二〇〇〇年）、永井和『青年君主昭和天皇と元老西園寺』（京都大学学術出版会、二〇〇三年）、同『西園寺公望――政党政治の元老』（山川出版社、二〇一八年）、伊藤之雄『昭和天皇と立憲君主制の崩壊――睦仁・嘉仁から裕仁へ』（名古屋大学出版会、二〇〇五年）、同『元老西園寺公望――古希からの挑戦』（文藝春秋、二〇〇七年）、茶谷誠一『昭和戦前期の宮中勢力と政治』（吉川弘文館、二〇〇九年）、同『昭和天皇側近たちの戦争』（吉川弘文館、二〇一〇年）など。また、松田好史氏によって内大臣の包括的な研究が発表された（松田好史『内大臣の研究――

明治憲法体制と常侍輔弼』（吉川弘文館、二〇一四年））。
（5）村井良太『政党内閣制の成立　一九一八～二七年』（有斐閣、二〇〇五年）。
（6）例えば、十河和貴「元老再生産と大正後期の政界――松方正義・牧野伸顕・平田東助を中心として」（『日本史研究』第六五九号、二〇一七年）など。
（7）小宮一夫「山本権兵衛（準）元老擁立運動と薩派」（近代日本研究会編『宮中・皇室と政治　年報・近代日本研究　二〇』〔山川出版社、一九九八年〕）。
（8）大日方純夫「原敬のなかの「大隈重信」――二人の〝政党政治家〟の交錯」（『早稲田大学史記要』第三六号、二〇〇四年）。
（9）荒船俊太郎「元勲と元老のはざまで――大隈重信「元老」となる」（『早稲田大学史記要』第三九号、二〇〇八年）、同「原敬内閣期の「元老待遇」大隈重信」（『早稲田大学史記要』第四〇号、二〇〇九年）、同「寺内正毅内閣期の大隈重信――「元老待遇」の出発」（『早稲田大学史記要』第四一号、二〇一〇年）、同「大正後期の松方正義と「元老制」の再編」（『史学雑誌』第一二二編第二号、二〇一三年）など。荒船氏の見立ても参照された大隈の評伝として、真辺将之『大隈重信――民意と統治の相克』（中央公論新社、二〇一七年）。
（10）前掲茶谷『昭和戦前期の宮中勢力と政治』、同『昭和天皇側近たちの戦争』、後藤致人「二人の内大臣――牧野伸顕と木戸幸一の関係」（『日本歴史』第七九九号、二〇一四年）。
（11）「故公爵徳川家達閣下追悼録速記」（国立国会図書館憲政資料室蔵「牧野伸顕関係文書」書類の部C二七九）。
（12）遅塚忠躬『史学概論』（東京大学出版会、二〇一〇年）、三七頁。
（13）前掲山本『元老』、前掲伊藤『元老』、千葉功『桂太郎――外に帝国主義、内に立憲主義』（中央公論新社、二〇一二年）、一二八、一二九頁。
（14）伊藤隆編『大正初期山県有朋談話筆記　政変思出草』（山川出版社、一九八一年）、三四～四二頁。
（15）「社説　諮問機関の必要（元老は不可）」『東京朝日新聞』大正三年四月一四日付朝刊、三頁。
（16）吉野作造「山本内閣の倒壊から清浦内閣の出現まで」（吉野作造『吉野作造選集』四〔岩波書店、一九九六年〕、初出『中央公論』大正一三年二月号）、七九頁。
（17）岡義武・林茂校訂『大正デモクラシー期の政治　松本剛吉政治日誌』（岩波書店、一九五九年）、大正一三年八月一〇日条、三二八頁。

(18) 伊藤隆・広瀬順晧編『牧野伸顕日記』(中央公論社、一九九〇年)、大正一三年六月一六日条、一四一頁。

(19)「元老なき後の元老問題」『東京日日新聞』大正一三年六月一九日付朝刊、二頁。

(20)『松本剛吉政治日誌』、大正一四年九月二六日条、四四四頁。

(21)「徳川議長の進退　内府説の根拠」『東京朝日新聞』大正一一年七月六日付朝刊、三頁。

(22)『松本剛吉政治日誌』、大正一一年七月六日条、一九二頁。

(23)『松本剛吉政治日誌』、大正一一年七月七日条、一九二頁。

(24) 倉富勇三郎日記研究会編『倉富勇三郎日記』第二巻(国書刊行会、二〇一二年)、大正一一年七月一九日条、七五七頁。倉富が宮内官僚である小原駩吉に述べたもの。

(25)『倉富勇三郎日記』第二巻、大正一一年七月二七日条、七七六頁。

(26)「河井弥八日記」(掛川市教育委員会蔵「河井家文書」二三―一三)、大正一一年七月六日条。

(27)『倉富勇三郎日記』第二巻、大正一一年七月二七日条、七七七頁。

(28) 木戸日記研究会校訂『木戸幸一日記』上巻(東京大学出版会、一九六六年)、昭和七年六月一四日条、一七四頁。後藤氏はこの記述をもとに、「木戸は、貴族院改革で志を同じくする徳川家達を、牧野の後任の内大臣に据えようとした」と言及しているが(前掲後藤「二人の内大臣」)、筆者は、木戸や近衛が牧野に代えてまで家達を内大臣に推そうとしたのではなく、西園寺が意見を聴取する一人に家達を推したと理解している。

(29)『木戸幸一日記』上巻、昭和七年九月一三日、一九三、一九四頁、昭和八年三月二四日、五月二日条、二二八、二三四頁など。

(30)『木戸幸一日記』上巻、昭和七年八月二五日条、一九〇頁。

(31) 手続き案については、木戸日記研究会編『木戸幸一関係文書』(東京大学出版会、一九六六年)、一四三、一四四頁。

(32) 註(4)の各先行研究を参照のこと。

(33)『木戸幸一関係文書』、一四三、一四四頁、『木戸幸一日記』上巻、昭和七年九月一六日条、一九四頁。

(34)『木戸幸一日記』上巻、昭和七年九月一二日条、一九三頁。

(35)『木戸幸一日記』上巻、昭和七年九月一六日条、一九四頁。

(36)『木戸幸一関係文書』、一四三、一四四頁。

(37)『木戸幸一日記』上巻、昭和七年一二月一五日条、二〇七頁。

(38) 原田熊雄『西園寺公と政局』第三巻（岩波書店、一九五一年）、六三頁。

(39) 原田熊雄『西園寺公と政局』第二巻（岩波書店、一九五〇年）、二四八〜二五二頁。

(40)『西園寺公と政局』第三巻、八二、八三頁。

(41)『西園寺公と政局』第三巻、六〇頁。

(42)『西園寺公と政局』第三巻、七五、七六頁。

(43) 以下、特に断りのない限り、「大化会の問題について政府高官との折衝の記録類」（「河井家文書」二〇―一二一二）による。

(44)『木戸幸一日記』上巻、昭和八年五月二七日条、二三八頁。

(45)「名議長三十年、徳川公辞任　後任は近衛公有力」『東京朝日新聞』昭和八年六月六日付朝刊、二頁。

(46)『西園寺公と政局』第三巻、九二、九三頁、「政界情報　徳川前議長の辞職は矢張り在任三十年を記念したものと思ふ」（国立国会図書館憲政資料室蔵「斎藤実関係文書　書類の部」一四二―一二）、「日記」（国立国会図書館憲政資料室蔵「倉富勇三郎関係文書」一五―七）、昭和八年六月七日条。

(47) 以下、特に断らない限り「家達優遇記録」による。

(48) 傍証だが、家達は日米協会における駐日アメリカ大使グルーの歓迎に出席している（ジョセフ・C・グルー著、石川欣一訳『滞日十年』上（筑摩書房、二〇一一年）、四九頁）。グルーは家達の葬儀にも出席していた（『滞日十年』下（筑摩書房、二〇一一年）、六〇頁）。また、グルーは井上匡四郎と共に、アメリカに向けて家達追悼のラジオ放送（昭和一五年七月一五日）を行っている（国立国会図書館憲政資料室蔵「井上匡四郎文書」〇九七六七）。

(49)「日曜評論　議会政治を活用せよ　馬場恒吾」『読売新聞』昭和一四年一二月一七日付朝刊、二頁。この記事について言及したものとして、御厨貴『馬場恒吾の面目――危機の時代のリベラリスト』（中央公論新社、二〇一三年（原本一九九七年））、一七六〜一七八頁。

(50) 茶谷誠一「敗戦後の「国体」危機と宮中の対応――宮内府設置にいたる過程を中心に」（『アジア太平洋研究』第三六号、二〇一一年）。

終章　貴族院議長・徳川家達と明治立憲制

以上、本書では帝国議会開設期における貴族院議長の政治的位置付けを踏まえたうえで、議長・徳川家達の政治的位相を解明してきた。終章では本書が検討してきた内容をまとめ、その意義について言及する。

※

まず本書で確認したことは、貴族院議長の「誕生」の過程であった。議員間の互選を経てその上位三名のうち一名が勅任されることとなった衆議院議長とは異なり、貴族院令で規定された貴族院議長の選出方法は勅任であった。とはいえ、その勅任は天皇の独断で決まるものではなく、総理大臣の奏請に基づく内閣主導による人事であった。この差異は枢密院における議院法や貴族院令の審議の際、顧問官たちに強く意識させることとなった。顧問官たちは、民党からの選出が想定された衆議院議長のもとでは、各種法案などを提出する内閣にとって不利な議会運営が行われ得ることを懸念した。すなわち、議長の人選こそ議会運営を大きく左右し、その結果が時の内閣の命運の一端を握るものと考えられたのである。そのような各人の意識は、伊藤博文に貴族院議長就任を依頼する過程で如実に顕れた。明治二三（一八九〇）年、第一次山県有朋内閣は、初めて迎える議会に対して貴族院議長の存在を重要視し、憲法制定の立役者で藩閥政府の内情にも詳しい伊藤を議長に据えることで、来る第一議会の貴族院を乗り切ろうとした。内閣をはじめとする政府側の多くの人間にとって、そこになにがしかの「公平」たる議長像といったものは想定されていなかった。

しかし、伊藤は他者の念頭にある議長像とは異なり、枢密院における審議時と同様、議長の役割をさほど重視せず、議長よりも議事に臨む議員たちの動向こそが議会の成否を握っていると考え、貴族院議長就任から逃げ続けた。伊藤のもとには多くの人物が説得にあたったが、伊藤の逡巡は半年ほどにわたり、結局伊藤が第一議会のみ議長職を務めることで決着した。だが、会期中、伊藤は病気に罹ったこともあり、ほとんど議長として議会運営を行うことなくその職から退いた。

※

その後、蜂須賀茂韶、近衛篤麿と続けて、時の内閣との関係で新たな貴族院議長が誕生した。院内会派・三曜会のリーダーであった近衛は、谷干城らが集う懇話会と提携し、貴族院の「民党」の一員として認識されていた華族政治家であった。近衛や谷は条約改正問題に端を発する「対外硬」以来、第二次松方正義内閣と提携した進歩党と政治的に近しい関係にあった。そのため、松方内閣は議長・近衛を通じて彼ら硬派議員の支持を取り付けようと目論んだ。その試みは、初の政党内閣として誕生した第一次大隈重信内閣でも踏襲される。貴族院に基盤を有さない隈板内閣は、近衛を法制局長官として迎え、硬派議員と協力関係を取り結ぼうとした。近衛は議会政治における政党の必要性を認識しながらも、政綱の不一致により入閣を拒否し、あわせて政党による情実任用とその弊害を批判した。隈板内閣が近衛に入閣を慫慂した背景には、都筑馨六や平田東助といった山県の影響が強い官僚系勅選議員による政党（内閣）への強い反発があり、議会運営において彼らの激しい抵抗が予期されたからであった。隈板内閣を敵視する議員は幸倶楽部や研究会に集まり、あわせて院内会派の存在が徐々に貴族院の重要なアクターとなっていった。

政党内閣と貴族院の関係は、第四次伊藤博文内閣期に岐路を迎えることとなる。伊藤内閣と対立する貴族院議員の大半は、増税諸法案に強く反対した。同時に、内閣の拙劣な議会対策はその対立を修復不可能なところまで押しやることとなり、結局、伊藤は貴族院へ「詔勅」を引き出すことで強引に議会を乗り切った。この間、各派交渉会の意見を議長・近衛が取りまとめ、内閣や元老と交渉する構図が誕生した点は、貴族院内の意思――「院議」形成のあり方に大きな影響を与えた。近衛の政治的パーソナリティとも相まって、内閣・元老と貴族院の対立は抜き差しならぬものとなり、結果として貴族院議長の動向が議会運営の焦点となった。とはいえ、貴族院にとって「詔勅」の衝撃は甚大であり、また政党内閣が本格的に登場したことを受けて、貴族院は衆議院や内閣との関係構築を改めて見直す必要に迫られた。

その後、予算案をめぐって第一次桂太郎内閣が衆議院（立憲政友会、憲政本党）と対立した際、近衛は両者を仲介し調停することを試みた。内閣と衆議院との対立を緩和させ、円滑な議会運営を行うことこそ貴族院の役割と自負していた議長・近衛は、第一五議会の経験を踏まえ、政治過程に天皇の登場を避けるため、「個人」の資格で衆議院に乗り込んだ。しかし、そのような行為を批判的に見た衆議院側からは、貴族院議長（＝「職位」）が調停を行うことに対する非議の声が挙がった。近衛の行動は賛否両論を惹起し、それが「個人」であれ「職位」であれ、貴族院議長の位置付けが問題視された。明治立憲制が軌道に乗りつつあったこの時期、貴族院議長は単に議場での議会運営だけでなく、明治憲法体制の中で如何なる役割を果たすべきか課題となったのである。

※

明治三六年一二月、第四代貴族院議長となった徳川家達は、前任の近衛とは異なり、政治的主張を押し出さない華族政治家であった。とはいえ、徳川宗家第一六代当主という出自も相まって、院内では一目置かれる存在であった。イギリス留学時に見学した「擬国会」を原風景とする議長・家達は、議会開設後、運営上生じた様々な課題を踏まえ、独自の議長像を築き上げていった。

議長・家達の特徴の一つに、内閣・貴衆両院間の懇談の「場」を積極的に提供していたことが挙げられる。議長就任後、家達は内閣と貴族院内の有力議員（＝各派交渉委員）や衆議院の代表者との間を取り持ち、議会運営における意思疎通を促していった。あわせて、議長・家達と各派交渉委員の関係も徐々に明確となり、彼らによって構成される各派交渉会が議会運営の（事前）協議の場として有効に機能するようになった。特に、政友会による西園寺公望内閣期には、予算内示会や、重要法案が審議される貴族院の議事日程を見据え、家達は閣僚と各派交渉委員との間に協議を促し、円滑な議会審議の下地を作っていった。かかる試みは、明治憲法第四二条により、通常議会の会期が三ヶ月と限定されていた中で、議場での衝突を少しでも避け、より安定的に成案を目指すものであり、桂内閣・政友会間で行われた予算内示会や、政友会内部の事前審査と併行して成立した帝国議会の政治文化でもあった。明治後期、協議の「場」の主宰者として君臨し、議場で決定した「院議」に従う議長・家達は、「公平」、「無色透明」と評され、その政治的人格は確立した。同時に、家達が政友会の実力者・原敬と政治的に良好な関係を築いていった点も重要な政治的資産となった。

議長・家達の矜持とした「公平」と「院議」尊重の関係が極限まで問われたのが第三一議会であった。政友会を実質的な与党として誕生した第一次山本権兵衛内閣は、大正三（一九一四）年、シーメンス事件の発覚を機に貴族院から猛烈な反発に遭い、海軍拡張費が否決された結果、内閣総辞職の途を選んだ。その間、「議長は政治に不干渉」と自負していた家達は、明治後期より友好関係にあった政友会と、貴族院多数の「院議」たる内閣批判との板挟みになるも、できる限り「公平」な議会運営を心掛け、「院議」に従い続けた。だが、結果的にこの家達の矜持は山本内閣を総辞職へと導く一因ともなった。

山本内閣総辞職後、後継首班選定のために開催された元老会議では、家達を次期首相候補として奏上することに決した。その理由は、家達が政治家として「中正」であり、貴族院議員からの支持と、政友会の協力を見込めることに求められた。かかる評価は、議長就任以来継続してきた家達の政治的姿勢や当該期の政治構造を集約したものであり、清浦奎吾内閣を誕生させたいがための元老・山県有朋による当て馬的な選択、という一面的なものではなかった。だが、家達は「行政」に携わったことがないため、自ら首相として政策を実行する自信もなく、また失政の責任が皇室に及ぶことを恐れるとし、組閣の大命を拝辞した。これは各政治勢力に配慮した拝辞であり、家達にとって究極の状況下、議長として「公平」な態度を採ってきたことを援用させた振る舞いでもあった。あわせて、自らの政治的役割は貴族院議長の職務にあることを静かに、そして強い意志で表明したのであった。

※

大正一〇年、原敬内閣は家達をワシントン会議に全権委員として派遣することを決断した。その背景には、加藤友三郎海軍大臣、幣原喜重郎駐米大使だけでは為し得ない役割――パーティ外交と外国輿論への対応――を政治的地位のみならず家格の高い華族政治家・徳川家達に期待したものであったが、これまで築いてきた原と家達との関係や、研究会との提携による原内閣の貴衆縦断政策に深く根差したものでもあった。明治末から大正期にかけて勢力拡張を続けていた研究会は、家達の異母弟である徳川頼倫を総裁格に迎え、子爵議員のみならず伯爵、侯爵議員の統合を試みていた。頼倫と研究会を仲介に原は家達の説得に成功し、全権委員就任の承諾を得た。家達が全権となったことに対して、原内閣を支持する政友会、研究会からは賛意の声が寄せられたものの、それと対峙する憲政会や幸倶楽部などの議員からは批判が寄せられた。全権として会議に臨むことは、議長としての職務を執ることとなんら変わることはない、と家達は自らを位置付けたが、全権となることを承諾したことは、原内閣や研究会の方策に則ったものと解釈され、ひいては家達を利用した原内閣による貴族院への「箝口令」と見做された。すなわち、議長・家達がそれまでと変わらず「公平」たり得るか、「院議」尊重を維持できるかどうか、疑問の眼差しが向けられることとなったのである。

全権・家達は原の指示通り、新聞記者への会見や社交の場で活躍していたが、海軍軍縮問題に関する「失言」を機に批判が集中することとなった。家達が管轄外の海軍軍縮問題に口を出したこと、また軍縮に対して全権団内部で意見の統一が図られていなかったことが混乱を拡大させた要因だった。会議の経過と「失言」の事後処理が報じられる中、家達を推した原が暗殺されたことで、誰も家達の舌禍を庇うことができなかったことは、家達にとって何より大きな問題であった。長年家達を支えてきた貴族院書記官長・河井弥八の進言もあり、家達は通常議会の会期に合わせ、他の全権より先に帰国し、全権委員の任を解かれた。家達の帰国時、会議の状況に対する一部強硬派による不満や貴族院内の反感が重なり、家達への批難が多く寄せられた。河井はかかる状況を少しでも好転させるために奔走し、家達も河井の提言に基づいた言動を採ったが、これまで築き上げてきた「公平」で「院議」尊重といった議長・家達像は大きく損なわれることとなった。

※

この頃より家達は政党内閣を望む立場を公言するようになっていたが、それは清浦奎吾内閣時に思わぬ形で波紋を呼んだ。研究会を中心に組閣し、政党と距離を置く清浦内閣に対して、家達は「個人」の立場でそのあり方を批判した。だが、現職の貴族院議長が「貴族院内閣」を批判したことに対して、研究会の一部は憤慨し、家達との対決姿勢を強めることとなった。その後、第二次護憲運動を引き金に清浦内閣は総辞職し、護憲三派による加藤高明内閣が成立した。清浦内閣打倒の声は貴族院批判と結びつき、貴族院改革が喫緊の政治課題として俎上に載せられることとなった。これまで議長として内閣と貴族院の融和を望み、懇談の「場」を主宰することで裏面から議会政治を支えてきた家達は、そのような政治状況に対して強い危機感を抱いた。しかし、貴族院改革問題が高唱される主な原因となった研究会は、ますます政治的に活性化し、各会派は「政党化」の様相を見せていた。同時に、ワシントン会議全権を担って以来、議長・家達への潜在的な批判は次第に顕在化していき、これまで議長・家達が一任され、議長としての権力の源であった特別委員指名に対して、研究会や交友倶楽部は露骨に干渉し、正面から批判を寄せるようになった。

そこで、家達は自ら動くことを決断する。昭和二（一九二七）年、研究会を退会した近衛文麿を中心とした公侯爵議員による院内会派・火曜会が誕生した。家達は早いうちから近衛の活動に理解を示し、支援を与えていた。「貴族院の本分」を尽くすべく誕生した火曜会は、家達の貴族院観が色濃く反映された会派であった。火曜会は研究会が採用する決議拘束主義を批判し、一人一党主義を標榜し、各法案などに対しては是々非々主義を採る一方、貴族院改革問題については一致して漸進論を唱えた。いわゆる憲政常道を迎えたこの時期、家達が目指したあるべき貴族院の姿とは、国民の選挙結果を反映した時の政党内閣を支援することを基本とし、「二院制度の妙味」を発揮する穏健な「第二院」となることであった。貴族院が政治的に争点となることをできる限り避けることで、実質的に権限を縮小させ、その積み重ねによって貴族院批判や急進的な貴族院改革を避けることを目指した。さらに、家達は貴族院改革漸進論を遂行するために調査機関を設け、時間をかけた議会制度改革を志向した。家達は「公平」たる議長像を犠牲にする覚悟を抱き、それでも「貴族院の本分」を全うする道を選んだのである。

　火曜会に入会した家達は、衆議院議長の党籍離脱問題が政治問題となった時期にもかかわらず、会派に所属しながらも自らは議長として「公平」たることは可能、と自認していた。しかし、研究会をはじめとする諸会派はそのようには理解しなかった。それゆえ、議長・家達の議会運営に対する批判はより強まることとなった。だが、政党内閣期に露見したのは政党の醜聞であり、それに伴う議会政治そのものへの不信の増大であった。満州事変を契機に国民の支持は政党から離れ軍部へと移動していった。家達は議長として、火曜会の一員として、貴族院が政党内閣を補完する穏健な「第二院」となるよう目指し始めたその矢先、その前提となる政党内閣を失ってしまった。家達が議長の座から退くのはまさにその直後であった。

※

　周囲は様々な思惑を持ちながらも、清新な華族政治家・近衛文麿の台頭を期待し、元老・西園寺公望も近衛を貴族院議長とすることを望んだ。昭和八年六月、家達は議長職を退き近衛にその椅子を譲ったが、その際、家達への処遇が問題となった。下賜される勅語の文案では、家達が西園寺と共に後継首班選定に参画する「重臣」の資格を有する可能性があった。検討の結果、文面は変更され家達は「重臣」となることはなかったが、家達が有した議長在職三〇年という唯一無二の事績をどう評価するかは、明治憲法体制内における貴族院議長の位置付けと密接に関わっていた。

　大正期以降、明治憲法で具体的に規定されない内閣総理大臣の選定に関して、元老会議による推薦を如何なる形で継承するか、後継首班選定制度の構築が議論された。結果的にその選定に与る御下問範囲は、内大臣と枢密院議長を軸とすることに結着したが、昭和八年二月の決定までの間、貴族院議長も有力な「重臣」候補の一人であった。

それは個人の資格である元老とは異なり、貴族院議長が憲法上の公職で政界の事情に通暁していることが理由とされた。その後、家達が議長を長年務めた実績を根拠に、家達「個人」を「重臣」の一員とすべきという議論も登場した。しかし、西園寺や宮中関係者が設けた昭和八年二月の規定により貴族院議長は「重臣」とはならず、前述のごとく議長退任時も家達は「重臣」として優遇されることはなかった。だが、山本権兵衛や大隈重信といった明確な支持基盤が存在する人物と並び、明治憲法体制下で「重臣」候補として名前が挙げられた徳川家達は、貴族院議長として明治立憲制の展開に確かな足跡を残したと評価されていたのである。

※

徳川家達が貴族院議長を務めた約三〇年間は、桂園内閣期に始まり憲政常道の終焉とほぼ重なり合う。この間、超然内閣、中間内閣、政党内閣といった様々な形態の内閣が誕生したが、貴族院はそれらに対して時に緊張を孕みつつ対立し、あるいは協調する姿勢を採っていった。議長・家達はそのような明治立憲制の展開に対応するため、政治過程に直接介入することは避けつつ、伊藤博文が『憲法義解』で示したような、貴族院が内閣・衆議院との間における「上下調和の機関」となるため、自らはその間を取り持ち、円滑な議会運営の下地となる協議の「場」の主宰者であり続けた。また、各会派に対して「公平」で、議場では議院の自治を重視し、そこで決定された「院議」に従順な議長を自認した。しかし、政党内閣の登場と護憲運動に伴う貴族院批判により、貴族院が「上下調和の機関」たるべき状況に困難が生じた際、家達は貴族院のあるべき姿を改めて問い直し、貴族院が国民の信任に基づいて成立した政党内閣を支援する穏健な「第二院」へとなることを模索し続けたのである。

以上を踏まえ、本書が明らかにした貴族院議長・徳川家達の政治的特徴を述べれば、明治憲法体制下における立法・行政間における調整弁であった。また、対外的にはワシントン会議に全権委員として赴き、国際協調・平和を目指した。さらに、誤解を恐れずに言うならば、徳川家達は、貴族院議長の職務を通じて大正デモクラシー体制——対内的には政党内閣制、対外的にはワシントン体制——を支持し、体現した人物であったと評価できよう。それは、徳川宗家の当主として近代日本をどう生き抜くか、明治以来、家達や家達を支える周囲の人物による智慧と苦心の一つの答えでもあったのである。

徳川家達略年譜

年	月日	事項
文久3（一八六三）	7月11日	徳川慶頼三男として田安邸に誕生。幼名亀之助
慶応元（一八六五）	2月4日	兄田安寿千代死去により、田安家当主となり領知10万石を継承
明治元（一八六八）	閏4月29日	朝廷より徳川家の家名相続を許される
	5月18日	実名を家達と名乗る
	5月24日	駿河府中城主を命じられ、70万石を下賜される
	11月18日	任少将、叙従四位下、即日任中将、叙従三位
明治2（一八六九）	6月17日	版籍奉還により、静岡（府中改称）藩の知藩事となる
明治4（一八七一）	7月15日	廃藩置県により知藩事を罷免される
明治10（一八七七）	6月11日	イギリス留学のため、横浜港を出帆
明治15（一八八二）	10月19日	帰朝
	11月16日	近衛忠房長女泰子と結婚
	12月2日	麝香間祇候となる
明治17（一八八四）	3月23日	長男家正誕生
	7月7日	華族令により、公爵を授けられる
明治20（一八八七）	10月31日	明治天皇千駄ヶ谷邸へ行幸
明治29（一八九六）	1月31日	叙正三位
明治31（一八九八）	3月1日	華族会館長就任
明治34（一九〇一）	12月20日	叙従二位
明治36（一九〇三）	12月4日	貴族院議長に勅任される
明治40（一九〇七）	9月21日	勲一等旭日大綬章を授与される
明治42（一九〇九）	11月15日	長男家正、島津忠義九女正子と結婚

	12月27日	叙正二位
大正元（一九一二）	1月2日	嫡孫家英誕生
大正2（一九一三）	11月22日	慶喜薨去
	12月25日	恩賜財団済生会会長に移植される
大正3（一九一四）	3月29日	後継内閣の大命降下
	3月30日	大命拝辞
大正10（一九二一）	10月15日	ワシントン会議全権委員として横浜港を出帆
大正11（一九二二）	1月30日	ワシントンより帰朝
大正13（一九二四）	2月11日	旭日桐花大綬章を授与される
昭和4（一九二九）	11月2日	日本赤十字社社長就任
昭和5（一九三〇）	6月12日	渡欧のため横浜出帆
昭和8（一九三三）	6月9日	貴族院議長辞任。御沙汰書を賜る
	8月11日	欧米視察のため、横浜出帆
昭和9（一九三四）	4月5日	帰朝
昭和12（一九三七）	7月7日	紀元二千六百年奉祝会長を委嘱される
昭和13（一九三八）	5月21日	第16回赤十字国際会議へ出席のため、横浜出帆、カナダ経由でロンドンに向かう
	7月4日	カナダ旅行中、発病のため急遽帰朝
昭和15（一九四〇）	6月5日	叙大勲位授菊花大綬章、叙従一位 千駄ヶ谷邸にて薨去

財団法人徳川記念財団編『家康・吉宗・家達——転換期の徳川家』（財団法人徳川記念財団、二〇〇八年）、六八、六九頁をもとに作成。

あとがき

本書は、二〇一五年一月に九州大学大学院人文科学府に提出した博士論文「貴族院議長・徳川家達と明治立憲制の展開」を原型にしている。改稿の際、事実関係の誤り、誤植の訂正など、本書のもととなった既発表論文に対して大幅に加筆修正を施している。本書をもって筆者の最新の見解と理解していただければ幸いである。通例に従い、既発表論文との対照を記すと次の通りとなる。

序　章　書き下ろし
第一章　書き下ろし
第二章「貴族院議長・近衛篤麿と貴衆両院関係の岐路」（『日本歴史』第八三四号、二〇一七年）
第三章「徳川家達と大正三年政変」（『日本歴史』第八〇五号、二〇一五年）
補　論「徳川家達と柳田国男――「河井弥八日記」から見る柳田辞職問題」（『史淵』第一五三輯、二〇一六年）、「貴族院事務局の成立と展開――明治・大正期を中心に」（赤坂幸一編『現代議会法の展望』〈尚学社、近刊〉）
第四章「ワシントン会議前後の徳川家達とその政治的位置」（『九州史学』第一六八号、二〇一四年）
第五章「憲政常道期の貴族院議長・徳川家達」（『九州史学』第一七三号、二〇一六年）
第六章　書き下ろし（第一一一回史学会大会日本史部会近現代史部会、二〇一三年で口頭発表したもの）
終　章　書き下ろし

※

なぜ徳川家達を研究対象に選んだのか？　徳川家達は、慶喜の後を継いだ徳川宗家一六代当主であり、日本近代史の様々な場面で時折顔を出す人物でありながらも、これまで研究されてこなかったためか、初対面の人に聞かれることも多く、またこれからもそうであろう。なかなか学術的とは言えない理由ではあるものの、せっかくの機会なので自身の来し方とお世話になった方々への感謝とあわせて記そうと思う。しばしお付き合いいただきたい。

小学校で歴史の授業が始まると、学級文庫や図書館にある歴史マンガに興味を持った。そんな息子を見てか、母がちょうどその頃ディアゴスティーニで刊行し始めた、週刊『ビジュアル日本の歴史』（全一二〇冊）を買ってくれるようになった。上段には石ノ森章太郎氏のマンガ、下段にはそのマンガのシーンに関する事件や人物のコラムが写真とともにあるこの本は、小学生の知的好奇心を満たすには十分すぎる情報量であった。その中で、明治維新を取り扱った号だったと思うが、徳川処分後、静岡に向かう家達を描いたコマがあり、それに付随するコラムに、大正三年三月に組閣の大命を拝辞した家達のその後のことが記されてあった。大政奉還後の徳川家についてなぞ全く考えたこともなかった小学生の自分にとって、徳川家には一五代将軍・慶喜の跡を継いだ一六代当主がいた、しかもその人物は内閣総理大臣になるかもしれなかった、というコラムは極めて衝撃的であった。時に一二歳。家達との運命の出会いである。

ひょんなことから日本史を好きになったものの、中学校・高校時代は単純に勉強と部活動に励んだ一生徒であって、学校の授業以外に何か本を読み漁ったといった記憶はない。ただ、熊本県立済々黌高等学校で受けた、大塚正宏先生による日本史の授業の面白さは、漠然と学校の先生になりたいと思っていた自身の将来図を明確にし、文学部で日本史学を学び、教員免許を取得したいと真面目に考えるようになった。

高校卒業後、入学した九州大学文学部では、二年次より日本史学研究室に所属することとなった。研究室は、坂上康俊先生（古代史）、佐伯弘次先生（中世史）、岩﨑義則先生（近世史）、山口輝臣先生（近現代史、現・東京大学）の四名の先生方を中心に、学部生から博士後期課程の学生、さらにはポスドク、卒業生まで出入りする大所帯であった。演習の授業は大学院生も出席するのが慣例で、初めての演習では、お手本として最初に報告する院生の重厚なレジュメに面食らい、いやはやとんでもないところに来てしまったと気後れしたものである。その後、教職課程も含め様々な授業を受けるうちに、卒業して就職するのではなく大学院に進学したいと思うようになり、あわせて、卒業論文は近代史に関するものを書くことに決め、山口先生にお世話になることとなった。テーマについてもそれなりに悩んだが、かつての衝撃が忘れられず、家達が大命拝辞をした一件について執筆することにした。ただ、史料を集めようと思っても、家達に関する研究や一次史料はほとんどなく、周辺の政治家の史料や新聞史料をかき集めることで何とか書きあげたのが実情である。本書第三章の原型である。

大学院進学後も家達を中心に研究を進めようとするも、史料的制約が克服されたわけではなく、すぐに研究は行き詰まってしまった。色々と悩んだ挙句、焦点を貴族院議長にずらし、対象とする時期や人物の幅を拡げることで、何とか修士論文を書きあげた。本書の第一章から第四章の原型にあたるが、修士課程の時代に悩んだことが、結果的に議会政治や議会官僚、議場の政治慣習といったものに関心を向けるきっかけとなった。

博士後期課程進学にあたり、ありがたいことに日本学術振興会特別研究員（ＤＣ１）に採用された。修士論文をもとに研究を進め、学会発表、論文執筆を行っていく中、二〇一四年六月、宮内庁書陵部の内藤一成氏の紹介により、掛川市大東図書館にある「河井家文書」を閲覧する機会に恵まれた。家達の側近だった貴族院書記官（長）の河井弥八の日記は、何より史料に悩んでいた自分の研究を一気に進展させる運命の出会いとなった。史料の閲覧に際しては、河井弥八令孫の河井修氏、河井弥八記念館長・梅津通男氏にもご高配を得た。その夏、むさぼるように河井の日記を読み進め、無謀にも一気に博士論文を書きあげた。公聴会の形式をとった最終試験では、主査の山口先生に加え、副査として佐伯先生、岩崎先生、西洋史学講座の山内昭人先生、青山学院大学の小林和幸先生に審査していただいた。改めて心よりお礼申し上げる次第である。審査でのご意見、ご指摘を改稿の際に十分組み込むことができなかったが、今後、何かしらの形で反映することができたらと考えている。

博士後期課程修了後は九州大学大学院人文科学研究院の助教、糸島市立伊都国歴史博物館の嘱託学芸員をそれぞれ一年ずつ務めた。勤務した博物館は考古遺物がメインのため、慣れないこと、不勉強なことも多かったが、地方の博物館における展示の苦心、工夫や地域社会との連携、文化財行政の難しさなどを垣間見ることができ、歴史学の裾野の拡がりを考える貴重な知見を得た。岡部裕俊、河合修、瓜生秀文、中牟田寛也の各氏に深く感謝する。特に、日本中世史を専攻する中牟田氏とは、学部時代から勉学を共にし、まさか職場でも机を隣にするとは思ってもいなかった。

その後、二〇一七年四月より日本学術振興会特別研究員（PD）に採用され、青山学院大学文学部に所属することとなった。青学では小林先生に受け入れていただき、自由に研究する時間を頂戴している。小林先生には、『明治史講義【テーマ篇】』（筑摩書房、二〇一八年）の分担執筆者の一人に加えていただき、一般の方々に向けて研究成果を問う面白さと難しさを勉強する機会を得た。小宮京先生には、研究会などの場で折に触れてお世話になっており、また、吉田書店の吉田真也氏をご紹介してくださった。住み慣れた九州の地を離れる不安はあったが、先生方のご指導によって新たな研究の地平や人々のつながりが拡がっていった。この場を借りてお礼申し上げたい。

また、現在は、公益財団法人徳川記念財団特任研究員として、近代徳川宗家の史料「徳川宗家文書補遺」の整理に携わっている。徳川恒孝理事長、徳川家広理事、学芸部、事務局の皆様にはいつもお世話になっており、研究の進捗を見守っていただいている。記して感謝の意を表したい。加えて、二〇一八年は徳川家達が一六代当主となってからちょうど一五〇年であり、そのような年に本書を上梓できる不思議な縁を実感しているところである。

※

指導教員の山口先生には、学部二年後期のゼミから先生が東京大学へ移った今日にいたるまで公私ともにずっとお世話になっている。学生の自由な興味関心や自主性を最大限に尊重しながら、道に迷いそうになった時、抜群のタイミングで的確なアドバイスを送る先生のもと開かれたゼミは、学問的な刺激に満ちた空間であった。そのような先生の指導やゼミの「場」がなければ、徳川家達、貴族院議長といった変わったテーマを取り上げた一院生の研究はすぐに挫折していたであろう。修士課程の頃であっただろうか、投稿論文の草稿を添削してもらった際、「あなたの論文を読んで、あるいは発表を聞いて、それが読み手、聞き手に何を考えるきっかけになるかを意識して研究しなさい」、といった趣旨のことを言われたことがある。以来、自分なりにそのアドバイスを強く意識して研究発表なり論文執筆を行ってきたつもりである。本書がそれに成功しているかどうかは読者の皆様に委ねるしかないが、何かしらの議論のきっかけになれば幸いである。もちろん、その責任が全て筆者にあることは言うまでもない。また、博士論文執筆に際しては、一つの章を書きあげるたびに添削指導を受けた。それは何よりも贅沢な時間であり、自分の研究が明確に形になっていく過程が嬉しくてたまらなかった。このたび、博士論文を刊行することができ、ようやくその学恩の万分の一ほどに報いることができたのではないかと思っているところである。そして、今後の研究を通して少しずつではあるが学恩を返していきたい。

二〇一八年夏、九大の文系四学部は箱崎文系キャンパスから伊都キャンパスへ完全移転する。学生時代を過ごしたキャンパスはなくなってしまうが、文学部棟三階奥にある日本史学研究室で学び、多くの人々と出会い、演習室で議論し、そして箱崎で飲み歩いた二〇代の日々は、研究者としての大事な礎となっている。日本史学研究室の先生方、先輩方、同級生、後輩たちには一方ならぬご指導を賜った。特に、山口ゼミの赤司友徳、野島義敬、伊東かおり、小田孝太郎、栗原美和、氏家洸、クラーマースベン、都留慎司、梅本肇、古川総一、林義大、前田修輔、小倉徳彦、小林篤正、韓相一の各氏とはゼミや研究会、その後の酒席などで数多くの議論に付き合っていただいた。また、九州史学研究会などの場を通して、有馬学先生、永島広紀、日比野利信、藤岡健太郎、内山一幸、福嶋寛之、藤田理子、官田光史、横山尊、鯵本高志、山縣大樹の各氏にも大変お世話になった。改めて感謝したい。

研究を進めるにあたっては、九州史学研究会、九州史学会、史学会、七隈史学会、笹川平和財団日中若手歴史研究者セミナーなどで報告の機会を与えていただき、有益なご指摘、ご意見を頂戴した。この場を借りてお礼申し上げる。加えて、様々な学会、研究会の場で出会ったたくさんの研究者の方々にもお礼申し上げるとともに、今後ともご一緒させていただければ幸いである。文献や史料の調査にあたっては、九州大学附属図書館中央図書館、文系合同図書室をはじめ、国立国会図書館憲政資料室、国立公文書館など各地の図書館、博物館などにお世話になった。あわせて、各種史料集の刊行に尽力される方々のおかげで、九州にいながら多くの史料に触れることができた。

吉田書店の吉田真也氏には、会ったこともない駆け出しの研究者の博士論文にご関心を持っていただき、刊行をお引き受けくださった。まだ九大にいた頃、坂本一登・五百旗頭薫編『日本政治史の新地平』（二〇一三年）を読んで初めて吉田書店のことを知り、それから吉田書店から刊行された魅力的な本を読む中で、自分もいつか吉田書店から刊行したいと思うようになった。今回、それが叶ったのは大変嬉しく、ありがたい限りである。吉田氏には出版に向けて一方ならぬご高配を賜った。右も左もわからぬ自分がこのように本を世に出すことができたのは吉田氏のおかげである。心よりお礼申し上げたい。

本書の刊行にあたり、一般社団法人尚友倶楽部から出版助成を受けている。いつも未熟な筆者の研究を暖かく見守ってくださり、助成を紹介していただいた上田和子氏にも厚くお礼を申し上げる次第である。また、本書の校正には松岡李奈氏のご協力を得た。その他、紙幅の都合上、失礼ながらお名前を挙げることが叶わなかった方々が多くいらっしゃるが、お会いした際に改めて感謝申し上げることで謝辞に代えさせていただければと思う。

※

最後に私事となるが、家族への感謝を記して擱筆したい。学部を卒業する際、就職という進路を選ばず、研究の道を志すことを後押ししてくれた父、母。そして、これまで伴走してくれた妻・加奈子にも。何より〝根拠〟が大事な学問の世界にいながら、その道の厳しさに幾度となくくじけそうになった時、どこに根拠があるかわからない妻の「大丈夫」に何度救われただろうか。また、妻には仕事で忙しい中、本書の校正にも尽力してもらった。もう少し別の感謝の表し方もあると反省しながらも、まずは本になったことをもって一つのしるしとしたい。

平成最後の「海の日」に

原口　大輔

人名索引

※人名が含まれる固有名詞（「伊藤内閣」など）も採録した。

【あ行】

【か行】

【さ行】

【た行】

【な行】

【は行】

【ま行】

【や行】

【ら行】

【わ行】

事項索引

著者紹介

原口 大輔（はらぐち・だいすけ）

1987年9月熊本県に生まれる。

2010年3月九州大学文学部人文学科卒業、九州大学大学院人文科学府進学、2015年3月同大学院博士後期課程修了。博士（文学）。

九州大学大学院人文科学研究院助教、同専門研究員などを経て、現在、日本学術振興会特別研究員PD（青山学院大学）、公益財団法人徳川記念財団特任研究員。

主な論文・著書に、「桂園時代――議会政治の定着と「妥協」」（小林和幸編『明治史講義【テーマ篇】』〔筑摩書房、2018年〕）、「貴族院議長・近衛篤麿と貴衆両院関係の岐路」（『日本歴史』第834号、2017年）、「憲政常道期の貴族院議長・徳川家達」（『九州史学』第173号、2016年）、「徳川家達と柳田国男――「河井弥八日記」から見る柳田辞職問題」（『史淵』第153輯、2016年）など。

貴族院議長・徳川家達と明治立憲制

The Chairmen of the Japanese House of Peers: With Focus on Prince Tokugawa Iesato, the Sixteenth Head of the Tokugawa Family

2018年10月10日　初版第1刷発行

著　者　原口大輔

発行者　吉田真也

発行所　合同会社 吉田書店

102-0072　東京都千代田区飯田橋 2-9-6 東西館ビル本館 32

TEL：03-6272-9172　FAX：03-6272-9173

http://www.yoshidapublishing.com/

装幀　野田和浩

印刷・製本　シナノ書籍印刷株式会社

DTP　閏月社

定価はカバーに表示してあります。

ISBN978-4-905497-68-4